Aktuelle Rechtsprechung zur Gewerberaummiete

Dr. Ulrich Leo

Rechtsanwalt

Köln/Hamburg

4. Auflage

ISBN 978-3-00-030721-8

4. Auflage Oktober 2016
Rechtsstand Oktober 2016

Verlagsort: Wiesbaden

SUGEMA GmbH
Marcobrunnerstr. 7
65197 Wiesbaden
Tel: 0611 – 44 90 58
E-Mail: info@sugema.de
www.sugema.de

Vorwort zur vierten Auflage

Was kann dieses Büchlein und was kann es nicht?

Der Ursprung für diese Rechtsprechungszusammenstellung war das Manuskript für einen Vortrag beim Freiburger Anwaltsverein im Jahr 2002. Schon damals ahnte ich, was mittlerweile traurige Gewissheit ist:

Was ich persönlich zu einer umstrittenen Rechtsfrage denke, interessiert niemanden und noch nicht einmal den!

Daher habe ich mich seitdem darauf verlegt, die Rechtsprechung des BGH und der Oberlandesgerichte zu den einzelnen Problemfeldern eines Gewerberaummietverhältnisses zusammenzustellen und mich in aller Regel jedweden Kommentars zu enthalten.

Dementsprechend kann die Zusammenstellung einen Überblick verschaffen, welche Auffassungen gegenwärtig von den Gerichten und vielleicht auch von dem für einen Ihrer Fälle zuständigen Gericht zu diesem oder jenem Problem vertreten wird. Es ist damit in erster Linie ein Nachschlagewerk. Dabei liegt der Schwerpunkt auf einer kurzen Darstellung des Problems und des Meinungsstands. Dies soll dazu dienen, in kürzest denkbarer Zeit aktuelle Fundstellen zum jeweiligen Problem nebst Meinungsstand zu finden. Als alleinige Quelle zur Lösung eines Falls oder Rechtsproblems ist das Buch nicht gedacht und nicht geeignet. Wer sich das jeweilige Problem in seiner ganzen Tiefe erarbeiten möchte, gelangt über das Nachlesen der in den Fundstellen angegebenen Urteile zu einem guten Einstieg.

Der Knappheit und dem Nachschlagecharakter geschuldet, bietet die Zusammenstellung keinen systematischen Überblick über die Gewerberaummiete und keine finalen Hinweise zur Vertragsgestaltung. Wer dies sucht, wird bei den einschlägigen Spezialbüchern fündig werden.

Frau Wallhäußer und meiner Tochter, Frau Tamara Leo, sei für die Recherchearbeiten, geduldige Erstellung des Manuskripts und der Wiederherstellung der von mir mehrfach zerstörten Formatierung gedankt.

Dr. Ulrich Leo

Hamburg/Köln im Oktober 2016

Inhaltsverzeichnis

A. Abgrenzung der Gewerberaummiete von anderen rechtlichen Erscheinungsformen

1. Abgrenzung zur Wohnraummiete

Umgehung des Wohnraummieterschutzes

1 Die **Schutzvorschriften im Wohnraummietrecht** stellen **zwingendes Recht** dar. Sie können daher nicht durch Parteivereinbarung, insbesondere die Vereinbarung eines „Gewerberaummietvertrages", für einen beiderseitig als Wohnraummietverhältnis gewollten Vertrag ausgeschlossen werden.

Mischmietverhältnis

2 Werden gleichzeitig Wohn- und Geschäftsraum im Rahmen eines sogenannten **Mischmietverhältnisses** vermietet, findet auf den gesamten Mietvertrag entweder einheitlich Wohn- oder Gewerberaummietrecht Anwendung. Maßgeblich für die Anwendung des Wohnraum- bzw. des Gewerberaummietrechtes ist regelmäßig der **Schwerpunkt des Vertrages**. Hierbei ist zunächst auf den Parteiwillen (OLG Stuttgart, ZMR 2008, 795; OLG Düsseldorf, BeckRS 2011, 25215) bzw. auf den vereinbarten Vertragszweck (OLG Frankfurt, NJOZ 2008, 4473) abzustellen. Die **Verwendung eines Wohnraummietvertragsmusters** ist zumindest ein sehr starkes Indiz für die Vereinbarung der Geltung des Wohnraummietrechtes für den gesamten Vertrag (OLG München ZMR 2007, 119; OLG Stuttgart, ZMR 2008, 795). Teilweise wird sogar angenommen, dass insoweit in jedem Fall das Wohnraummietrecht ausschließlich Anwendung findet (OLG Hamburg, NZM 1998, 507; einschränkend KG, NZM 2000, 338; vgl. jedoch a. OLG München, ZMR 2010, 962: Wortlaut nicht maßgeblich; OLG Frankfurt, ZMR 2011, 119). Wollten die Parteien einen nach Gewerberaummietrecht abzuwickelnden Vertrag, ist die Bezeichnung als Wohnraummietvertrag (zur Täuschung der Behörden) nach anderer Auffassung unerheblich (KG, ZMR 2009, 201). Die Verwendung eines als **gewerblichen Mietvertrag** oder **Pachtvertrag** überschriebenen Vertrags ist ein **Indiz** für einen Willen zur Anwendung des Gewerberaummiet(pacht)rechts (OLG Karlsruhe, BeckRS 2012, 22937). Eine Genossenschaft, die von ihr angemietete Wohnungen an ihre Genossen untervermieten will, soll auch bei Verwendung eines Vertragsformulars für „Neubau-Wohnungen" im Hauptmietverhältnis Vertragspartner eines Gewerberaummietverhältnisses werden, wenn man dem KG (KG, NZM 2008, 42; vgl. a. OLG Frankfurt, BeckRS 2010, 28918) folgt.

3 Haben die Parteien im **Mietvertrag keine eindeutige Regelung** getroffen, stellt die Rechtsprechung erneut darauf ab, auf welcher Nutzungsart der **Schwerpunkt** liegt (OLG Düsseldorf, ZMR 2006, 585; 2007, 269; OLG Stuttgart, ZMR 2008, 795; KG, ZMR 2010, 956; BeckRS 2013, 17021). Dies soll nicht statisch von den Flächenanteilen abhängen. Vielmehr soll eine **wertende Betrachtung** stattfinden. Der **BGH** (BGH, NZM 2014, 626) geht davon aus, dass die gewerbliche Nutzung/der Erwerb des Lebensunterhalts in den Räumlichkeiten kein starkes Indiz für einen Schwerpunkt im Bereich der Gewerberaummiete darstellt. Im Zweifel soll Wohnraummietrecht anzuwenden sein.

4 Liegt eine **Gleichwertigkeit beider Nutzungsarten** vor, ist streitig, ob die Parteien Gewerberaummietrecht vereinbaren können. Sternel (I Rz. 156) vertritt die Auffassung, insoweit müsse Wohnraummietrecht Anwendung finden, da ansonsten der Schutzzweck des Wohnraummietrechtes ausgehebelt würde. Unter Bezugnahme auf die zitierte Rechtsprechung des BGH (NJW-RR 1986, 877) wird demgegenüber vertreten, dass in einem solchen Falle die Wohnraumnutzung zurückzutreten habe (Bub/ Treier-Reinstorf I 110, 112).

5 Nach Auffassung des OLG Saarbrücken (OLG Saarbrücken, BeckRS 2012, 23168) trifft den Vermieter die **Darlegungs- und Beweislast** für den Schwerpunkt eines Mietverhältnisses im Gewerberaummietrecht, wenn dies für ihn im Prozess günstig ist.

Vertragswidrige Nutzung

6 Ein Wohnraummietverhältnis wird nicht dadurch zum Gewerberaummietverhältnis, dass der Mieter **vertragswidrig** die Mietsache **gewerblich nutzt** (OLG Düsseldorf, ZMR 2008, 121). Lag nach den Vorstellungen der Parteien bei Vertragsschluss der Schwerpunkt auf der Gewerberaummiete, ist eine spätere **abweichende Nutzung** als Wohnung für die Klassifizierung als Gewerberaummietverhältnis ohne Bedeutung (OLG Karlsruhe, BeckRS 2012, 22937).

Teilkündigung

7 Eine **Teilkündigung** des Gewerberaum- bzw. des Wohnraumanteils ist nach allgemeinen Regeln grundsätzlich ausgeschlossen (vgl. OLG Karlsruhe, NJW 1983, 1499). Allenfalls im Wege einer ergänzenden Vertragsauslegung wird man im Einzelfall zu einer solchen Lösungsmöglichkeit kommen können (vgl. Fritz, Rz. 11).

Steuerrechtliche Aspekte

8 Unter **steuerrechtlichen Gesichtspunkten** empfiehlt es sich, eine konkrete Aufteilung der zu Gewerbezwecken vermieteten Räumlichkeiten und der jeweiligen Mietanteile vorzunehmen, damit eine eindeutige Bemessungsgrundlage gegeben ist (vgl. Fritz, Rz. 564).

Zuständigkeit des Amtsgerichts

9 **Beruft** sich ein Mieter im Prozess auf das **Bestehen eines Wohnraummietvertrags** und macht er aus diesem Gegenrechte geltend, unterfällt der Rechtsstreit nach Auffassung des OLG Düsseldorf (OLG Düsseldorf, ZMR 2008, 127) dem Anwendungsbereich der §§ 29 a ZPO, 23 GVG und ist daher erstinstanzlich vor dem örtlich zuständigen Amtsgericht zu verhandeln. Anderer Ansicht scheint insoweit das KG (NJW-RR 2008, 1465) zu sein, das für die Bestimmung der Zuständigkeit allein auf den Vortrag des Klägers abstellt.

2. Abgrenzung zur Pacht

10 Im Gegensatz zum Mietvertrag werden beim Pachtvertrag auch Gegenstände, Sachen und/oder Rechte zur Nutzung überlassen. Darüber hinaus gewährt der Pachtvertrag auch den Bezug von Früchten im Sinne des § 99 BGB (vgl. OLG Düsseldorf, BeckRS 2010, 20152; Palandt-Wiedenkaff Rz. 16 vor § 535 BGB). Die bloße Raumüberlassung genügt daher für die Annahme eines Pachtvertrages nicht. Es müssen weitere Umstände hinzukommen. Hierbei reicht jedoch unter Umständen schon der **Nachweis einer besonders günstigen Bezugsquelle für Inventar** aus (vgl. BGH, NJW-RR 1991, 906; vgl. a. OLG Düsseldorf, ZMR 2009, 443; OLG Frankfurt, Urt. v. 17.10.2014 – 2 U 43/14). Entsprechendes gilt für die Gewährung eines Kredits zur Anschaffung von Inventar seitens des Verpächters (OLG Frankfurt, Urt. v. 17.10.2014 – 2 U 43/14).

Nach Auffassung des OLG Düsseldorf (OLG Düsseldorf, BeckRS 2011, 09025) liegt bei der entgeltlichen Überlassung einer **voll eingerichteten Seniorenimmobilie** ebenfalls Pacht und nicht Miete vor. Zu den Früchten im Sinne der §§ 581, 100 BGB seien insbesondere die spezifischen Gebrauchsvorteile, die mit der Überlassung eines voll eingerichteten und betriebsfertigen Hauses unter seinem eingeführten Namen verbunden sind, zu zählen. Entsprechendes gilt nach einer Entscheidung des OLG Hamm (OLG Hamm, BeckRS 2011, 13445) für die Überlassung einer vollständig eingerichteten **Golfanlage**. Die Abgrenzung ist vor allen Dingen im Hinblick auf die gesetzlichen Kündigungsfristen (§§ 580 a, 584 BGB) von Bedeutung.

3. Abgrenzung zur Leihe

11 Im Gegensatz zur Miete ist die Leihe die **unentgeltliche Gebrauchsüberlassung** (vgl. § 598 BGB). Hierbei ist jedoch zu beachten, dass auch **atypische Entgelte**, wie Einmalzahlungen oder die Übernahme von einigen wenigen Kostenpositionen/Nebenkosten bereits zur Anwendung des Mietrechts führen.

4. Abgrenzung zum Leasing

12 Bei dem Leasingvertrag handelt es sich nach ständiger Rechtsprechung des BGH (NJW 1990, 1113; NZM 2004, 340 f.) um einen **atypischen Mietvertrag**. Regelmäßig werden die Gewährleistungsrechte des Leasingnehmers soweit wie rechtlich möglich und steuerrechtlich unschädlich, eingeschränkt. Je nach Art des Leasingvertrages wird dem Mieter das Recht eingeräumt bzw. die Pflicht auferlegt, die Mietsache nach Ablauf eines gewissen Zeitraums zu erwerben. Mit gewissen Modifikationen findet Mietrecht Anwendung.

Beim **Immobilienleasing** soll es sich nach Auffassung des BGH (BGH, BeckRS 2015, 01524 Rn. 26) um eine besondere Form des Finanzierungsleasings handeln, bei dem der Erwerb von Grundstücken und/oder die Errichtung baulicher Anlagen finanziert werden soll. Kennzeichnend sei daher, dass der Leasinggeber dem Leasingnehmer eine Sache oder Sachgesamtheit gegen ein in Raten gezahltes Entgelt zum Gebrauch für eine fest vereinbarte – und beim Immobilienleasing regelmäßig lange – Vertragslaufzeit überlässt, wobei die Gefahr und Haftung für Instandhaltung, Sachmängel, Untergang und Beschädigung der Sache allein den Leasingnehmer trifft. Der Leasingnehmer deckt mit den während der Vertragslaufzeit entrichteten Leasingraten die Anschaffungs- und Herstellungskosten sowie alle Nebenkosten einschließlich der Finanzierungskosten des Leasinggebers, beim Immobilienleasing möglicherweise noch durch ein zusätzlich zu gewährendes Mieterdarlehen, vollständig ab.

B. Vertragsparteien, Zustandekommen des Mietvertrages, Vorvertrages, Nebenabreden, Vollmachtsklauseln, Vertragsauslegung

1. Vermieter als Verbraucher

13 Nach Auffassung des OLG Koblenz (OLG Koblenz, GuT 2011, 262 = NJW-RR 2011, 1203) schließt die Stellung als Vermieter nicht zwangsläufig die Verbrauchereigenschaft und damit die Anwendbarkeit des **Haustürwiderrufsgesetzes** aus.

2. Gesellschafterwechsel, Umwandlung der mietenden Gesellschaft

14 Tritt eine **Außen-GbR** als Vermieter auf, bleibt diese entsprechend einer Entscheidung des OLG Brandenburg (OLG Brandenburg, BeckRS 2011, 07496) auch bei einer **Namensänderung und Wechsel der Gesellschafter** Vertragspartei.

15 Die **Umwandlung** einer mietenden/pachtenden GbR zunächst in eine OHG und alsdann in eine GmbH ist nach Auffassung des BGH (BGH, NZM 2010, 280) **ohne Einfluss auf den Bestand des Mietvertrags**.

3. Einzug in die Mietsache trotz fehlendem schriftlichen Vertrag

16 Werden die Mieträumlichkeiten bereits während der Vertragsverhandlungen vom Mieter gegen Entgelt genutzt, soll nach der Rechtsprechung des BGH (BGH, NZM 2005, 704 f; 2008, 931) und der OLG‘e (OLG Hamburg, ZMR 2003, 179; OLG Düsseldorf, NJOZ 2012, 532; OLG Karlsruhe, BeckRS 2012, 22937) ein **„vorläufiges Mietverhältnis“** zustande kommen (abweichend wohl: OLG Düsseldorf, BeckRS 2012, 05975). Dieses stehe unter dem Vorbehalt des jederzeitigen Widerrufs und sei auf unbestimmte Zeit abgeschlossen. Da bei derartigen Verträgen wohl das **Mietrecht des BGB** mit einer Vielzahl von wenig vermieterfreundlichen Regelungen Anwendung findet, sollte man von solchen Nutzungsverhältnissen bei Vertretung eines Vermieters nach Möglichkeit absehen.

Zieht der potenzielle Mieter während laufender Vertragsverhandlungen bereits in das Objekt ein, kommt nach Auffassung des OLG Rostock (OLG Rostock, BeckRS 2014, 14473) jedoch kein vorläufiger Mietvertrag zu Stande, wenn sich die Vertragsparteien noch nicht über die Miethöhe geeinigt haben.

4. Vorvertrag

17 Ein Vorvertrag liegt vor, wenn sich die Vertragsparteien **verpflichten, künftig einen Mietvertrag zu schließen** (vgl. Lindner-Figura NZM 2000, 1193).

18 Wie das **Klageverfahren auf Abschluss des Hauptvertrags** zu verlaufen hat, wurde vom V. Zivilsenat des BGH (BGH, NZM 2006, 674) in einem Fall eines Kaufvertrags wie folgt beschrieben:

19 Ein Vorvertrag verpflichtet beide Parteien, an dem Aushandeln der Bedingungen des abzuschließenden Vertrags mitzuwirken (BGH, WM 1958, 491 [492]]; JZ 1981, 830 = WM 1981, 695 [697f.]). Durch den Abschluss des Vorvertrags haben beide Vertragsparteien die Pflicht übernommen, sich mit den Vorschlägen der jeweils anderen Partei zum Inhalt des angestrebten Vertrags auseinanderzusetzen. Wird in einem gerichtlichen Verfahren um den Inhalt des abzuschließenden Vertrags gestritten, so ist jede Partei des Vorvertrags berechtigt, die Erfüllung der übernommenen Verpflichtung in Gestalt einer von ihr formulierten Vertragserklärung zu verlangen und zum Gegenstand einer Klage zu machen, sofern die andere Partei ihrer Verpflichtung zu ernsthaften Verhandlungen über den Inhalt des abzuschließenden Vertrags nicht nachkommt oder eine Einigung nicht zu erzielen ist. Sache der bekl. Partei ist es sodann, einen möglichen Gestaltungsspielraum einwendungsweise durch konkrete Alternativvorschläge geltend zu machen. Dem Kl. ist es hierauf überlassen, die Abweichungen durch Änderungen des Klageantrags - gegebenenfalls hilfsweise - zum Gegenstand der Klage zu machen oder aber, mit dem Risiko der Klageabweisung, auf seinem Antrag zu beharren (BGH, NJW-RR 1994, 317 [318]; ferner Senat, MDR 1971, 380 = WM 1971, 351 [352]). Kriterium der gerichtlichen Entscheidung ist, welcher Vorschlag den Vereinbarungen im Vorvertrag, dessen Auslegung (vgl. Senat, RdL 1962, 18 [19]; NJW 1986, 2820 [2822]; NJW 1986, 2822 [2823] - insoweit in BGHZ 98, 130 nicht abgedr.; NJW-RR 1988, 970 [971]; NJW 2001, 1285 [1287]; Staudinger/Bork, Vorb. §§ 145-156 Rdnr. 57) und dem für die Erfüllung der Pflichten aus dem Vorvertrag geltenden Grundsatz von § 242 BGB entspricht. Die dispositiven gesetzlichen

Regelungen sind dabei nicht ohne Weiteres maßgebend, sondern nur dann, wenn die Auslegung des Vorvertrags ergibt, dass keine abweichende Regelung beabsichtigt ist (Senat, WM 1983, 677 [678]; NJW 2001, 1285 [1287]). Unterlässt es der Bekl., seine Vorschläge und Wünsche im Hinblick auf den abzuschließenden Vertrag in das Verfahren einzubringen, ist die Klage begründet, wenn die von dem Kl. formulierten Regelungen des abzuschließenden Vertrags den Vorgaben des Vorvertrags, dessen Auslegung sowie Treu und Glauben entsprechen.

Klage auf Mietzahlung aus dem Vorvertrag?

20 Aus einem **Mietvorvertrag** kann nach einer Entscheidung des OLG Düsseldorf (OLG Düsseldorf, MDR 2009, 1333) **nicht isoliert auf Mietzahlung** geklagt werden. Dies soll nur gemeinsam mit einer Klage auf Abschluss des Mietvertrags möglich sein.

5. Vermutung der Vollständigkeit der Urkunde, Nebenabreden

21 Beruft sich eine der Vertragsparteien auf im schriftlichen Mietvertrag nicht beurkundete Nebenabreden, müssen zur Widerlegung der **Vermutung der Vollständigkeit und Richtigkeit der Urkunde** die Nebenabrede, der Wille der Parteien bezüglich deren Wirksamkeit bei Vertragsschluss und von Umständen, die die Unvollständigkeit/Unrichtigkeit der Vertragsurkunde erklären, **dargelegt** und **bewiesen** werden (KG, NZM 2008, 129).

6. Vollmachtsloser Vertreter/Genehmigung/nicht existierende Gesellschaft

22 Wird ein Mietvertrag für den Vermieter von einem **vollmachtslosen Vertreter** abgeschlossen, so liegt nach Auffassung des KG (KG, GuT 2010, 191) in der Erhebung der Klage auf Miete, die **konkludente Genehmigung**. Der Vertrag kommt spätestens hiermit zustande.

23 Tritt jemand als **Vertreter** einer **nicht existenten Gesellschaft** auf, so wird der Vertreter Vertragspartner (OLG Düsseldorf, NZM 2011, 313).

Formularvertragliche Vollmachtsklausel

24 Formularvertragliche Vollmachtsklauseln, mit denen bei Personenmehrheiten auf einer Vertragsseite **einschränkungslos Vollmachten** zur Abgabe und Entgegennahme von Willenserklärungen im Rahmen des Mietverhältnisses erteilt werden sollen, verstoßen gegen § 307 BGB und sind damit **unwirksam** (OLG Düsseldorf, GuT 2007, 293).

Vertrag mit GmbH und deren Geschäftsführer

Sind in einem Mietvertrag sowohl eine GmbH, als auch deren Geschäftsführer als Mieter aufgeführt und unterzeichnet der Geschäftsführer den Mietvertrag ohne Vertretungszusatz nur auf der für die GmbH vorgesehenen Unterschriftenleiste, ist der Mietvertrag nach Auffassung des KG (KG, NZM 2014, 912) mit beiden Mietern zu Stande gekommen.

7. Mitvermietung von Fassadenflächen zu Werbezwecken, Allgemeinflächen

25 Das OLG Saarbrücken (OLG Saarbrücken, BeckRS 2010, 15573) hat festgehalten, dass angesichts der **gesonderten Vermarktungsfähigkeit** entsprechender Flächen in Innenstadtbereichen **nicht** ohne Feststellung einer entsprechenden Verkehrssitte von der **stillschweigenden Mitvermietung** der Fassadenflächen zu Werbezwecken ausgegangen werden kann.

26 Nach Auffassung des KG (KG, BeckRS 2012, 21954) sind **Gemeinschaftsanlagen** und -**einrichtungen** wie **Treppenhäuser** etc. im Regelfall **nicht mit vermietet**. Der Mieter habe lediglich das Recht, sie mit zu nutzen. Der Vermieter soll daher berechtigt sein, die vorhandene Gemeinschaftsanlage zu **entziehen**, wenn er entsprechende Ersatzanlagen zur Verfügung stellt.

8. Verschulden bei Vertragsschluss

27 Ein Anspruch wegen **schuldhaften Abbruchs** von **Vertragsverhandlungen** kommt nach Auffassung des OLG Düsseldorf (OLG Düsseldorf, BeckRS 2011, 14280 = ZMR 2011, 629) nicht in Betracht, wenn sich die Vertragsparteien vor Abbruch noch nicht über alle **wesentlichen Vertragsbestandteile** geeinigt haben. Diese Einigung habe derjenige zu **beweisen**, der Schadensersatzanspruch geltend macht.

9. Vertragsauslegung/Annahmefrist

28

Nach Auffassung des BGH (BGH, BeckRS 2014, 21522) ist bei der Auslegung von **Individualvereinbarungen** in erster Linie der von den Parteien gewählte **Wortlaut** und der dem Wortlaut zu entnehmende objektiv erklärte Parteiwille zu berücksichtigen. Zu den anerkannten Grundsätzen für die Auslegung einer Individualvereinbarung gehöre es aber auch, dass zwar der Wortlaut einer Individualvereinbarung den Ausgangspunkt der Auslegung bildet, der übereinstimmende Parteiwille dem Wortlaut und jeder anderen Interpretation jedoch vorgeht. Der Tatrichter habe daher bei seiner Willenserforschung auch den mit der Absprache verfolgten Zweck und die Interessenlage der Parteien zu berücksichtigen. Wegen des sich aus den §§ 133,157 BGB ergebenden Verbots einer sich ausschließlich am Wortlaut orientierenden Interpretation dürfe der Richter schließlich einer Erklärung sogar eine Deutung geben, die von ihrem nach dem allgemeinen Sprachgebrauch **eindeutigen Wortsinn abweicht**, wenn Begleitumstände vorliegen, aus denen geschlossen werden kann, dass der Erklärende mit seinen Worten einen anderen Sinn verbunden hat, als es dem allgemeinen Sprachgebrauch entspricht.

Vertragliche Vereinbarungen zur Einholung von für die zur vertragsgemäßer Nutzung erforderlicher (Bau)Genehmigungen sind nach einem Urteil des KG (KG, NJOZ 2016, 1236) eng auszulegen und sollen regelmäßig nicht die Verpflichtung umfassen, bereits vor Abschluss des Mietvertrags bestehende baurechtswidrige Zustände zu beseitigen.

Lässt sich weder dem Wortlaut des Mietvertrages noch einer Auslegung anhand der Korrespondenz der Mietvertragsparteien im Vorfeld des Vertragsschlusses eindeutig entnehmen, welchen übereinstimmenden Willen die Vertragsparteien in Bezug eines nicht ausdrücklich im Vertrag geregelten Punktes (z.B. Umsatzsteuer zusätzlich zur Miete) bei Vertragsschluss hatten, kommt dem **nachvertraglichen Verhalten** der Parteien bei der Umsetzung des Mietvertrages nach Urteilen des OLG Düsseldorf (OLG Düsseldorf, BeckRS 2011, 25224), des OLG Schleswig (OLG Schleswig, BeckRS 2012, 12775) sowie des OLG Brandenburg (OLG Brandenburg, BeckRS 2012, 21177) entscheidende Bedeutung zu.

29

Voraussetzung einer **ergänzenden Vertragsauslegung** ist nach Auffassung des BGH (BGH, NZM 2012, 196; BeckRS 2014, 05527; 21522) und des OLG Hamm (OLG Hamm, BeckRS 2016, 08331) das Bestehen einer **Regelungslücke**, also einer planwidrigen Unvollständigkeit der Bestimmungen des Rechtsgeschäfts, die nicht durch die Heranziehung von Vorschriften des dispositiven Rechts sachgerecht geschlossen werden kann. Allein der Umstand, dass ein Vertrag für eine bestimmte Fallgestaltung keine Regelung enthält, besage nicht, dass es sich um eine planwidrige Unvollständigkeit handelt. Von einer planwidrigen Unvollständigkeit könne nur gesprochen werden, wenn der Vertrag eine Bestimmung vermissen lässt, die erforderlich ist, um den ihm zugrunde liegenden **Regelungsplan der Parteien** zu verwirklichen, also ohne Vervollständigung des Vertrags eine angemessene, interessengerechte Lösung nicht zu erzielen wäre. Die ergänzende Vertragsauslegung muss sich als zwingende selbstverständliche Folge aus dem ganzen Zusammenhang des Vereinbarten ergeben, so dass ohne die vorgenommene Ergänzung das Ergebnis in offenbarem Widerspruch mit dem nach dem Inhalt des Vertrags tatsächlich Vereinbarten stehen würde (BGH, BeckRS 2014, 21522). Eine ergänzende Vertragsauslegung darf nicht zu einer wesentlichen Erweiterung des Vertragsinhalts führen (BGH, BeckRS 2014, 05527).

Der BGH (BGH NZM 2016, 356) geht für den **Regelfall** von einer **Annahmefrist von zwei bis drei Wochen** im Rahmen des § 147 Abs. 2 BGB bei **Abschluss unter Abwesenden** aus. Die Frist soll mit dem Tag der Absendung des einseitig unterzeichneten Vertrags beginnen.

Das Zustandekommen eines Mietvertrags durch schlüssiges Handeln nach verspäteter Annahme setzt das Bewusstsein voraus, für das Zustandekommen des Vertrags sei u.U. noch eine Erklärung erforderlich (BGH NZM 2016, 356).

C. Widerrufbarkeit / Anfechtbarkeit des Vertrages

1. Widerrufbarkeit

30 Wie das OLG Düsseldorf (OLG Düsseldorf, GuT 2005, 53) entschieden hat, unterfällt ein Pachtvertrag dem Anwendungsbereich der §§ 507, 495, 355 BGB und ist damit mangels entsprechender Belehrung jederzeit widerrufbar, wenn der Pächter als **Existenzgründer** im Rahmen eines **Ratenkaufvertrages das Inventar** vom Verpächter erwirbt (vgl. zur abweichenden Rechtslage bei Vereinbarung einer Schiedsgerichtsabrede: BGH, NZM 2005, 342 f).

2. Anfechtung des Mietvertrags

31 **Der Vermieter** soll nach Entscheidungen BGH (BGH, NZM 2010, 786; 788) **berechtigt** sein, den Mietvertrag über ein Ladenlokal wegen **arglistiger Täuschung anzufechten**, wenn der Mieter nicht vor Vertragsschluss auf seine Absicht hingewiesen hat, in dem Geschäft vorwiegend Waren von Marken zu verkaufen, die dem rechtsradikalen Spektrum zugewiesen werden.

32 Anderes soll nach Auffassung des OLG Köln (OLG Köln, NZM 2011, 76) gelten, wenn Räumlichkeiten zum Betrieb einer Praxis für Psychiatrie und Psychotherapie vermietet werden und der Mieter in diesem Rahmen im wesentlichen Umfang **Drogenersatztherapien** durchführt.

33 Das OLG Düsseldorf (OLG Düsseldorf, BeckRS 2012, 06608; a.A. wohl BGH, NZM 2010, 786) geht davon aus, dass in einer durch einen Rechtsanwalt ausgesprochenen **Kündigung** nicht zugleich eine konkludente **Anfechtungserklärung** liegt.

Der in den Mietvertrag eingerückte **Erwerber** soll nach Auffassung des OLG Hamburg (OLG Hamburg, BeckRS 2014, 07244) den Mietvertrag – wenn überhaupt – nur **gemeinsam** mit dem **ehemaligen Vermieter/ Veräußerer anfechten** können, wenn er arglistige Täuschung bei Vertragsabschluss geltend macht.

D. Formerfordernisse bei Abschluss eines Mietvertrages

1. Mündlicher Mietvertrag

34 Grundsätzlich ist es möglich, einen **Gewerberaummietvertrag mündlich** abzuschließen. Ein solcher Vertrag ist vollumfänglich wirksam (vgl. Fritz, Rz. 43). Haben die Parteien jedoch den Abschluss eines **schriftlichen Mietvertrags vereinbart**, so ist im Zweifel ein Vertrag so lange nicht abgeschlossen, bis eine Vertragsurkunde unterzeichnet worden ist (vgl. Fritz, Rn 44 m. w. N; für den Fall des vorzeitigen Einzugs s.o., Rz. 16).

2. Schriftlicher Mietvertrag

Einführung

35 Gemäß §§ 578, 550, 126 BGB bedarf ein Mietvertrag mit einer **Laufzeit von mehr als einem Jahr** der **Schriftform**. Dies gilt auch für **Untermietverträge** (BGH, NJW 1981, 2246). Eine Laufzeit von mehr als einem Jahr liegt bereits vor, wenn eine der Vertragsparteien an dem Vertragsverhältnis länger als ein Jahr festgehalten werden kann, etwa bei einem **Ausschluss der ordentlichen Kündigung** um mehr als ein Jahr (BGH, ZMR 2008, 883; OLG Düsseldorf, ZMR 2009, 845), wenn der Vertrag auf Lebenszeit (BGH, NJW 1958, 2062), einer **auflösenden Bedingung** abgeschlossen wird (OLG Köln, ZMR 2001, 963, 966) oder wenn der Mieter einen **Baukostenzuschuss** oder eine **Mietvorauszahlung** leistet, die über eine Dauer von mehr als einem Jahr **verrechnet** werden soll, da während dieser Zeit die ordentliche Kündigung des Vermieters ausgeschlossen sein soll (BGH, LM Nr. 41 zu § 812 BGB). Ob die Schriftform auch dann zu wahren ist, wenn die Grundlaufzeit des Mietvertrages ein Jahr nicht überschreitet und der Vertrag sich um eine, dann ein Jahr Gesamtvertragslaufzeit überschreitende Frist mangels Kündigung/Widerspruch einer Vertragspartei verlängert, ist bisher nicht höchstrichterlich entschieden (zweifelnd: OLG Köln, GuT 2005, 5; bejahend: Schmidt-Futterer-Lammel, § 550, Rz. 21).

§ 550 BGB stellt **zwingendes**, der Disposition der Parteien entzogenes **Recht** dar (BGH, NZM 1998, 628, 630; BeckRS 2014, 03820).

Wird die Schriftform nicht eingehalten, gilt der Mietvertrag für **unbestimmte Zeit abgeschlossen**. Die Kündigung ist frühestens zum Ablauf eines Jahres nach Überlassung der Mietsache möglich (§§ 578, 550 BGB). 36

Es handelt sich bei den §§ 578, 550, 126 BGB um einen der **zentralen Normenkomplexe** des Gewerberaummietrechts. Bei der Bearbeitung von Mandaten aus dem Gewerberaummietrecht ist die **Einhaltung der Schriftform** zumindest **gedanklich jeweils mit zu prüfen**, da sie die Auswahl der zur Verfügung stehenden Handlungsalternativen stark beeinflussen kann. 37

Schutzzweck des Schriftformerfordernisses

Die Anforderungen an die Einhaltung der Schriftform waren Gegenstand zahlloser Entscheidungen der Obergerichte und des Bundesgerichtshofes in den vergangenen fünfzehn Jahren. **Primärer Zweck** des Schriftformerfordernisses ist, nach der Rechtsprechung des BGH, der **Schutz des Erwerbers** (BGH, BeckRS 2014, 03820 Rz. 26 f; NZM 2014, 471). Der nach § 566 Abs. 1 BGB ggf. in den Mietvertrag einrückende Erwerber soll aus der Urkunde ersehen können, in welche **langfristigen Vereinbarungen** er eintritt, wenn diese bei seiner Eintragung im Grundbuch noch fortgelten (BGH, NZM 2005, 584; 2007, 837). Die Fragen, ob der Mietvertrag **wirksam zustande gekommen ist und noch fortbesteht**, werden jedoch vom Schriftformerfordernis nicht erfasst (BGH, NJW 2007, 3346; NZM 2010, 319). 38

Der **Schutz vor unredlichen Machenschaften des Veräußerers** ist durch § 550 BGB **nicht intendiert** (BGH, NJW 1969, 1063; NZM 1998, 25, 28).

Neben dem Schutz des Erwerbers dient die Schriftform auch dem Übereilungsschutz **und der Beweisbarkeit von Abreden** (BGH, NZM 1998, 628; NJW 2007, 3346).

Eine Reihe von Einzelfragen zum Schriftformerfordernis ist mittlerweile geklärt. Gleichwohl ist vieles nach wie vor umstritten. Entgegen der landläufigen Meinung hat die sogenannte **„Auflockerungsrechtsprechung“** des Bundesgerichtshofs nicht dazu geführt, dass die Fragen der Schriftform an praktischer Bedeutung verloren haben. Im Einzelnen gilt Folgendes: 39

a) Umfang des Schriftformerfordernisses

40 Zur Wahrung der Schriftform müssen nicht sämtliche vertraglichen Vereinbarungen, sondern nur die **wesentlichen Vertragsbestimmungen**, die regelmäßig zumindest in den Regelungen zu den **Vertragsparteien, der Vertragslaufzeit, der Mietsache und der Miete** einschließlich geldwerter Sach- oder Dienstleistungen (Schmid, Rz. 35 zu § 550 BGB) bestehen, schriftlich festgehalten sein (vgl. BGH, ZMR 2003, 337; NZM 2010, 704; KG, NZM 2007, 248; 2008, 482; GuT 2009, 29; Gerber/Eckert/Günter Rn 33). Dies sollte die Parteien jedoch bei Vertragsabschluss nicht in falscher Sicherheit wiegen. Denn eine Vielzahl von weiteren Abreden wird in Rechtsprechung und Literatur für formbedürftig erachtet. Dies soll etwa die **generelle Erlaubnis zur Untervermietung** (OLG Düsseldorf, ZMR 2002, 741), vom Gesetz **abweichende Vereinbarungen über die Mängelhaftung** (Schmid, § 550 BGB, Rz. 41), die Vereinbarung über die **Umlage von Nebenkosten** (Schmid, Handbuch der Mietnebenkosten, Rz. 2079), die Verpflichtung des Mieters zu Durchführung von **umfangreichen Ausbauarbeiten** (OLG Düsseldorf, ZMR 2007, 446, 447 f; BeckRS 2011, 11737; s. jedoch a. OLG Düsseldorf, BeckRS 2010, 00372) bzw. der Herstellung eines Zustands der Mietsache, der den vertragsgemäßen Gebrauch ermöglicht (BGH, ZMR 2008, 274), Um- und Einbauten (BGH, NZM 2016, 98) oder **Zusagen zur Beschaffenheit der Mietsache** betreffen (Eckert, NZM 2001, 409, 411). Die Beifügung der **Hausordnung** soll nach zumindest teilweise vertretener Auffassung (OLG Naumburg, WuM 2000, 671; Schmid, Rz. 39 zu § 550 BGB) zur Schriftformwahrung erforderlich sein, wenn ein Verstoß gegen die Hausordnung nach den Vereinbarungen der Parteien eine Vertragsverletzung darstellen soll. Ansonsten ist ihre Beifügung nicht erforderlich (BGH, ZMR 1999, 691). Die Beifügung eines **Übergabeprotokolls** soll ebenfalls nicht grundsätzlich erforderlich sein (KG, GuT 2008, 216).

b) Parteibezeichnungen/Erbengemeinschaften

41 Höchste Sorgfalt ist hierbei auf die **Benennung der Vertragsparteien** zu legen. Z.B. ist die Bezeichnung des Vermieters als „Erbengemeinschaft XY“ nicht ausreichend. Vielmehr müssen die **einzelnen Mitglieder der Erbengemeinschaft** namentlich und eindeutig identifizierbar aufgeführt werden, um die Mietvertragspartei hinreichend zu bestimmen (vgl. BGH, ZMR 2002, 907; 2006, 763; OLG Saarbrücken, BeckRS 2012, 23168). Denn die Erbengemeinschaft ist als solche nicht parteifähig (BGH, ZMR 2007, 26) und kann dementsprechend auch **nicht Vertragspartner** wer-

den. In sehr weit gehender Auflockerung des Schriftformerfordernisses geht das OLG Düsseldorf (OLG Düsseldorf, BeckRS 2011, 25218) von einer Schriftformwahrung aus, wenn der Vermieter als „Vorname Nachname Grundstücksgemeinschaft 1 (Gemeinschaft Duisburg)" im Mietvertrag bezeichnet wird und aus der Bezeichnung nicht deutlich wird, ob es sich um eine GbR oder Bruchteilgemeinschaft etc. handelt.

c) Privatperson oder Unternehmen als Vertragspartner

42

Ist im **Rubrum** eines Gewerberaummietvertrages eine **Privatperson** als Mieter aufgeführt, wird in der Regel diese und nicht das später tätige Unternehmen Vertragspartner, da nicht von einem **unternehmensbezogenen Geschäft**, bei dem offensichtlich das Unternehmen bei Vertragsschluss vertreten werden sollte, ausgegangen werden kann (OLG Düsseldorf, ZMR 2003, 252 f.). Wäre dies gemeint, wäre überdies die Schriftform verletzt. Wird in einem Mietvertrag mit einer mietenden GmbH in Gründung der Mietvertrag von einem der Gesellschafter als **„mithaftender Gesellschafter“** unterzeichnet, soll dieser auch über das Gründungsstadium hinaus vollumfänglich für die Verpflichtungen aus dem Mietvertrag haften (OLG Brandenburg, NZM 2003, 154).

d) BGB-Gesellschaften/Personenmehrheiten/ Aktiengesellschaften

43

Tritt auf Vermieterseite eine BGB-Gesellschaft oder eine Personenmehrheit auf, müssen grundsätzlich **sämtliche Personen/BGB-Gesellschafter den Mietvertrag unterzeichnen** (Neuhaus, ZMR 2011, 1, 2 m.w.N. d. Rspr.). Tritt ein **Vertreter** auf, muss dies durch einen die **Vertretung kenntlich machenden Zusatz** verdeutlicht werden (vgl. BGH, ZMR 2004, 19, 20 = NZM 2003, 801; NZM 2008, 482; 2010, 280; OLG Düsseldorf, GuT 2006, 9; sehr großzügig insoweit: OLG Hamm, ZMR 2006, 205, 206; kritisch hierzu: Ackermann NZM 2005, 492 f; vgl. a. Schraufl, NZM 2005, 443; Lehmann-Richter, ZMR 2007, 940; a.A. OLG Koblenz, BeckRS 2012, 20802) und **aus der Urkunde muss hervorgehen**, wer vertreten wird (Schmid, § 550 BGB, Rz. 30). Offen gelassen hatte der Bundesgerichtshof in diesem Zusammenhang die Anforderungen an den Nachweis der Vollmacht eines Vertreters (vgl. jedoch a. BGH, NZM 2008, 482). Nach seinen neueren Entscheidungen soll jedoch der bei Unterschrift angefügte **Zusatz, „i.V.“** zur Wahrung der Schriftform genügen (BGH, NZM 2010, 82).

44 Das OLG Köln geht von einer hinreichenden Kenntlichmachung eines Vertreterhandels bei einer Gesellschaft bürgerlichen Rechts aus, wenn nur lediglich ein Gesellschafter den Vertrag unterschreibt und der Unterschrift der **Stempel der GbR** beigefügt wird (OLG Köln, GuT 2005, 5 = BeckRS 2010, 09450; s.a. OLG Koblenz, BeckRS 2012, 20802). Dem hat sich der BGH (BGH, NZM 2013, 271) angeschlossen. Anderer Meinung war insoweit das OLG Hamm (OLG Hamm, NZM 2011, 584 = ZMR 2011, 632). Nach einer Entscheidung des OLG Nürnberg reicht die Unterschrift des Mieters/Rechtsanwaltes über dem Stempel der Kanzlei jedoch zumindest dann nicht zur Schriftformwahrung aus, wenn nicht alle Personen, die Mieter werden sollen, in dem Stempelabdruck aufgeführt sind (OLG Nürnberg, GuT 2005, 4). Auch dies dürfte durch die neuere Rechtsprechung des BGH (BGH, NZM 2013, 271) überholt sein. Die Schriftform soll auch dann verfehlt sein, wenn sich die **Unterschrift eines der GbR-Gesellschafter ohne Vertretungszusatz** auf der für die Partei vorgesehenen Unterschriftenzeile befindet (OLG Düsseldorf, GuT 2006, 9; s.a. OLG Koblenz, BeckRS 2012, 20802).

45 Hat für eine **GbR ein Vertreter ohne Vertretungsmacht** den Vertrag unterzeichnet, soll der Vertrag mit der GbR nur bei Genehmigung durch alle Gesellschafter der GbR zustande kommen (OLG Saarbrücken, NZM 2009, 663).

46 In der **Literatur** wird darüber hinaus gefordert, dass die Namen der BGB-Gesellschafter nebst Adressen angegeben werden, da ansonsten nicht erkennbar sei, wer der anderen Vertragspartei gegenüber vollumfänglich haftet (vgl. Fritz, Rz. 47; vgl. aber a. BGH, NZM 2006, 104; a.A. Neuhaus, ZMR 2011, 1, 4).

47 Der **BGH** (BGH, NZM 2010, 82) ging bei der **AG** mit **zwei** gesamtvertretungsberechtigen **Vorständen** von der Anwendbarkeit der oben geschilderten Grundsätze für die BGB-Gesellschaft aus (a.A. OLG Koblenz, BeckRS 2014, 14502), wenn nach der Vertragsurkunde die Unterzeichnung des Vertrags durch zwei Vorstandmitglieder vorgesehen war, jedoch nur einer unterzeichnet hat. Wie der BGH (BGH, NZM 2015, 490) in einer weiteren Entscheidung zum Ausdruck gebracht, ist insoweit der äußere Eindruck der Urkunde und nicht der Inhalt des Handelsregisters maßgeblich. Erweckt die Urkunde den Eindruck, dass durch die Unterschrift nur eines Vorstandsmitglieds einer AG der Vertrag zustande kommt, führt das Fehlen einer zweiten Unterschrift eines Vorstands auch bei einer nur gemeinschaftlich möglichen Stellvertretung der AG nicht zur Verfehlung der Schriftform. Nach einer Entscheidung des OLG Düssel-

dorf (OLG Düsseldorf, BeckRS 2012, 05072) wahrt auch die Unterschrift eines stellvertretenden Vorstandsmitglieds einer AG die Schriftform, wenn dieser gemeinsam mit einem Prokuristen den Mietvertrag unterzeichnet und nach dem **Handelsregister** eine Vertretungsberechtigung für die AG für ein Vorstandsmitglied gemeinsam mit einem Prokuristen ausweist.

e) Abschluss des Mietvertrags durch Stellvertreter

48 **Großzügig** ist der BGH auch in **sonstigen Stellvertretungsfällen**. Insoweit fordert er die Erkennbarkeit der Stellvertretung in der Urkunde, wobei nicht in jedem Fall ein ausdrücklicher Vertretungszusatz bei der Unterschrift erforderlich ist, wenn sich die Stellvertretung in sonstiger Weise aus der Vertragsurkunde ergibt. Nach Auffassung des BGH muss die **Vollmacht** selbst anders als das Handeln als Vertreter nicht aus dem Vertrag ersichtlich sein (BGH, NZM 2008, 482; vgl. a. Jacoby, NZM 2011, 1). Selbst die Unterzeichnung durch einen **Vertreter ohne Vertretungsmacht** reiche z. B. bei einer GmbH zur Wahrung der Schriftform aus (BGH, NZM 2005, 502 f; 2007, 127; 2008, 482; OLG Düsseldorf, BeckRS 2010, 20153), wenn der Vertrag später stillschweigend genehmigt wird. Der BGH (BGH, ZMR 2007, 953) sieht hierin keine Frage der Schriftform, sondern vorgelagert, eine Frage des **Zustandekommens** des Mietvertrags. Dies gilt nach Entscheidungen des KG (KG, ZMR 2007, 962) und des BGH (BGH, NZM 2015, 490) für die AG entsprechend. Die **stillschweigende Genehmigung** kann durch Mietzahlung, Vollziehung des Mietvertrags oder eine Abrechnung der Mietsicherheit erfolgen (BGH, ZMR 2007, 953). Das OLG Düsseldorf geht bei einem Vollzug des Mietvertrages über einen Zeitraum von sechs Monaten von einer stillschweigenden Genehmigung aus (OLG Düsseldorf, ZMR 2006, 35).

49 Bei **juristischen Personen** ist es ausreichend, wenn sich die **Stellvertretung** eindeutig aus den Umständen ergibt (BGH, NZM 2005, 502 f). Hierzu kann die Unterzeichnung auf der mit „Mieter" gekennzeichneten Unterschriftszeile bei Unterzeichnung für eine GmbH ausreichen (BGH, NJW 2007, 3346; KG, GuT 2007, 354 für die AG). Das OLG Naumburg (OLG Naumburg, BeckRS 2012, 11597) hat darauf hingewiesen, dass der **Geschäftsführer** einer **GmbH** seiner Unterschrift auf einem Mietvertrag keinen Vertretungszusatz zur Wahrung der Schriftform beifügen muss. Ist im Vertragsrubrum bezüglich einer Vertragspartei der Zusatz, **„vertreten durch...**", vorhanden, ist auch nach Auffassung des OLG Düsseldorf (OLG Düsseldorf, BeckRS 2011, 25218; NZM 2014, 394) ein

der Schriftform genügender Hinweis auf die Stellvertretung bei Vertragsschluss anzunehmen.

Das OLG Brandenburg (OLG Brandenburg, GuT 2011, 521) hat den Zusatz, **"i.A."**, als Hinweis auf eine Vertretung ausreichen lassen. Dies erscheint zumindest nicht zwingend.

50 Ob die Schriftform gewahrt ist, wenn eine Person für eine Vertragspartei den Mietvertrag unterzeichnet, die nach dem Handelsregister **nicht zur alleinigen,** sondern nur mit einer weiteren Person zur **Vertretung** der Gesellschaft berechtigt ist, war umstritten (bejahend OLG Jena, NZM 2008, 572; verneinend: LG Braunschweig, GuT 2005, 208). Der BGH (BGH, NZM 2015, 490) stellt nunmehr auch insoweit nur auf die **äußere Form** der Urkunde ab. Nur wenn man bei isolierter Betrachtung des Mietvertrags den Eindruck gewinnt, es fehle noch eine Unterschrift, ist die Schriftform nicht gewahrt.

f) Vorgedruckte Formulare

51 Bei Verwendung von **vorgedruckten Formularen** ist große Sorgfalt darauf zu verwenden, dass durch Unterbleiben der Streichung von Alternativen bzw. Nichtausfüllung von Lücken keine widersprüchlichen Angaben entstehen. Dies kann beispielsweise der Fall sein, wenn im Mietvertrag Angaben für eine **unbestimmte Laufzeit** und gleichzeitig Angaben zu einer **bestimmten Laufzeit** gegeben sind. Werden dann die Lücken für eine bestimmte Vertragslaufzeit ausgefüllt und die Regelungen zu einem Vertrag mit einer unbestimmten Laufzeit nicht gestrichen, liegen widersprüchliche Regelungen und damit ein Verstoß gegen die Schriftform vor. Der Vertrag ist sodann unabhängig von dem Willen der Parteien unbefristet (vgl. OLG Köln, ZMR 1999, 760; OLG Rostock, ZMR 2001, 27; KG, BeckRS 2016, 05783). Großzügig war das OLG Düsseldorf (NJW-RR 1995, 1417), das von einer Wahrung der Schriftform ausgeht, wenn versehentlich entgegen den mündlichen Vereinbarungen die Bestimmungen des Formularvertrags bezüglich der Verpflichtung des Mieters zur Gestellung einer **Mietsicherheit** nicht gestrichen werden.

g) Laufzeit, Verlängerungsoptionen

52 Enthält ein **Formularmietvertrag widersprüchliche Regelungen** zu der **Laufzeit** und Verlängerungsoptionen, ist nach Auffassung des OLG Naumburg (OLG Naumburg, BeckRS 2012, 11597) die Schriftform nicht gewahrt.

53 **Verlängerungsoptionen** mit einer Verlängerungszeit von mehr als einem Jahr müssen in **Schriftform** abgeschlossen werden (OLG Hamburg, BeckRS 2012, 03347 = ZMR 2012, 100; KG, BeckRS 2016, 05783). In diesem Zusammenhang ist zu beachten, dass zumindest umstritten ist, ob ohne Verstoß gegen die Schriftform die **Optionsausübung** für eine Mietzeitverlängerung von mehr als einem Jahr **stillschweigend** erfolgen kann (vgl. OLG Frankfurt, NZM 1998, 1006). Daher sollte im Vertrag jeweils vorgesehen werden, dass die Optionsausübung schriftlich zu erfolgen hat. Folgt man dem OLG Köln (OLG Köln, OLGR 2006, 65 f = NZM 2006, 464), unterliegt auch die **Ausübung der Option** dem Schriftformerfordernis der §§ 578, 550, 126 BGB mit der Folge, dass eine Übermittlung **per Telefax** zur Ausübung der Option **nicht ausreicht** (a.A. wohl; OLG Rostock, BeckRS 2010, 05351). Ob der **BGH** dieser Auffassung folgen wird, erscheint zweifelhaft, da er in anderem Zusammenhang darauf hingewiesen hat, dass es zum Schutz des vor allen Dingen durch die §§ 578, 550, 126 BGB geschützten potenziellen Erwerbers ausreicht, wenn dieser durch die die Schriftform wahrende Vereinbarung der Optionsrechte im Mietvertrag auf diese und deren mögliche Ausübung hingewiesen wird (BGH, NZM 2008, 482) und bei Wohnraummietverträgen nach altem Mietrecht automatische Verlängerungsklauseln für wirksam erachtet worden sind (BGH, NZM 2010, 693).

Das OLG Hamm (OLG Hamm, BeckRS 2006, 676) hält ebenso wie das OLG Düsseldorf (OLG Düsseldorf, BeckRS 2011, 26396) und das OLG Koblenz (OLG Koblenz, BeckRS 2014, 16017) Vereinbarungen für **schriftformkonform** und wirksam, nach denen ein Optionsrecht als ausgeübt gilt, wenn der **Mieter nicht** innerhalb einer im Vertrag festgelegten Frist **erklärt**, **er verzichte** auf das **Optionsrech**t (vgl. jedoch auch: OLG Frankfurt, NZM 1998, 1006).

h) Vermietung vom Reißbrett/Beschreibung der Mietsache

54 Größere Schwierigkeiten ergeben sich dann, wenn die Mietsache zum Zeitpunkt des Vertragsabschlusses noch nicht (vollständig) fertiggestellt ist (sogenannte **„Vermietung vom Reißbrett“**).

55 In diesen Fällen ist es zur Schriftformwahrung erforderlich, die **Mietsache detailliert** beispielsweise durch Pläne und eine genaue Baubeschreibung zu definieren und insbesondere die **Lage im Gesamtobjekt** eindeutig festzulegen. Erfolgt dies nicht oder werden vor oder nach Vertragsschluss insoweit mündliche Nebenabreden getroffen, ist die Schriftform verfehlt (BGH, NZM 1998, 766; NJW 1999, 2591, 2593; NZM 2006,

104; 2007, 127; 730; OLG Rostock, GuT 2006, 17 f; KG, GE 2007, 149; großzügiger für nachträgliche Änderungen: BGH, NZM 2009, 515; KG, NZM 2007, 731). Der **Austausch von Plänen** als Anlage des Mietvertrags nach Vertragsschluss ohne entsprechenden Nachtrag soll zur Schriftformwahrung nicht ausreichen (Prütting/Wegen/Weinrich-Schmid, § 550 BGB, Rz. 4 m.w.N.).

56 Vereinbaren die Vertragsparteien eines vermeintlich langfristigen Mietvertrags, dass der Mieter zunächst in eindeutig beschriebene Räume einziehen soll, um nach Fertigstellung eines benachbarten Baus dort einzuziehen, soll der Vertrag nach Auffassung des KG (KG, NZM 2007, 248) insgesamt der Schriftform entbehren, wenn die später zu beziehenden Flächen im Vertrag nicht in einer die Schriftform wahrenden Weise beschrieben sind.

57 Die **fehlende Angabe der Hausnummer** des vermieteten Objekts und die Beifügung von **nicht maßstabsgerechten Plänen** sollen jedoch auch bei einer nicht aus den Plänen ersichtlichen Erweiterung der Mietfläche während der Errichtungsphase nicht schriftformschädlich sein, wenn kein ernsthafter Zweifel an der Lage der Mietsache aufkommen kann (BGH, NZM 2009, 515). Noch sehr viel großzügiger ist das KG (KG, NJOZ 2014, 1687), das die **fehlende Adressangabe der Mietsache** im Mietvertrag und sämtlichen Nachträgen im Hinblick auf die Schriftform für unschädlich erachtet hat.

58 Sind Gemeinschaftsflächen in der Weise mit vermietet, dass der Mieter berechtigt sein soll, dort Tische und Stühle in einer "Schlemmerpassage" aufzustellen und exklusiv zu nutzen, müssen die **Flächen** aus dem Mietvertrag zur Schriftformwahrung ersichtlich sein (BGH, NZM 2014, 471; OLG Düsseldorf, BeckRS 2012, 25365).

59 Großzügiger ist der BGH, wenn bei der Vermietung vom Reißbrett der Mieter das **gesamte** zu errichtende **Objekt anmietet**. In derartigen Fällen soll die fehlende Beifügung eines Lageplans, der Baubeschreibung, der Baugenehmigung und der Ausführungszeichnungen in Bezug auf die Wahrung der Schriftform unschädlich sein (BGH, NZM 2007, 445; OLG Düsseldorf, BeckRS 2010, 20152; s.a. OLG Nürnberg, BeckRS 2010, 15440). Gleiches gilt bei der Vermietung von Teilflächen, wenn nach der **wörtlichen Beschreibung** im Vertragstext in der Zusammenschau mit den als Anlage zum Mietvertrag beigefügten Plänen keine ernsthaften Zweifel mehr an der räumlichen Anordnung der Mietsache im Gesamtobjekt mehr bestehen (BGH, GuT 2008, 38). Dies kann auch dann gegeben

sein, wenn die **m²-Angaben** im Text und in den Plänen nicht übereinstimmen.

60 Nach Auffassung des BGH (BGH, GuT 2008, 38) ist eine genaue räumliche Kenntlichmachung von zur **Mitbenutzung vermieten Parkplätzen** zur Wahrung der Schriftform nicht erforderlich (vgl. jedoch a.: OLG Rostock, NZM 2008, 646). Das OLG Frankfurt (OLG Frankfurt, ZMR 2007, 532) hält eine genaue Bestimmung der **Lage** eines **mitvermieteten Kellerraums** zur Wahrung der Schriftform nicht für erforderlich, da im Zweifel dem Vermieter ein Leistungsbestimmungsrecht nach Maßgabe des § 315 BGB zustehe.

61 Auf der fehlenden Bezeichnung der Mietsache bei der Vermietung vom Reißbrett beruhende **Schriftformmängel** sollen nach Auffassung des OLG Naumburg (GuT 2006, 16) **geheilt** werden, wenn nach Übergabe der fertiggestellten Mietsache ein Nachtrag abgeschlossen wird, der auf den ursprünglichen Mietvertrag ohne nähere Präzisierung der Mietsache Bezug nimmt.

62 Ist die **Lage der Mietsache** im Gesamtobjekt auch bei Bestandsobjekten nicht hinreichend deutlich gemacht, ist die Schriftform nach Auffassung des BGH (BGH, NZM 2010, 704; s.a. OLG Hamm, NZM 2014, 309) nicht gewahrt. Dies soll selbst dann gelten, wenn die Lage in einem Plan gekennzeichnet wurde, dieser Plan jedoch weder mit der Urkunde fest verbunden wurde, noch im Mietvertrag in Bezug genommen wird. Das OLG Hamm (OLG Hamm, BeckRS 2007, 15165; 2010, 13237) verlangt ebenfalls auch bei der Vermietung von Bestandsobjekten eine so genaue Beschreibung der Mietsache, dass allein **anhand des Vertrags** vor Ort die **Lage der Mietsache im Gesamtobjekt** festgestellt werden kann. Großzügiger ist in diesem Zusammenhang das OLG Koblenz (OLG Koblenz, NJOZ 2011, 207), das auch bei fehlender Beschreibung der genauen Lage der Mietsache im Mietvertrag von einer Schriftformwahrung ausgeht, wenn zum **Zeitpunkt des Vertragsschlusses** die Mietsache von einem **Dritten bereits in gleicher Weise** genutzt wurde. Eine sprachliche Beschreibung der Lage der Mietsache soll ausreichen (OLG Düsseldorf, NJOZ 2011, 1480). Nach Auffassung des OLG Rostock (OLG Rostock, BeckRS 2010, 05351) sind zur Wahrung der Schriftform **nicht nur** die vermieteten **Hauptflächen**, sondern auch **Stellplätze, Freiflächen** und sonstige Nebengelasse bestimmbar zu bezeichnen.

i) Vermietung vom Reißbrett/Laufzeitbestimmung

63 Ebenso problematisch war die Laufzeitbestimmung bei der Vermietung vom Reißbrett. Insoweit war umstritten, ob eine Bestimmung der Schriftform genügt, nach der das **Mietverhältnis mit der Übergabe** beginnen soll. Das OLG Naumburg (NZM 2004, 825 f.) sah die Schriftform in derartigen Fällen als nicht gewahrt an. Der BGH (BGH, NZM 2006, 54; 2007, 443) hat diese Frage dahingehend entschieden, dass auch bei einer derartigen Bestimmung die notwendige **Bestimmbarkeit** der **Mietzeit** und damit kein Verstoß gegen die Schriftform gegeben ist (vgl. a. Schede/Rösch NZM 2005, 447; Wichert ZMR 2005, 593 f.; Durst/Weber ZMR 2005, 760 f.). Entsprechendes gilt, wenn der Mietbeginn an die **Fertigstellung der Mietsache** geknüpft wird (BGH, NZM 2007, 445, 446). Dies gilt nach OLG Jena (OLG Jena, NZM 2008, 572) auch für die Anknüpfung an die **„im Wesentlichen mangelfreie Übergabe**". Sieht der Mietvertrag je nach tatsächlichem Verlauf alternative Daten für den Mietbeginn (etwa Übergabe der Mietsache oder fiktives Datum der Übergabe für den Fall vertragsgemäßen Verhaltens des Mieters) vor, soll dies für die Wahrung der Schriftform unschädlich sein (BGH, NZM 2013, 759).

64 Gleichwohl wird man insbesondere Mietern nicht raten können, entsprechende Vertragsklauseln zu akzeptieren, da sich der Mietbeginn erheblich, im Einzelfall um Jahre verschieben kann, wenn z.B. das Baurecht zunächst erstritten werden muss. **Formularklauseln**, die ohne weitere zeitliche Eingrenzung den Mietbeginn an die Übergabe knüpfen, werden teilweise als unwirksam angesehen (Böttcher/Menzel, NZM 2006, 286, 288).

j) Vom Mieter durchzuführende Arbeiten

Hat der Mieter nach den Vereinbarungen der Vertragsparteien bei Vertragsschluss umfangreiche, im Einzelnen vereinbarte Sanierungsarbeiten an der Mietsache auszuführen, genügt nach Auffassung des OLG Düsseldorf (OLG Düsseldorf, BeckRS 2014, 01866) die Beschreibung der Arbeiten, „vom Mieter kernsaniert", nicht den Anforderungen der Schriftform. Wie der BGH (BGH NZM 2016, 98 Rz. 28ff.) festgehalten hat, sind auch vom **Vermieter genehmigte Umbaumaßnahmen** des Mieters in einem der **Schriftform** genügenden Nachtrag niederzulegen.

k) Schriftformmangel bei Briefwechsel/Telefax

65 Durch einen **Briefwechsel** wird die **Schriftform nicht gewahrt**. Vielmehr müssen beide Vertragsparteien auf einer **Urkunde** unterzeichnen

(BGH, NJW 1987, 948). Hierbei ist es jedoch ausreichend, wenn z. B. eine Vertragsänderung in einem Brief vorgeschlagen wird und dieser von der anderen Vertragspartei unterzeichnet und zurückgesandt wird (BGH, NZM 2004, 738).

66 Anerkanntermaßen genügt die Annahme eines Vertragsangebotes zum Abschluss eines Mietvertrages durch **Telefax nicht der Schriftform** (BGH, NJW 2001, 221, 222; OLG Düsseldorf, NZM 2004, 143; OLG Brandenburg, BeckRS 2012, 22268; Fritz, Rz. 47c).

67 Ebenso wenig genügt es, den **unter Abwesenden** unterzeichneten Mietvertrag nach Gegenzeichnung lediglich **in Verwahrung** zu nehmen und den Vertragspartner nur von der Gegenzeichnung zu unterrichten. Das formgerechte Exemplar muss dem **Erstunterzeichner zugehen,** um die Schriftform zu wahren (BGH, NJW 1962, 1388 f).

l) Annahme unter Änderungen

68 Die Schriftform ist auch dann verfehlt, wenn der **Mietvertrag nur mit inhaltlichen Änderungen**, seien sie auch nebensächlich, **unterzeichnet** wird (BGH, NJW 2001, 221; NZM 2008, 484; OLG Hamm, ZMR 2006, 205 f; OLG Düsseldorf, ZMR 2008, 711), es sei denn, die Ergänzung findet im Einvernehmen mit dem Vertragspartner statt, der bereits unterzeichnet hat. Dies soll nach Auffassung des OLG Köln (NZM 2005, 705 f) nicht gelten, wenn vom Gegenzeichnenden Änderungen im **Vertragsrubrum** in Gestalt der Benennung des Vertreters der gegenzeichnenden Partei eingefügt werden.

69 Nach der mehr als zweifelhaften **„Theorie der äußeren Form“** soll ein durch Änderungen der Urkunde nach Erstunterschrift zunächst die Schriftform ggf. nicht wahrender Mietvertrag nicht mehr gegen die Schriftform verstoßen, wenn die Parteien den Vertrag in der geänderten Fassung praktizieren.

m) Verspätete Annahme

70 Nach Auffassung des BGH (BGH, NZM 2010, 319; zustimmend: Jacoby, NZM 2011, 1; ablehnend: Leo, GuT 2012, 96) ist es zur Wahrung der Schriftform nicht erforderlich, dass bei Unterzeichnung des Mietvertrags unter Abwesenden die Annahme/Gegenzeichnung und Rücksendung so rechtzeitig erfolgt, dass der Mietvertrag innerhalb der Fristen des § 147 Abs. 2 BGB zustande kommt. Erfolgt die **Annahme verspätet**, komme der Mietvertrag zwar erst später durch schlüssiges Verhalten (z.B. Über-

lassung der Mietsache nebst Mietzahlung) zustande, eine **erneute Unterzeichnung** sei jedoch zu Wahrung der Schriftform **nicht erforderlich**. Insoweit sei ausreichend, dass eine der **äußeren Form** genügende Vertragsurkunde vorliege.

71 Der praktische Gewinn durch diese sehr eigenwillige Auslegung des allgemeinen Teils des BGB ist deutlich geringer, als man zunächst vermutet. Denn für die besonders virulenten Fälle der **Vermietung vom Reißbrett** führt die Auffassung des BGH zu einer sehr langen Phase der Unsicherheit, da ein konkludentes Verhalten beider Parteien, das sicher auf einen Vertragsschluss schließen lässt, häufig erst mit Einzug des Mieters gegeben sein wird.

Unabhängig hiervon wird der BGH die Frage beantworten müssen, wie die Theorie der äußeren Form mit seinen späteren Entscheidungen zum Zustandekommen des Mietvertrags (BGH, NZM 2016, 356) harmonisiert werden kann. Denn die Qualifizierung eines Verhaltens auch als schlüssige Annahmeerklärung setzt nach Auffassung des BGH (BGH, NZM 2016, 356 Rz. 36) das Bewusstsein voraus, für das Zustandekommen des Vertrags sei möglicherweise noch eine Erklärung erforderlich. Der Erklärende muss zumindest Zweifel am Zustandekommen des Vertrags haben. Dieses Bewusstsein ist bei der verspäteten Annahme eines Gewerberaummietvertrags nebst anschließendem Vollzug regelmäßig nicht vorhanden.

n) Unterschriften/Urkundeneinheit/feste körperliche Verbindung

72 Zur Wahrung der Schriftform müssen die **Unterschriften nicht lesbar** sein. Es reicht ein die Identität des Unterschreibenden ausreichend kennzeichnender individueller Schriftzug, der einmalig ist, entsprechende charakteristische Merkmale aufweist, so dass eine Unterscheidungsmöglichkeit gegenüber anderen Unterschriften gewährleistet ist, der die Andeutung von Buchstaben erkennen lässt (OLG Hamm, BeckRS 2006, 676). Eine Unterschrift mit dem **Familiennamen** reicht zur Wahrung der Schriftform aus. Eine Hinzufügung des **Vornamens** soll auch bei Verwechselungsgefahr nicht erforderlich sein (OLG Hamm, BeckRS 2011, 13445). Das OLG Düsseldorf (OLG Düsseldorf, NJOZ 2012, 601) hatte noch einmal Gelegenheit darauf hinzuweisen, dass zu Wahrung der Schriftform die Unterschriften unter dem Mietvertrag so angeordnet sein müssen, dass sie den **Text** der Vereinbarungen **räumlich abschließen**. Eine Unterschrift auf Seite 1 eines zwölfseitigen Vertrags reicht daher nicht aus (s.a. OLG Hamm, BeckRS 2011, 13445).

Eine **Paraphe** anstelle einer Unterschrift reicht zur Schriftformwahrung nicht aus (OLG Hamm, BeckRS 2006, 676; 2011, 13445). 73

In Abkehr von seiner ehemaligen Rechtsprechung geht der Bundesgerichtshof nunmehr davon aus, dass zur Wahrung der Schriftform **keine körperliche feste Verbindung** der einzelnen Blätter des Mietvertrages und eine **Verbindung mit** den **Anlagen** erforderlich ist, wenn sich die Zusammengehörigkeit der einzelnen Urkundenbestandteile aus anderen Gesichtspunkten zweifelsfrei ergibt. Dies können beispielsweise ein **einheitliches Schriftbild**, eine **fortlaufende Nummerierung** der Seiten, eine fortlaufende Nummerierung der Paragraphen oder eine **Inbezugnahme von Anlagen** im Mietvertrag sein (BGH, NJW 1998, 58; KG, Urt. v. 17.11.2014 – 8 U 114/14; Gerber/Eckert/Günter, Rz. 64 m.w.N.). Eine **Unterzeichnung von Anlagen** ist nicht erforderlich (BGH, NJW 2000, 354; NZM 2005, 584), kann aber ausreichen, um dem Schriftformgebot zu genügen, wenn sich die Zusammengehörigkeit mit dem Vertrag zweifelsfrei ergibt (OLG Hamm, BeckRS 2011, 13445). Eine **Paraphierung** der Anlagen reicht in jedem Fall aus und dürfte wohl noch nicht einmal erforderlich sein (BGH NZM 2005, 584). Die fehlende **Rückverweisung** der Anlage auf den **Hauptvertrag** ist ebenfalls unschädlich (BGH, NJW 2000, 354). Enthalten die Anlagen nur Angaben, die sich bereits aus dem Vertragstext oder dem Gesetz ergeben, ist die fehlende Beifügung der Anlagen auf die Wahrung der Schriftform ohne Einfluss (BGH, NZM 2009, 198). 74

Werden zugleich mit dem Mietvertrag **weitere Verträge** abgeschlossen und sollen die Verträge insgesamt unter Einschluss des Mietvertrags **miteinander stehen und fallen**, muss zur Wahrung der Schriftform die Verbindung durch **wechselseitige Inbezugnahmen**, Zusammenheftung oder Ähnlichem deutlich gemacht werden (BGH, NZM 2005, 802, 803).

Es ist für die Wahrung der Schriftform **unschädlich**, wenn die Parteien **vor Abschluss** des schriftlichen Mietvertrags eine **inhaltsgleiche mündliche Vereinbarung** getroffen hatten (BGH, NZM 2004, 738).

o) Bedingungseintritt

Ist die Wirksamkeit eines Mietvertrages von dem Eintritt einer aufschiebenden Bedingung abhängig, so **bedarf der Bedingungseintritt nicht der Schriftform** (BGH, ZMR 2004, 804 f). 75

Nach Auffassung des OLG Naumburg (OLG Naumburg, ZMR 2008, 371) kann sich ein Mieter nicht auf eine **aufschiebende Bedingung** für das 76

Zustandekommen eines Gewerberaummietvertrags in Gestalt eines Zustimmungsschreibens des Vorstands des mietenden Unternehmens berufen, wenn er hierfür keine nachvollziehbaren Gründe angeben kann.

p) Änderungen des Vertrags/Nachträge

77 **Wesentliche Vertragsänderungen**, auch wenn sie nur Verpflichtungen des Mieters beinhalten (BGH, BeckRS 2014, 03820; NZM 2009, 515, Rz. 30), bedürfen ebenfalls der Schriftform. Ist sie nicht eingehalten, so ist regelmäßig der **gesamte Mietvertrag nicht mehr formgerecht** und mit der gesetzlichen Frist nach Ablauf des ersten Vertragsjahres kündbar (vgl. BGH, NJW 1994, 1649, 1651; NZM 2007, 443; GuT 2007, 443; OLG Jena, NZM 2008, 572; OLG Brandenburg, BeckRS 2010, 29957; 2012, 22268).

Eine **einseitige schriftliche Bestätigung** der vereinbarten Änderungen **wahrt** die **Schriftform nicht** (BGH, BeckRS 2014, 03820).

aa) Wechsel der Vertragsparteien

78 Vereinbaren die Vertragsparteien, dass anstatt einer im **Mietvertrag** als Mieter aufgeführten natürlichen Person während der Vertragslaufzeit eine **GmbH** auf Mieterseite in den Mietvertrag **eintreten** und hierüber ein schriftlicher Nachtrag geschlossen werden soll, ist im Zweifel der Eintritt bis zum Abschluss des Nachtrags gemäß § 154 Abs. 2 BGB nach Auffassung des OLG Düsseldorf (OLG Düsseldorf, ZMR 2008, 711) nicht erfolgt. Die **Zustimmung des Mieters zu einem Vermieterwechsel** bedarf nicht der Schriftform, da es sich bei der Zustimmung um eine Bedingung handelt (vgl. BGH, NJW 2003, 2158; OLG Hamburg, BeckRS 2012, 03347 = ZMR 2012, 100). Entsprechendes gilt bei **Auswechselung des Mieters** (BGH NZM 2005, 584; 2013, 269; OLG Düsseldorf, ZMR 2008, 122; NJOZ 2010, 1959). Die Schriftform eines langfristigen Mietvertrages ist bei einem **rechtsgeschäftlichen Mieterwechsel** durch zweiseitigen Vertrag zwischen Alt- und Neumieter entsprechend OLG Düsseldorf (OLG Düsseldorf, BeckRS 2012, 02870) nur eingehalten, wenn diese Mieteintrittsvereinbarung dem Schriftformerfordernis genügt. Das erfordere, dass der Mieter oder der Mietnachfolger dessen Eintritt in die Mieterstellung durch eine Urkunde belegen kann, die **ausdrücklich** auf den **Ursprungsmietvertrag Bezug** nimmt. Die vertragliche Auswechselung des Mieters müsse darin zur Wahrung der Schriftform dergestalt beurkundet sein, dass sich die vertragliche Stellung des Mietnachfolgers im Zusammenhang mit dem zwischen dem bisherigen Mieter und dem Ver-

mieter geschlossenen Mietvertrag ergibt. Ist das **Recht** des Mieters **zur Übertragung des Mietvertrages** auf einen Dritten im Vertrag vorgesehen, muss dieser Dritte eine Urkunde vorweisen, die auf den Mietvertrag Bezug nimmt, den Mieterwechsel enthält und in der Zusammenschau mit dem Ursprungsmietvertrag der Schriftform genügt (BGH, NZM 2005, 340 f.; vgl. zur Kritik: Leo, NZM 2005, 688 f).

79

Der Vertrag über den Eintritt weiterer Mieter in einen langfristigen Mietvertrag bedarf der Schriftform (OLG Düsseldorf, BeckRS 2013, 18512). Wird sie **verfehlt**, betrifft dies nach Auffassung des OLG Düsseldorf (OLG Düsseldorf, BeckRS 2013, 18512) **ausschließlich die Eintrittsvereinbarung**.

Der **Mieteintritt** eines **weiteren Mieters** erfolgt nach Auffassung des OLG Celle (OLG Celle, ZMR 2008, 120) schriftformwahrend, wenn der Vermieter und der eintretende Mieter einen der Schriftform genügenden Nachtrag zum Mietvertrag abschließen und der Ursprungsmieter dem Eintritt formlos zustimmt.

80

Waren im **Ursprungsmietvertrag zwei Personen** als Mieter Vertragspartei und wird im Nachtrag nur noch **eine Person** ohne Erläuterung als Mieter aufgeführt, ist entsprechend einer Entscheidung des OLG Frankfurt (OLG Frankfurt, BeckRS 2010, 1540) die Schriftform des Mietvertrags nicht mehr gewahrt.

bb) Änderungen der Miete

81

Ob Vereinbarungen über **nachträgliche Mieterhöhungen** in jedem Fall (so OLG Karlsruhe, NZM 2003, 513; s.a. OLG Düsseldorf, BeckRS 2013, 07534) oder nur bei wesentlichen Änderungen der Miethöhe (> 20%; KG, NZM 2005, 457; s.a. OLG Hamm, BeckRS 2006, 676) der Schriftform bedürfen, war umstritten (vgl. a. BGH, WPM 1963, 172, 173). Das OLG Jena (OLG Jena, NZM 2008, 572) stellt darauf ab, ob die **Veränderungsmöglichkeit** der Miete aus dem **Vertrag hervorgeht**. Ist dies der Fall, sei der Erwerber hinreichend geschützt, so dass die Schriftform gewahrt sei. Der BGH (NZM 2005, 456) hatte bereits erkennen lassen, dass er möglicherweise bei einer **Herabsetzung der Miete** für die Dauer von mehr als zwölf Monaten die Einhaltung der Schriftform für erforderlich hält, wenn die Herabsetzung nicht vom Vermieter jederzeit widerrufen werden kann. Der BGH (BGH, NZM 2016, 98) hat nunmehr festgehalten, dass grundsätzlich **jedwede Änderung der Miethöhe** während der Vertragslauszeit einen der **Schriftform genügenden Nachtrag erforderlich** macht.

82 Eine **Begründung** für eine in einem Nachtrag gewährte **Mietsenkung** soll nach Auffassung des OLG Düsseldorf (OLG Düsseldorf, BeckRS 2010, 20153) zur Schriftformwahrung nicht erforderlich sein.

83 Eine **Umstellung** der Berechnung der Mietänderung von einem vom statistischen Bundesamt nicht **mehr** festgestellten Index **auf den Verbraucherpreisindex für Deutschland** hat das OLG Jena nicht für schriftformbedürftig angesehen (OLG Jena, NZM 2008, 572).

84 Wird die in einem langfristigen Mietvertrag vorgesehene **quartalsweise Mietzahlung auf eine monatliche** in einer nicht die Schriftform wahrenden Weise **umgestellt**, ist nach der Rechtsprechung des BGH (BGH, GuT 2007, 443) die Schriftform verletzt und das Mietverhältnis nach Maßgabe der §§ 578, 550, 126 BGB vorzeitig kündbar.

Die nachträgliche mündliche Vereinbarung, die Miete sei nicht mehr wie im Mietvertrag vorgesehen zum dritten Werktag eines jeden Monats, sondern bis spätestens zum Monatsende zu zahlen, zerstört nach Auffassung des KG (KG, NJOZ 2014, 603) die Schriftform.

cc) Regelungen zur Mietsache

Die Angabe einer falschen Hausnummer in einem Nachtrag zum Mietvertrag soll die Schriftform nicht verletzen, wenn der Nachtrag auf den Mietvertrag Bezug nimmt und dieser die zutreffende Hausnummer enthält (OLG Hamm, ZMR 2013, 710, 712).

dd) Änderungen des Mietzwecks

85 Bei Vereinbarungen über die **Veränderung des Mietzwecks** ist das Schriftformerfordernis zu wahren (OLG Rostock, NJOZ 2009, 4528; KG, ZMR 2016, 613).

ee) Änderungen der Betriebskostenvereinbarungen

86 Der **Übergang von einer Betriebskostenpauschale zu Vorauszahlungen nebst anschließender Abrechnung** (OLG Hamm, BeckRS 2010, 13237) bedarf einer der Schriftform genügenden Vereinbarung. Die **stillschweigende Vereinbarung** der Umlage weiterer im Mietvertrag nicht auf den Mieter abgewälzter **Betriebskosten** durch jahrelange Ab-

rechnung und Bezahlung im Rahmen der Betriebskostenabrechnung soll zumindest dann nicht zu einer Verletzung der Schriftform führen, wenn sie lediglich 2-4% der Gesamtmiete ausmachen (OLG Naumburg, ZMR 2008, 371). Nach Entscheidungen des OLG Brandenburg (OLG Brandenburg, BeckRS 2012, 22268) und des BGH (BGH, NZM 2014, 34) führt eine mündliche Vereinbarung, nach der der Mieter **Betriebskosten nicht** mehr **unmittelbar** an den jeweiligen **Versorger** etc., sondern an den Vermieter zu zahlen hat, zu einem Schriftformverstoß.

Sieht der Mietvertrag das **Recht des Vermieters** vor, die **Betriebskostenvorauszahlung** des Mieters im Nachgang zu den Abrechnungen **abändern** kann, bedürfen nach Auffassung des BGH (BGH, BeckRS 2014, 05526) entsprechende Änderungen nicht der Schriftform.

ff) Änderungen bei Instandhaltung und Instandsetzung

Nach Auffassung des OLG Hamm (OLG Hamm, ZMR 2013, 710, 712) führt eine nicht der Schriftform genügende Vereinbarung der Vertragsparteien über die **Instandhaltung** eines **mitvermieteten Gartens** bei einem Hotel nicht zu einem Schriftformverstoß.

gg) Einvernehmliche Änderungen der Vertragsurkunde

87 Die Schriftform wird nicht verletzt, wenn **einvernehmlich** nach Unterschriftsleistung die **Vertragsurkunde geändert** wird. Eine erneute Unterschrift ist in diesen Fällen nach der Rechtsprechung des BGH (BGH, NZM 2009, 515; OLG Hamm, BeckRS 2011, 13445) nicht erforderlich.

hh) Vereinbarungen zum Mietbeginn/Optionen

88 Die Schriftform wird nachträglich zerstört, wenn der **Vertragsbeginn** nach dem Mietvertrag an die Übergabe der Mietsache gekoppelt war und die Vertragsparteien im Nachgang hierzu **mündlich vereinbaren**, dass statt dem Datum der Übergabe (5.1.) der Monatsbeginn (2.1.) als Mietbeginn gelten solle (OLG Brandenburg, NZM 2008, 406; rkr d. Nichtannahmebeschluss des BGH XII ZR 68/08).

89 Das OLG Düsseldorf (OLG Düsseldorf, BeckRS 2011, 01570) hat entschieden, dass die Vereinbarung über die **Nichtausübung einer Verlängerungsoption** mit einem Verlängerungszeitraum von 2 – 3 Jahren der Schriftform bedarf. Eine entsprechende mündliche Vereinbarung führe zur Anwendung der §§ 578, 550, 126 BGB.

ii) Vereinbarungen zur Mietsache

90 Nachträgliche **Änderungen** der vom Vermieter geschuldeten **Mietsache** bei der Vermietung vom Reißbrett können zu einem Schriftformverstoß führen, wobei die Einzelheiten hierzu noch nicht geklärt sind (vgl. BGH, NZM 1998, 766; NJW 1999, 2591, 2593; NZM 2009, 515; OLG Köln, ZMR 1997, 230; OLG Jena, NZM 2008, 572).

91 Nach (sehr zweifelhafter) Auffassung des OLG Zweibrücken (OLG Zweibrücken, BeckRS 2011, 00104) soll kein Schriftformverstoß vorliegen, wenn Teilflächen der Mietsache durch Tausch verändert werden, hierbei Miete und Mietflächengröße gleich bleiben (a.A. Dickersbach, IMR 2011, 95).

jj) Bezugnahme auf die Ursprungsurkunde

92 Grundsätzlich reicht es zur Schriftformwahrung aus, wenn die Parteien einen schriftlichen Nachtrag fertigen und in dem Nachtrag direkt oder indirekt **auf den Mietvertrag Bezug nehmen** und ggf. auch konkludent erklären, dass es bei den Regelungen des Mietvertrages verbleibt, sofern nicht im Mietvertrag **ausdrücklich etwas Abweichendes** geregelt ist (BGH, NJW-RR 1992, 654; NZM 2004, 738, 2008, 482OLG Düsseldorf, OLGR 2008, 171; BeckRS 2010, 20153; Neuhaus ZMR 2011, 1, 10). Hierbei ist es jedoch erforderlich, dass der Nachtrag auf den **Ursprungsmietvertrag und alle ergänzenden Urkunden** (Nachträge etc.) verweist, mit denen die der Schriftform unterliegenden vertraglichen Vereinbarungen vollständig erfasst sind (BGH, NZM 2008, 484; BeckRS 2013, 03643; OLG Rostock, BeckRS 2010, 05351; OLG Düsseldorf, BeckRS 2010, 13339; 2012, 02870; OLG Brandenburg, BeckRS 2010, 08958; Neuhaus ZMR 2011, 1, 10). **Ansonsten** ist die **Schriftform verfehlt**. Eine **körperliche Verbindung** von Mietvertrag und Nachtrag ist bei Wahrung der vorstehenden Anforderungen **nicht erforderlich** (OLG Düsseldorf, OLGR 2008, 171).

93 Einstweilen frei

q) Zerstörung der Vertragsurkunde, Anzahl der Exemplare

94 Wird die formgerecht erstellte **Vertragsurkunde**, wobei maßgeblich auf den Zeitpunkt des Vertragsabschlusses abzustellen ist (OLG Düsseldorf, BeckRS 2010, 20153), **später zerstört**, so ist dies für die Wahrung der Schriftform ohne Belang (BGH, NZM 2007, 443, 444; OLG Stuttgart, BeckRS 2010, 22058; OLG Hamm, BeckRS 2011, 13445). Es reicht zur

Schriftformwahrung aus, wenn **eins** von **mehreren Vertragsexemplaren** der Schriftform entspricht (OLG Düsseldorf, BeckRS 2010, 20153).

r) Treuwidrigkeit der Berufung auf Schriftformmängel

95

Die Berufung auf den Schriftformmangel ist regelmäßig **nicht treuwidrig**, da durch die Form vor allen Dingen der **potentielle Erwerber** der Mietsache **geschützt** werden soll (BGH, NZM 2006, 104, 105; 2007, 730; 2008, 484; 2014, 471; OLG Jena, NZM 2008, 572; vgl. a. Armbrüster, NJW 2007, 3317). Insbesondere steht einer Berufung auf einen Schriftformmangel und damit der Wirksamkeit einer dementsprechend erklärten Kündigung nicht entgegen, dass der Kündigende die **Vorteile** des Mietvertrages **über lange Jahre genossen** hat (BGH, NJW 2004, 1103; ZMR 2006, 763; OLG Jena, NZM 2008, 572). Nur zur Vermeidung schlechterdings **untragbarer Ergebnisse** kann **ausnahmsweise** eine Berufung auf einen Schriftformmangel als treuwidrig angesehen werden (vgl. a. Schraufl, NZM 2005, 443, 445 f.).

96

Dies ist zum Beispiel der Fall, wenn der **Kündigende** durch die nicht der Schriftform genügende Vertragsänderung **einseitig begünstigt** worden ist (BGHZ 65, 49, 55; OLG Bamberg, BeckRS 2011, 08583; OLG Naumburg, BeckRS 2012, 20199). Bei diesen Fällen ist jedoch genau zu prüfen, ob tatsächlich eine ausschließlich **einseitig** begünstigende Regelung vorliegt. Dies ist u.a. nicht gegeben, wenn einerseits eine Mietreduzierung gewährt und andererseits die Mietdauer verlängert wurde oder ein Kündigungsrecht entfällt (OLG Düsseldorf, ZMR 2005, 705 f.). Ein **langfristiger Mietvertrag** ist **nicht per se** für eine der Parteien einseitig **begünstigend** (OLG Düsseldorf, BeckRS 2012, 02870).

97

Die Berufung auf den Formmangel ist auch unzulässig, wenn der Kündigende den Vertragspartner zuvor **arglistig und schuldhaft** von der **Wahrung der Form abgehalten** hat (BGH, NJW-RR 1990, 518; BeckRS 2014, 03820). Ob die **bloße objektive Verursachung** des Schriftformmangels zur Treuwidrigkeit der Berufung hierauf führt, ist umstritten (ablehnend: OLG Hamm, BeckRS 2010, 13237 m.w.N der Gegenauffassung).

Treuwidrigkeit soll auch gegeben sein, wenn der Kündigungsempfänger durch die Beendigung des Mietvertrags in seiner **Existenz bedroht** wird (BGH, BeckRS 2014, 03820).

Die bloße **Kenntnis** von einem **Formmangel** bei Erwerb führt nicht zu einer Treuwidrigkeit der späteren Berufung des Erwerbers auf den Formmangel (BGH, BeckRS 2014, 03820).

98 Das Motiv, sich von einem **lästig gewordenen Mietvertrag** befreien zu wollen, führt **nicht zur Treuwidrigkeit** der Berufung auf einen Schriftformmangel (OLG Hamm, BeckRS 2010, 13237; OLG Düsseldorf, BeckRS 2010, 13331; Leonhard, NZM 2008, 353 m.w.N.).

99 In der **Instanzgerichtsrechtsprechung** ist eine Tendenz zu erkennen, den Anwendungsbereich der §§ 578, 550, 126 BGB über **Treu und Glauben** einzuschränken. So hat das OLG Köln (OLG Köln, OLG-Report 2005, 55 f.) eine Berufung auf einen Schriftformmangel für treuwidrig und unbeachtlich angesehen, wenn der **Kündigende die Vertragsurkunde gestellt** hat. Das OLG Celle (OLG Celle, NZM 2005, 219) geht von einer Treuwidrigkeit einer Berufung auf einen Schriftformmangel aus, wenn eine vertragliche **Verpflichtung zur Einhaltung der Schriftform** bezüglich eines im Vertrag **offen gelassenen Punktes** besteht. Der **BGH** scheint insoweit einen strengeren Maßstab anzulegen, da er die bloße **objektive Verursachung** eines Schriftformmangels für eine Treuwidrigkeit der Berufung auf den Mangel nicht ausreichen lässt (BGH, NJW 1977, 2072).

100 Das OLG Brandenburg (OLG Brandenburg, NZM 2008, 406 rkr durch Nichtannahmebeschluss des BGH XII ZR 68/08) ist der Auffassung, eine Berufung auf die Treuwidrigkeit einer auf einen Schriftformmangel gestützten Kündigung entfalle, wenn der **Kündigungsempfänger seinerseits nicht schutzwürdig** ist. In diesem Zusammenhang sei zu beachten, dass die Formbedürftigkeit langjähriger Mietverträge zum allgemeinen Erfahrungsschatz eines gewerblichen Vermieters gehöre. Die **fehlende** Berufungsmöglichkeit auf eine **Treuwidrigkeit** einer Kündigung sei insbesondere gegeben, wenn die von der Kündigung betroffene Vertragspartei von einem **Anwalt** vertreten wurde (vgl. a. OLG Frankfurt, BeckRS 2010, 1540).

s) Salvatorische Klauseln

101 Eine **salvatorische Klausel** führt nicht zur Heilung von Schriftformmängeln (vgl. BGH, NZM 2007, 730; OLG Köln, GuT 2005, 153; OLG Hamm, BeckRS 2010, 13237; OLG Düsseldorf, BeckRS 2012, 25365; a.A.: OLG Jena, NZM 1999, 906; vgl. jedoch nunmehr; NZM 2008, 572; Jud, NZM 2006, 913, 917). Der **BGH** (NZM 2002, 823; 2007, 730; s.a. Düsseldorf,

BeckRS 2012, 25365) begründet dies u. a. damit, dass keine Unwirksamkeit des Vertrages bzw. einer Bestimmung, sondern nur eine aus Sicht der Parteien vorzeitige Kündigungsmöglichkeit vorliegt (ebenso: Wichert, ZMR 2006, 257).

t) Schriftformsanierungsklauseln, Anspruch auf Heilung von Schriftformmängel

102 Ob die weit verbreiteten **Schriftformheilungsklauseln**, nach denen die Vertragsparteien sich verpflichten, sich nicht auf Schriftformmängel zu berufen und den Mietvertrag nicht vorzeitig zu kündigen, sondern eventuelle Schriftformmängel zu heilen, wirksam sind, erscheint zweifelhaft. Der BGH (BGH, NZM 2014, 239; 471) hat bisher lediglich festgehalten, dass entsprechende Klauseln den Erwerber nicht binden.

103 Entgegen Entscheidungen u. a. des Oberlandesgerichts Düsseldorf (OLG Düsseldorf, NZM 2005, 147, s. a. OLG Köln, GuT 2006, 14 f; zustimmend Wichert, ZMR 2006, 257 f; Scheer-Hennings/Quast, ZMR 2009, 180.), des KG (KG, GuT 2007, 25), des OLG Naumburg (OLG Naumburg, NZM 2012, 808: BeckRS 2013, 08630), des OLG Koblenz (OLG Koblenz, NZM 2013, 767) und des OLG Hamm (OLG Hamm, ZMR 2013, 710, 713f) wird in der Literatur (Gerber, ZfIR 2008, 632; Lützenkirchen, Mietrechtsberater 2004, 305 m.w.N.; Schultz, Gewerberaummiete S.31; Leo, NZM 2006, 815; Leo/Ghassemi-Tabar, MietRB 2010, 207; vgl. a. Hoffmann, MietRB 2007, 199; Timme/Hülk, NJW 2007, 3313, 3316) darauf verwiesen, dass **§ 550 BGB** unstreitig **zwingendes Recht** darstellt (BGH, BeckRS 2014, 03820), da die Norm vor allem einen nach Maßgabe des § 566 BGB in den Mietvertrag potenziell einrückenden **Erwerber schützen** soll. Dieser würde jedoch vollumfänglich nach dem Wortlaut der Klauseln auch in die Verpflichtung einrücken, sich nicht auf Schriftformmängel zu berufen. Der zwingende § 550 BGB würde auf diesem Weg ausgehebelt. Dem hat sich das OLG Rostock im Ergebnis zumindest teilweise angeschlossen (OLG Rostock, NZM 2008, 646 mit abl. Besprechung von Timme/Hülk, NZM 2008, 764; vgl. a Blank in Münchener Vertragshandbuch, Bd. 5, II.1, 281 a; zustimmend Streyl, NZM 2009, 261).

Das OLG Düsseldorf (Düsseldorf, BeckRS 2012, 25365) hält folgerichtig entsprechende **formularvertragliche Klauseln** wegen Verstoßes gegen § 307 BGB für **unwirksam**, da auch der Erwerber der Mietsache gebunden werde. Entsprechende Klauseln sollten daher zumindest dahingehend formuliert sein, den Erwerber nicht zu binden. Dass die sie mit dieser Einschränkung wirksam sind, erscheint nicht gesichert (ablehnend: Gerber, ZfIR 2008, 632). Alternativ hierzu wird vorgeschlagen, in Schriftformheilungsklauseln lediglich die Verpflichtung aufzunehmen, an einer Heilung der Schriftform mitzuwirken, das Kündigungsrecht jedoch nicht auszuschließen (Neuhaus, Rz. 318 f). Da der Erwerber jedoch auch in diese Pflicht einrücken würde, bliebe er bei einem entsprechenden Verlangen des Mieters an die nicht beurkundete Vereinbarung gebunden und könnte sich, da eine Verpflichtung zur Nachholung der Form besteht, nicht mit Erfolg auf sein Kündigungsrecht berufen.

Nach Auffassung des BGH (BGH, BeckRS 2014, 03820) kann **ausnahmsweise** eine **Mitwirkungspflicht** der Vertragsparteien am Zustandekommen eines der Schriftform entsprechenden Mietvertrages bestehen. Das etwa, wenn in einem **Vorvertrag** vereinbart worden ist, ein langfristiges Mietverhältnis zu begründen (BGH, BeckRS 2014, 03820). Möglich ist es etwa auch, dass sich Vertragsparteien im Hinblick auf **nachträglich** zustande gekommene **Vereinbarungen** verpflichten, insofern dafür zu sorgen, dass die Schriftform gewahrt und damit die langfristige Bindung an den Mietvertrag sichergestellt wird. Die Verpflichtung wird vom BGH (BGH, BeckRS 2014, 03820) wohl nur angenommen, wenn den Vorgaben eines Vorvertrags zu entsprechen ist und in Anknüpfung an die darin getroffenen Abreden einen formwirksamen Mietvertrag zu vereinbaren ist oder wenn einem **konkret befürchteten Formmangel** entgegenzuwirken ist.

u) doppelte Schriftformklauseln

Das OLG Frankfurt (OLG Frankfurt, ZMR 2013, 708) hält sogenannte „doppelte Schriftformklauseln“, nach denen Änderungen des Vertrags nur wirksam sind, wenn sie in Schriftform vereinbart werden und auch von dieser Bestimmung nur unter Wahrung der Schriftform abgewichen werden kann, für einen sicheren Schutz vor Schriftformmängel durch nachträgliche Vereinbarungen. Anderer Auffassung sind für formularvertragliche Klauseln das OLG Rostock (OLG Rostock, NJW 2009, 3376) und das KG (KG, ZMR 2016, 613).

v) Prozessuales, Beweislast

104 Nach der Rechtsprechung des BGH (BGH, NJW 2001, 221) soll es möglich sein, bereits die **Kündbarkeit eines Mietvertrags wegen Schriftformverstoßes** im Wege der **Feststellungsklage** feststellen zu lassen. Weiterhin kann die **Beendigung des Mietverhältnisses** im Wege der

Feststellungsklage geklärt werden (BGH, BeckRS 2008, 20527, Wohnraummiete; OLG Naumburg, BeckRS 2012, 11597; OLG Düsseldorf, BeckRS 2010, 24326; OLG Hamm, ZMR 1988, 386 = BeckRS 1987, 31002959). Die **Wirksamkeit/Unwirksamkeit einer Kündigung** kann **nicht festgestellt** werden (BGH, NJW 2000, 354). Entsprechende Anträge sind jedoch auf Feststellung des Fortbestehens/der Beendigung ggf. von Amts wegen umzudeuten.

105 Die **Beweislast** für die **Einhaltung der Schriftform** trägt nach überwiegender Auffassung derjenige, der sich auf die Einhaltung beruft (OLG Düsseldorf, BeckRS 2010, 20153; 2012, 02870; OLG Brandenburg, NZM 2008, 406; OLG Rostock, NZM 2002, 955; Schmid, § 550 BGB, Rz. 3; a. A. OLG München; ZMR 2009, 611 und wohl Staudinger-Emmerich, § 550, Rz. 48; differenzierend: Timme/Hülk, NJW 2007, 3313, 3317).

Schriftformmängel sind **von Amts wegen** zu berücksichtigen (OLG Düsseldorf, NZM 2005, 823; OLG Rostock, NJOZ 2009, 4528; Timme/Hülk, NJW 2007, 3313, 3316).

Nach der Rechtsprechung des BGH (BGH, NZM 2004, 99) ist nach **rechtskräftiger Feststellung** des Fortbestehens eines Mietvertrags die Berufung auf Schriftformmängel nicht mehr möglich, die schon in dem Feststellungsprozess hätten geltend gemacht werden können.

w) Rechtsfolgen der Schriftformverfehlung

106 Wurde die Schriftform verfehlt, ist das Mietverhältnis mit den gesetzlichen Fristen kündbar. Längere im Vertrag vorgesehene **Kündigungsfristen** sind nicht anzuwenden (BGH, NZM 2000, 545).

Eine Kündigung des nicht die Schriftform wahrenden Vertrags ist auch dann möglich, wenn die Vertragsparteien, die die schriftformzerstörende Vereinbarung nicht getroffen hätten, wenn sie sich über die Rechtsfolge des § 550 BGB bewusst gewesen wären (KG, NJOZ 2014, 603).

Ausnahmen sollen mitunter bei Nachträgen, etwa bei Vereinbarungen über den Eintritt weiterer Mieter, gelten (OLG Düsseldorf, BeckRS 2013, 18512). In derartigen Fällen soll nur die Nachtragsvereinbarung isoliert nicht § 550 BGB genügen und die Eintretenden nicht langfristig gebunden werden. Für den ursprünglichen Mieter soll es jedoch bei der langfristigen Bindung verbleiben.

x) Investitionen der Vertragsparteien

107 Hat der Vermieter in Hinblick auf einen **vermeintlichen langfristigen Mietvertrag erhebliche Investitionen** bezüglich der Mietsache getätigt, besitzt er nach Auffassung des OLG Rostock (OLG Rostock, NZM 2007, 733) gegen den unter Berufung auf Schriftformmängel kündigenden Mieter keine Schadensersatzansprüche. Ob der BGH dem folgen wird, erscheint nicht zweifelsfrei (vgl. BGH, NZM 2009, 783).

y) Mietvorvertrag

108 Das Schriftformerfordernis gilt **nicht** für einen **Mietvorvertrag** (BGH, NZM 2007, 445, 446).

z) Heilung von Schriftformmängeln

109 Ein **formgerechter Nachtrag, der ursprüngliche Mängel der Schriftform beseitigt**, führt zu Schriftformwahrung mit Rückwirkung (BGH, NZM 2009, 515; OLG Düsseldorf, OLGR 2008, 171). Dies jedoch nur dann, wenn er eine **Bezugnahme** auf die **Schriftstücke** enthält, aus denen sich **sämtliche wesentlichen Vereinbarungen** ergeben (BGH, NZM 2008, 484; s.o. Rz. 92).

110 Ein formgerechter Nachtrag zu einem nicht die Schriftform wahrenden Ursprungsvertrag soll entsprechend dem OLG Düsseldorf (OLG Düsseldorf, BeckRS 2011, 11737 = ZMR 2011, 629, rkr. d. Beschl. d. BGH – XII ZR 200/08) auch im Falle im Mietvertrag **nicht ausreichend beschriebener Aus- und Umbauarbeiten** des Mieters selbst dann Heilungswirkung haben, wenn die Bauarbeiten im Nachtrag nicht beschrieben sind, jedoch bereits ausgeführt wurden (s.a. OLG Hamm, ZMR 2013, 710, 712). Das KG (KG, NJOZ 2014, 1687) geht davon aus, dass bei ursprünglich unzureichender Beschreibung der Lage der Mietsache im Ursprungsmietvertrag dieser Schriftformmangel auch dann durch einen im Übrigen **formgerechten Nachtrag geheilt** wird, wenn der Mieter zwischenzeitlich eingezogen und die Mieträume vor Ort abgetrennt wurden.

111 Enthält der Mietvertrag Schriftformmängel und war er auf Grund der Vereinbarung eines **Vorkaufsrechts** ausnahmsweise notariell zu beurkunden (s.u. Rz. 112.), führt bei lediglich privatschriftlicher Vereinbarung nebst späterer **Eintragung** des Vorkaufsrechts **im Grundbuch** die Eintragung nicht zur Heilung des Schriftformmangels (OLG Brandenburg, NZM 2008, 406, 407 rkr. d. Nichtannahmebeschluss des BGH, XII ZR 68/08).

3. Notarielle Form

112 **Ausnahmsweise** bedarf ein Mietvertrag der **notariellen Form**, wenn er entweder im Zusammenhang mit einem formerforderlichen Geschäft steht (z. B. sale and lease back) und mit diesem eine Einheit bildet oder im Vertrag selbst Regelungen enthalten sind, die der notariellen Form bedürfen. Eine solche Einheit besteht, wenn die Vertragsparteien den Willen haben, beide Verträge in der Weise miteinander zu verknüpfen, dass sie miteinander stehen und fallen sollen. Hierbei reicht es auch aus, wenn nur einer der Vertragspartner einen solchen Einheitswillen erkennen lässt und der andere Partner ihn anerkennt oder zumindest hinnimmt. Eine rechtliche Einheit eines Vertrages mit einem Grundstücksgeschäft besteht allerdings nicht bereits dann, wenn dieser Vertrag von dem Grundstückskaufvertrag abhängig ist, sondern nur, wenn umgekehrt **das Grundstücksgeschäft** nach dem Willen der Parteien von dem **weiteren Vertrag abhängig** ist (OLG Hamm, BeckRS 2011, 20127).

113 Die Aufnahme des Mietvertrags und des beurkundungsbedürftigen Geschäfts in **unterschiedliche Urkunden** sowie das Bestehen von **Rücktrittsrechten** im Mietvertrag für den Fall des Nichtzustandekommens des zu beurkundenden Vertrags sollen **Indizien** gegen eine derartige Verbindung der Verträge sein (KG, GuT 2010, 249).

114 Die Beurkundungsnotwendigkeit ist regelmäßig bei **Vorkaufsrechten** nach Maßgabe des § 311b BGB gegeben (vgl. insoweit BGH, GuT 2008, 38; OLG Brandenburg, GuT 2009, 182; OLG Stuttgart, GuT 2010, 221; OLG Hamm, BeckRS 2011, 20127). Auch ein **jahrelang vollzogener Mietvertrag** kann nach Auffassung des OLG Hamm (OLG Hamm, BeckRS 2011, 20127) entsprechend den vorgenannten Kriterien **formunwirksam** sein. Mit dem **Vollzug** eines **Mietvertrages** werde der Vertrag nicht erneut – konkludent – abgeschlossen. Ist den Parteien nicht bewusst, dass sie keinen wirksamen Mietvertrag begründet haben, lasse die Vertragsumsetzung nicht auf den Vertragswillen zum erneuten Abschluss des nicht wirksam begründeten Mietvertrages schließen.

115 Ist ein Mietvertrag unter Verstoß gegen die ausnahmsweise einzuhaltende notarielle Form unterzeichnet worden, führt eine **salvatorische Klausel** im Zweifelsfall **nur zu einer Umkehr der Beweislast** dahingehend, dass derjenige, der sich auf die Unwirksamkeit des Gesamtvertrages nach Maßgabe des § 139 BGB beruft, beweisen muss, dass der notariell formbedürftige Vertragsteil so wesentlich für die Vertragsparteien war, dass sie ohne eine entsprechende Vereinbarung den Vertrag nicht abge-

schlossen hätten (BGH, NZM 2003, 61; NZM 2005, 502 f; GuT 2009, 29; OLG Brandenburg, GuT 2009, 182; OLG Rostock, BeckRS 2010, 05351). Eine derartige Wesentlichkeit soll beispielsweise bei einem Vorkaufsrecht für den **Mieter** vorliegen, wenn er im großen Umfange **Investitionen** in das Objekt getätigt hat (OLG Düsseldorf, WuM 2005, 194 f = BeckRS 2005, 01524).

116 Ansprüche des Vermieters gegen einen Mieter, der die Mietsache aufgrund eines **nichtigen Mietvertrages** in Besitz hatte, sind nach den Regeln des **Eigentümer-Besitzer-Verhältnisses** zu beurteilen (§§ 987 ff BGB) (OLG Hamm, BeckRS 2011, 20127).

117 Eine sogenannte **Vorhand**, bei der sich der Vermieter lediglich verpflichtet, bei Verkaufsabsicht zunächst mit dem Mieter zu verhandeln, ist je nach Gestaltung im Einzelfall hingegen formfrei.

4. Schriftformklauseln

118 Eine individualvertragliche **Vereinbarung der konstitutiven Schriftform** für Vertragsänderungen in Gestalt einer sog. einfachen Schriftformklausel soll **stillschweigend abbedungen** sein, wenn die Parteien sowohl den Nachtragsentwurf, als auch die wechselseitig unterzeichneten Exemplare per Telefax versenden (KG, NZM 2010, 583). Gleiches gilt nach Auffassung des OLG Zweibrücken (OLG Zweibrücken, BeckRS 2011, 00104) wenn die Parteien zumindest konkludent bei Vornahme der Vertragsänderung auf die Einhaltung der Schriftform verzichtet haben oder umgekehrt die Einhaltung der Schriftform nicht als Wirksamkeitsvoraussetzung angesehen haben.

119 Etwas anderes soll grundsätzlich bei einer individualvertraglich vereinbarten sog. **qualifizierten bzw. doppelten Schriftformklausel** gelten (BGH, NZM 2006, 59, 60; KG, ZMR 2004, 364; OLG Düsseldorf, NJOZ 2012, 533). Solche Klauseln sind in etwa wie folgt formuliert:

„Jede Änderung oder Ergänzung dieses Vertrages oder eine Vereinbarung über dessen Aufhebung bedarf, um Gültigkeit zu erlangen, der Schriftform. Auf das Formerfordernis kann nur durch eine schriftliche Erklärung verzichtet werden."

120 Trotz Vorhandensein einer individualvertraglichen **qualifizierten Schriftformklausel** können die Vertragsparteien den Mietvertrag mündlich ändern. Dies setzt jedoch nach Auffassung des OLG Düsseldorf (OLG

Düsseldorf, GuT 2010, 234) eine Einigung der Parteien über die Abänderung der qualifizierten Schriftformklausel voraus. **Formularvertraglich** werden auch die qualifizierten Schriftformklauseln zumindest teilweise für unwirksam angesehen (OLG Düsseldorf, ZMR 2007, 35; BeckRS 2011, 14280 = ZMR 2011, 629; OLG Rostock, NZM 2009, 705 = NJW 2009, 3376).

121 Eine **formularvertragliche Klausel**, nach der **mündliche Nebenabreden oder nachträgliche mündliche Absprachen unwirksam** sind, ist auch bei einem langfristigen, der Schriftform bedürfenden Mietvertrag nach einer Entscheidung des BGH (BGH, NZM 2006, 59) wegen Verstoß gegen § 305b BGB unwirksam (a.A. wohl: OLG Frankfurt, ZMR 2013, 708).

5. Formularverträge

122 Der BGH (BGH, NZM 2005, 504; 2008, 890) hat wiederholt ausgesprochen, dass nach seiner Auffassung aus der **vereinzelten Besserstellung des Wohnungsmieters** im Gesetz nicht der Schluss gezogen werden könne, das Gesetz habe den Mieter von Geschäftsräumen generell weniger vor belastenden AGB schützen wollen. Zwar erlaubt das Gesetz für Mietverträge über Geschäftsräume eine weitergehende Beschränkung, zumal die Klauselverbote der §§ 308, 309 BGB für Unternehmer nicht gelten. **§ 307 BGB** sei eine Bestimmung, die für Unternehmer und Verbraucher gleichermaßen gelte, maßgeblich, sei der Prüfungsmaßstab in der Gewerberaum- und der Wohnraummiete im Wesentlichen der gleiche. Das soll nach der Auffassung des BGH (BGH, NZM 2012, 24 zum Transparenzgebot) auch dann gelten, wenn der mit den Geschäftsbedingungen konfrontierte **Mieter** eine **bedeutende Marktstellung** innehat, auf Grund derer er von vornherein hätte versuchen können, andere Vertragsbedingungen auszuhandeln. Aus der vom **BGH** (BGH, NZM 2005; 504; 2008, 890) wiederholt angesprochenen **geringeren Schutzwürdigkeit des Gewerberaummieters** hat er möglicherweise unausgesprochen mit seiner Annahme, der Mieter könne formularvertraglich zur Instandhaltung und Instandsetzung im Innern der Mietsache verpflichtet werden, erstmals Konsequenzen gezogen (vgl. BGH, NJW 2013, 41, Rz. 17 sowie unten Rz. 312)

Verwender allgemeiner **Geschäftsbedingungen**/AGB ist derjenige, auf dessen Veranlassung die Einbeziehung der vorformulierten Bedingungen in den Vertrag zurückgeht (OLG Koblenz, Urt. v. 28.03.2013 – 6 U 720/12).

Haben die **Parteien** bei Vertragsschluss in Bezug auf eine **AGB – Klausel** ein **übereinstimmendes Inhaltsverständnis** ist dieses auch nach Auffassung des KG (KG, NJOZ 2016, 1236) maßgeblich, so dass sich eine anderweitige Auslegung der Klausel verbietet. Liegt ein solches gemeinsames Verständnis nicht vor, sind AGB nach ihrem **objektiven Inhalt und typischen Sinn** so **auszulegen**, wie sie von verständigen und redlichen Vertragspartnern unter Abwägung der Interessen der regelmäßig beteiligten Verkehrskreise verstanden werden, wobei die Verständnismöglichkeiten des durchschnittlichen Vertragspartners zugrunde zu legen sind (BGH, NZM 2008, 890, Rz. 14; 2016,315 Rz. 10; OLG Koblenz, Urt. v. 28.03.2013 – 6 U 720/12; OLG Hamm, NZM 2014, 585). Etwas anderes gilt, wenn die Vertragspartner bei Abschluss des Vertrags ein **übereinstimmendes Verständnis** einer Bestimmung hatten. In diesem Fall ist Letzteres maßgeblich.

Die Anwendung der **Unklarheitenregelung** des § 305c Abs. 2 BGB setzt nach einer Entscheidung des OLG Hamm (OLG Hamm, NZM 2014, 585) voraus, dass nach Ausschöpfung aller in Betracht kommenden Auslegungsmöglichkeiten Zweifel verbleiben und zumindest zwei Auslegungsergebnisse für das Verständnis einer AGB-Klausel rechtlich vertretbar sind.

123 Das **Transparenzgebot** des § 307 Abs. 1 S. 2 BGB soll nach Auffassung des BGH (BGH, NZM 2010, 123; 2012, 24; OLG Hamm, NZM 2014, 585) Verwender Allgemeiner Geschäftsbedingungen nach Treu und Glauben verpflichten, **Rechte und Pflichten** der Vertragspartner **möglichst klar und durchschaubar** darzustellen. Dazu gehöre auch, dass AGB wirtschaftliche Nachteile und Belastungen soweit erkennen lassen, wie dies nach den Umständen gefordert werden kann. Abzustellen sei hierbei auf die Erkenntnismöglichkeiten eines durchschnittlichen Vertragspartners.

Die **Bekundung allgemeiner Verhandlungsbereitschaft** führt nicht dazu, dass der Vertrag als ausgehandelt im Sinne des § 305 Abs. 1 S. 3 BGB gilt (OLG Koblenz, Urt. v. 28.03.2013 – 6 U 720/12).

Das Vorhandensein von **nicht auf den konkreten Vertragsabschluss abgestimmten Vertragsklauseln** stellt ein **Indiz** für das Vorhandensein einer Vorformulierung im Sinne des § 305 BGB und damit von **AGB** dar (KG, NJOZ 2014, 1688).

Das OLG Saarbücken (OLG Saarbrücken, NZM 2016, 50) hat noch einmal darauf hingewiesen, dass das Merkmal **„im Einzelnen ausgehandelt“** gemäß § 305 Abs. 1 S. 3 BGB **jeweils klauselbezogen** anzuwenden ist. Daher sei aus dem Umstand, dass die Mietvertragsparteien ausführlich über die Vertragsbedingungen oder einzelne von ihnen verhandelt haben, nichts abzuleiten für eine streitrelevante Klausel, die die Parteien keinem gesonderten Aushandeln unterzogen haben. Auch eine **„Ausstrahlungswirkung“** einer dergestalt im Einzelnen ausgehandelten Vertragsbedingung komme **nicht in Betracht**, selbst wenn sie räumlich im Kontext mit einer nicht ausgehandelten Vertragsbedingung steht.

Eine **formularvertragliche Klausel**, nach der **bestätigt** wird, dass die festgehaltenen **„Individualvereinbarungen“** das Ergebnis beidseitiger, eingehender Besprechung (Aushandelns) sind, führt nicht zum Vorliegen einer Individualvereinbarung (OLG Saarbrücken, NZM 2016, 50).

Nach Auffassung des OLG Köln (OLG Köln, ZMR 2016, 537) hält die formularvertragliche Verpflichtung des Mieters zum **Abschluss einer Glasbruchversicherung** einer Überprüfung nach Maßgabe des § 307 BGB stand.

Das OLG Karlsruhe (OLG Karlsruhe, ZMR 2014, 878 hält die Klausel, „Ausverkäufe sind nach gesetzlich festgelegten Zeiten und nach vorheriger schriftlicher Zustimmung des Vermieters zulässig; dies gilt auch für Saison Schlussverkäufe sowie Sonderaktionen“, wegen Verstoßes gegen § 307 BGB **für unwirksam**. Durch sie werde u.a. in **intransparenter Weise der Mietgebrauch/der Mietzweck eingeschränkt**.

Das OLG Frankfurt (OLG Frankfurt, ZMR 2013, 708) hält sogenannte **„doppelte Schriftformklauseln“**, nach denen Änderungen des Vertrags nur wirksam sind, wenn sie in Schriftform vereinbart werden und auch von dieser Bestimmung nur unter Wahrung der Schriftform abgewichen werden kann, für wirksam. Dies ist angesichts des widersprechenden Gesetzes in Gestalt des § 305b BGB und der entgegenstehenden Rechtsprechung des OLG Rostock (OLG Rostock, NJW 2009, 3376) und des KG (KG, ZMR 2016, 613) einigermaßen erstaunlich und aus grundsätzlichen Erwägungen abzulehnen. Es steht Gerichten nicht zu, das Gesetz oder den Gesetzgeber – wenn auch in vermeintlich guter Absicht – zu „korrigieren“.

E. Mietzweck, Marktbeherrschende Vermieter

123a Der **Mietzweck** ist die zentrale Bestimmung des Mietvertrags. Denn er bestimmt zum einen den Umfang des **zulässigen Gebrauchs der Mietsache**. Zum anderen legt er – vorbehaltlich wirksamer abweichender Regelungen der Vertragsparteien – das **Pflichtenprogramm des Vermieters** fest: Gemäß § 535 Abs. 1 S. 2 BGB hat der Vermieter die Mietsache dem Mieter in einem zum vertragsgemäßen Gebrauch geeigneten Zustand zu überlassen und sie während der Mietzeit in diesem Zustand zu erhalten. Eine **Mietzweckvereinbarung** soll auch **stillschweigend** getroffen werden können. Dies soll in Betracht kommen, wenn der Vermieter die Geschäftsabsichten des Mieters kennt und ihnen nicht widerspricht (OLG Brandenburg, BeckRS 2014, 22674).

124 Besitzt ein Vermieter die **alleinige Verfügungsgewalt über Gewerbeflächen eines „relevanten Marktes"**, darf er potenzielle Mieter nicht unbillig behindern. Wie der BGH (BGH, ZMR 2003, 651 f.) festgehalten hat, trifft dieses Gebot auch **private Vermieter**. Einen relevanten Markt hat er beispielsweise bei der Vermietung von Flächen in unmittelbarer Nähe zu einer **Kraftfahrzeugzulassungsstelle** für Schilderpräger gesehen (BGH, NZM 2007, 486; 2008, 208; OLG Saarbrücken, NZM 2008, 43). Auch an weiteren **Spezialstandorten**, wie z. B**. Bahnhöfen, Kiosken an Stadien, Raststätten an einer Autobahn** etc. wird man im Einzelfall von einer entsprechenden Verpflichtung des Vermieters ausgehen müssen. In derartigen Fällen ist der Vermieter nach **§ 20 GWB** verpflichtet, den aktuellen Bedarf durch eine „Ausschreibung" zu ermitteln und regelmäßig nicht über 5 Jahre hinaus zu vermieten, um eine Möglichkeit zur erneuten Ausschreibung und Neuvergabe der Flächen zu eröffnen (BGH, a.a.O.). Entgegenstehende Verlängerungsoptionsklauseln sollen nach § 134 BGB nichtig sein (OLG Saarbrücken, NZM 2008, 43). Ein marktbeherrschender Vermieter für den Bereich der Flächen für Schilderprägebetriebe kann dem Erfordernis einer „Ausschreibung" (§ 20 GWB) nach Auffassung des BGH (BGH, NZM 2008, 208) nicht dadurch entgehen, dass er eine Vermietung der entsprechenden Fläche an eine Behinderteneinrichtung vornimmt. Wenn er dies in den Ausschreibungsunterlagen transparent macht, kann er die Beschäftigung behinderter Menschen bei der Vergabeentscheidung berücksichtigen (OLG Nürnberg, NJW-RR 2010, 1412). Die Möglichkeit, eine weitere Fläche an einen Konkurrenten zu vermieten, soll an dieser Anforderung nach Auffassung des OLG Saarbrücken nichts ändern (OLG Saarbrücken, NZM 2008, 43). Dem Konkurrenten steht u. a. ein Unterlassungsanspruch nach § 33 GWB zu (BGH, NZM 2007, 486).

F. Miete

1. Grenzen der Miethöhe, Nichtigkeit der Miethöhebestimmung

a) Rechtsnatur der Mietforderungen

125 Bei **Mietzahlungsansprüchen** handelt es sich nicht um betagte, sondern um **befristete Forderungen** (BGH, NJW 2008, 1153).

b) Unwirksamkeit der Miethöhevereinbarung

126 Grundsätzlich sind die **Miethöhe** und die Berechnung der Miete in einem Mietvertrag **frei vereinbar**. **Grenzen** bilden nur **§ 138 BGB** und **§§ 291 StGB, 4 Wirtschaftsstrafgesetz** gegebenenfalls in Verbindung mit **§ 134 BGB**.

127 Immer dann, wenn die Marktmiete, die als Miete für vergleichbare Objekte definiert wird, um etwa **100%** überschritten wird, ist von der Erfüllung des **objektiven Tatbestandes des § 138 Abs. 2 BGB** auszugehen (vgl. KG, ZMR 2001, 614; OLG Düsseldorf, NJOZ 2011, 2008; BeckRS 2011, 25220). Zur Ermittlung der ortsüblichen Marktmiete, haben die Gerichte gegebenenfalls durch Sachverständige festzustellen, welche Mieten tatsächlich zum Zeitpunkt des Mietvertragsabschlusses gezahlt wurden. Ertragswertorientierte Feststellungen (sogenannte „**EOP-Methoden**") hat der BGH in mehreren Entscheidungen endgültig verworfen (vgl. BGH, NJW 2002, 55 f.). Liegt der objektive Tatbestand der Norm vor, muss eine der in § 138 Abs. 2 BGB ausdrücklich genannten Benachteiligungen des Vertragspartners hinzukommen, die durch den Vermieter „ausgebeutet" worden sein muss.

128 Eine **Nichtigkeit des Mietvertrages nach § 138 Abs. 1 BGB** bedarf zunächst erneut einer **Überhöhung** der Miete zum Zeitpunkt des Vertragsabschlusses von mindestens **100%** (BGH, NZM 2004, 907). **Zusätzlich** muss eine **verwerfliche Gesinnung** oder die **Ausnutzung einer schwierigen Lage** bzw. der **Unerfahrenheit des Mieters** festgestellt werden. Die **verwerfliche Gesinnung** des Begünstigten ist im Rahmen der Gewerberaummiete insbesondere mit Unternehmern **nicht** durch das Missverhältnis zwischen vertraglicher Miete und Marktmiete **indiziert**. Vielmehr muss sie ausdrücklich festgestellt werden (vgl. BGH NZM 2004, 907; OLG Dresden, ZMR 2002, 261, 262; OLG Düsseldorf, BeckRS 2011, 25220). Die verwerfliche Gesinnung kann sich auch dar-

aus ergeben, dass der Vermieter sich der Erkenntnis über die erhebliche Abweichung der vereinbarten Miete von der Marktmiete leichtfertig verschlossen hat.

129 Ein **Absinken der Marktmiete** nach Vertragsabschluss ist auf die Wirksamkeit der Miethöhevereinbarung grundsätzlich ohne Einfluss (BGH, ZMR 2002, 654 f). Dies gilt auch bei Vereinbarung einer **Staffelmiete** (BGH, NZM 2005, 63).

2. Fälligkeit der Miete, Hinterlegung, Mehrheit von Vermietern, Verrechnung von Teilzahlungen, Nachhaftung von Gesellschaftern, Rücklastgebühren, Verwirkung

a) Fälligkeit der Miete

130 Gem. §§ 579 Abs. 2, 556 b Abs. 1 BGB ist die Miete zu Beginn, spätestens bis zum **dritten Werktag** der einzelnen Zeitabschnitte zu entrichten, nach denen sie bemessen ist. Üblich ist im Gewerberaummietrecht die Vereinbarung einer monatlich zu zahlenden Miete. § 270 BGB ist in diesem Zusammenhang nach einer Entscheidung des OLG Düsseldorf (OLG Düsseldorf, ZMR 2010, 958) **richtlinienkonform** dahingehend **auszulegen**, dass der Vermieter am Fälligkeitstag bereits über die Miete verfügen können muss. Nach Auffassung des OLG Düsseldorf (OLG Düsseldorf, BeckRS 2011, 01531) entsteht der Anspruch des Vermieters auf Mietzahlung nur, wenn er seiner Vorleistungspflicht zur Besitzverschaffung an der Mietsache nachgekommen ist.

b) Tilgungsbestimmung

131 Eine **Tilgungsbestimmung** muss vom Schuldner nach einem Urteil des KG (KG, NJOZ 2010, 707) grundsätzlich **spätestens mit der Leistungserbringung** erfolgen. Sie kann auch **konkludent** erfolgen, wenn etwa eine Zahlung kurz vor Fälligkeit einer Miete erfolgt. Erbringt der Mieter **Teilleistungen ohne Tilgungsbestimmung** geht die Möglichkeit zur Tilgungsbestimmung verloren (OLG Düsseldorf, NJOZ 2010, 2645) und es ist nach Maßgabe des § 366 BGB zu verrechnen. Nach einem Urteil des OLG Dresden (OLG Dresden, NZM 2012, 84) ist der **Insolvenzverwalter** berechtigt, bei Auskehr des Verwertungserlöses für Gegenstände, die dem **Vermieterpfandrecht** unterliegen, nach § 366 BGB **zu bestimmen**, dass zunächst die Mietzinsforderungen des Vermieters

getilgt werden sollen, die als **Masseverbindlichkeiten** zu berichtigen sind, und sodann erst offene Mietinsolvenzforderungen. Leistet der Mieter Teilzahlungen auf **Miete und Betriebskostenvorauszahlungen** ohne Tilgungsbestimmung, sind diese nach Auffassung des OLG Düsseldorf (OLG Düsseldorf, ZMR 2010,356), des OLG Köln (OLG Köln, ZMR 2010, 850) und des OLG Brandenburg (OLG Brandenburg, BeckRS 2010, 14995) **vorrangig** auf die **Betriebskostenvorauszahlungen** anzurechnen, da die Vorauszahlungen des Mieters dem Vermieter eine geringere Sicherheit im Sinne des § 366 Abs. 2 BGB bieten, weil sie nach Abrechnungsreife nicht mehr verlangt werden können (OLG Düsseldorf, ZMR 2006, 685).

132 Das OLG Düsseldorf (OLG Düsseldorf, ZMR 2009, 275) hält **Formularvertragsklauseln für unwirksam**, nach denen der Vermieter berechtigt ist, auch bei **entgegenstehender Tilgungsbestimmung des Mieters** zunächst auf Kosten und Zinsen und dann auf die älteste Schuld zu verrechnen. Der Vermieter habe es jedoch in der Hand, bei einer Teilzahlung des Mieters mit einer von § 367 Abs. 2 BGB abweichenden Tilgungsbestimmung die **Teilleistung zurückzuweisen** (OLG Düsseldorf, ZMR 2009, 275).

c) Hinterlegung der Miete

133 Nach der Rechtsprechung des BGH (BGH, NZM 2004, 301) ist der Mieter **nur in Ausnahmefällen zur Hinterlegung der Miete** nach Maßgabe des § 372 BGB berechtigt. Regelmäßig steht dem Mieter nicht bereits dann ein Hinterlegungsrecht zu, wenn mehrere Personen sich des Anspruchs berühmen. Nur bei Hinzutreten weiterer Umstände, die die Gewissheit über die Gläubigerstellung ausschließen, wie es z. B. bei einem unklaren Grundstückskaufvertrag nebst Insolvenz einer der Beteiligten der Fall ist, soll der Mieter schuldbefreiend hinterlegen können.

d) Zahlung unter Vorbehalt der Zurückforderung

134 Die **Zahlung unter Vorbehalt** hat auch nach Auffassung des OLG Düsseldorf (OLG Düsseldorf, ZMR 2011, 869) **Erfüllungswirkung**, wenn der Vorbehalt lediglich dazu dienen soll, die Anwendung des **§ 814 BGB** auszuschließen. Anderes soll gelten, wenn der Vorbehalt sich auch auf das Bestehen des Anspruchs dem Grunde nach beziehen soll.

e) Rücklastgebühren

135 Zumindest im Bezirk des OLG Brandenburg (OLG Brandenburg, BeckRS 2011, 07496) gelten **Rücklastgebühren von 3.- €** als gerichtsbekannt.

f) Verwirkung

136 Das KG (KG, BeckRS 2012, 05524 = ZMR 2012, 770) hat eine **Verwirkung** einer Mietnachforderung trotz Verwirklichung des Zeit- und des Umstandsmoments nicht angenommen, da der Mieter nicht dargelegt und bewiesen hatte, sich tatsächlich auf die Nichtgeltendmachung der Forderung **eingerichtet** zu haben (vgl. a. OLG Celle, BeckRS 2015, 02041).

g) Verzicht

137 Ein **einseitiger Verzicht** auf Mietzahlung ist auch nach Auffassung des KG (KG, BeckRS 2012, 05524 = ZMR 2012, 770) nicht möglich, da es sich bei dem Verzicht um einen **Vertrag** handelt.

h) Zahlungsverzug

138 Gemäß §§ 579 Abs. 2, 556b Abs. 1 BGB ist die **Fälligkeit** der **Miete** schon nach dem Gesetz **kalendermäßig bestimmt**, so dass der Mieter bei Nichtzahlung gemäß § 286 Abs. 2 Nr. 1 BGB ohne Weiteres in **Verzug** gerät. Ein **Mieter**, der mit Mietzahlungen in Rückstand geraten ist, muss nach Auffassung des BGH (BGH, GuT 2012, 238) darlegen und ggf. **beweisen**, dass er **ohne Verschulden** an der Entrichtung der Miete gehindert war, um das Kündigungsrecht des § 543 Abs. 2 Satz 1 Nr. 3 b BGB auszuschließen. Ein Verschulden des Mieters könne ausgeschlossen sein, wenn er sich in einem schuldlosen Irrtum über das Bestehen oder den Umfang seiner Zahlungspflicht befindet. Hieran sind **strenge Maßstäbe** anzulegen. Der Mieter muss die Rechtslage sorgfältig prüfen, soweit erforderlich Rechtsrat einholen und die höchstrichterliche Rechtsprechung sorgfältig beachten. Entschuldigt ist ein Rechtsirrtum des Mieters nur dann, wenn er bei Anwendung der im Verkehr erforderlichen Sorgfalt mit einer anderen Beurteilung durch die Gerichte nicht zu rechnen brauchte.

i) Sonstiges

139 Ein gewerblicher **Großvermieter** kann **Anwaltskosten** für eine Zahlungsaufforderung eines beauftragten Anwalts nicht als **Verzugsscha-**

den geltend machen, da er ein entsprechendes Schreiben hätte selbst verfassen können und unter dem Gesichtspunkt der **Schadensminimierung** hätte verfassen müssen (OLG Düsseldorf, BeckRS 2011, 29549). 140

Das OLG Düsseldorf (OLG Düsseldorf, BeckRS 2011, 21945) hat in der **Stundung** für die Dauer der finanziellen Schwierigkeiten des Mieters eine Erstreckung auch für die **Insolvenz** des Mieters angenommen. Für die Annahme eines Widerrufsrechts wegen wesentlicher Verschlechterung der Vermögenslage sei unter diesen Umständen kein Raum.

141 Wie der BGH (BGH, NZM 2010, 440) entschieden hat, ist eine **Mietgarantie** nach Maßgabe des § 288 Abs. 2 BGB zu verzinsen, wenn sich die Mietgarantie als Gegenleistung für eine Leistung des Garantieempfängers darstellt.

142 Der BGH (BGH, ZMR 2005, 285) geht davon aus, dass der **Zwangsverwalter** nur anteilig im Verhältnis der vermieteten Fläche zu dem der Zwangsverwaltung unterliegen den Grundstück zur Geltendmachung von **Mieten** im Zahlungsprozess berechtigt ist, wenn neben dem der Zwangsverwaltung unterliegenden Grundstück weitere Flächen im Rahmen eines einheitlichen Mietvertrags vermietet wurden. Für den darüber hinausgehenden Betrag sei der Zwangsverwalter nicht aktivlegitimiert.

143 Leistet der Mieter **ständig unpünktlich**, kann der Vermieter **Klage auf zukünftige Zahlung** erheben (OLG Düsseldorf, ZMR 2010, 958).

144 Ein **ausgeschiedener Gesellschafter einer OHG** haftet für den Zeitraum von fünf Jahren nach Eintragung des Ausscheidens im Handelsregister für Mietschulden der OHG, wenn der Mietvertrag vor dem Ausscheiden abgeschlossen wurde. Dies nach Auffassung des KG (GuT 2005, 251) auch dann, wenn der Vertrag innerhalb dieses Zeitraums hätte gekündigt werden können oder wenn sich der Mietvertrag nach Maßgabe des § 545 BGB verlängert hat (KG, ZMR 2010, 33).

145 Nach Auffassung des KG (KG, ZMR 2010, 33) führt ein privatschriftlicher **Teilzahlungsvergleich** nur dann zur 30-jährigen Verjährung, wenn er dazu dienen soll, ein rechtskräftiges Feststellungsurteil zu ersetzen.

3. Sonderformen der Miete

146 Statt oder neben einer (Grund-)Miete finden sich mitunter abweichende Gestaltungsformen der Miete. Insbesondere bei Einzelhandelsgeschäf-

ten und Gaststätten wird häufiger eine sogenannte **Umsatzmiete** vereinbart. Hierbei sind einige Besonderheiten zu beachten:

Umsatzmiete

a) Formularvertragliche Vereinbarung

147 Es soll grundsätzlich möglich sein, eine **Umsatzmiete** auch **formularvertraglich** zu vereinbaren. Die Einbeziehung scheitere insbesondere nicht an einem generell überraschenden Charakter entsprechender Klauseln.

b) Begriff der Umsatzmiete

148 Eine gesetzliche oder auch nur allgemein anerkannte **Definition des Begriffs „Umsatz"** existiert nicht. Daher ist im Mietvertrag der Umsatzbegriff zu definieren. Hierbei ist große Sorgfalt auf die Besonderheiten des Einzelfalls zu legen, da einzelne Waren- und Dienstleistungsgruppen durchaus unterschiedliche Margen für den Mieter erbringen. Insoweit ist gegebenenfalls im Mietvertrag zu differenzieren.

c) Gesonderte Buchführung

149 Im Mietvertrag sollte geregelt werden, dass für das **Mietobjekt gesondert Buch zu führen ist**. Ansonsten ist eine Nachvollziehbarkeit der Umsätze nicht gewährleistet. Aus Sicht des Vermieters empfiehlt es sich, den Mieter vertraglich dazu zu verpflichten, dass er die Buchführung von seinem **Steuerberater oder Wirtschaftsprüfer als vollständig und zutreffend zu bestätigen lassen hat**. Denn aus § 259 BGB folgt eine solche Verpflichtung für den Mieter nach der Rechtsprechung des OLG Brandenburg (OLG Brandenburg, ZMR 2007, 778) nur, wenn Grund zu der Annahme nicht sorgfältiger Angaben besteht.

d) Einsichtsrechte

150 Die Vereinbarung einer Umsatzmiete soll den Mieter nach Auffassung des OLG Brandenburg (OLG Brandenburg, ZMR 2007, 778) und des KG (KG, BeckRS 2011, 27308) verpflichten, über die **Umsätze nach § 259 BGB abzurechnen** und dem Vermieter **Einblick in die Geschäftsbücher** zu gewähren. Gleichwohl ist vorsorglich **vertraglich vorzusehen**, dass der Vermieter bzw. von ihm beauftragte, zur Berufsverschwiegenheit verpflichtete Dritte im begründeten Einzelfall berechtigt sind, in die Buchhaltungsunterlagen Einsicht zu nehmen und der Dritte berechtigt ist,

die gewonnenen Informationen in dem zur Durchsetzung der Rechte des Vermieters erforderlichen Umfang an diesen weiterzugeben.

e) Regelungen für den Fall von Steuerprüfungen

151 Darüber hinaus sind Regelungen für den Fall aufzunehmen, dass eine **Steuerprüfung** durchgeführt und zu Abänderungen der Umsatzzahlen führt. Üblich sind Regelungen, nach denen der Mieter verpflichtet ist, entsprechende Änderungen dem Vermieter unverzüglich mitzuteilen nebst einer Anpassung der Umsatzmiete an das Ergebnis der Steuerprüfung.

f) Betriebspflicht

152 Schließlich ist zu beachten, dass ohne **gesonderte Vereinbarung** mit einer **Umsatzmiete keine Betriebspflicht** einhergeht (vgl. BGH, NJW 1979, 2351). Sie ist daher gesondert zu vereinbaren (vgl. zur Betriebspflicht unten Rz. 496 f).

g) Kombination Fest- und Umsatzmiete

153 Von einer reinen Umsatzmiete, die zu einer starken Beteiligung des Vermieters am wirtschaftlichen Risiko und Geschick des Mieters führt, ist in aller Regel abzuraten. Vielmehr sollte eine **Kombination von Umsatz- und Festmiete** erfolgen. Der Festmietanteil ist gegebenenfalls einer **Wertsicherung** zu unterwerfen (siehe nachfolgend 4.).

4. Mieterhöhung/Wertsicherung

a) Einführung

154 Anders als im Wohnraummietrecht bestehen **keine gesetzlichen Bestimmungen zur Mietanpassung**. § 557 BGB findet mangels Verweisung in § 578 BGB keine Anwendung.

155 Ist im Mietvertrag nichts Abweichendes vereinbart, sind die Vertragsparteien bis zur Grenze des **Wegfalls der Geschäftsgrundlage** an die vertraglich vereinbarte Miete gebunden. Ohne Vereinbarung einer Erhöhungsmöglichkeit bleibt der Vermieter bis zu einem **Kaufpreiskraftschwund** von etwa **60%** (OLG Hamburg, ZMR 1989, 222), an die ursprüngliche Miete gebunden. Eine Änderungskündigung ist bei langfristigen Mietverträgen nicht möglich.

b) Gängige Formen der Mietanpassung

156 Bei **langfristigen Mietverträgen** sind **unterschiedliche Formen der Wertsicherung** üblich (vgl. hierzu ausführlich: Schultz NZM 2000, 1135 mit Formulierungsvorschlägen). Gängig sind **Staffelmietvereinbarungen, Gleitklauseln** und **Leistungsvorbehalte**.

157 Jeder Wertsicherungsklausel wohnt eine gewisse **spekulative Komponente** inne. Dies findet seinen Hintergrund darin, dass allgemeine Preisentwicklung und die Entwicklung am Gewerberaummietmarkt nicht parallel verlaufen. Vielmehr sind erhebliche Abweichungen festzustellen, die (je nach örtlicher Lage des Mietobjektes) zu starken Differenzen zwischen Gewerberaummietveränderungen und allgemeiner Lebenskostenveränderung führen können.

aa) Staffelmietvereinbarungen

158 Häufig anzutreffen sind in Gewerberaummietverträgen Staffelmietvereinbarungen. Sie sind **uneingeschränkt** im Rahmen der allgemeinen Gesetze **zulässig**. Sowohl Vereinbarungen über eine betragsmäßige, als auch Regelungen über eine prozentuale Erhöhung zu gewissen Stichtagen sind zulässig.

159 Nach einer Entscheidung des Kammergerichts (KG, ZMR 2004, 577) ist der Vermieter bis zum Eintritt der **Verjährung** grundsätzlich nicht unter dem Gesichtspunkt der **Verwirkung** gehindert, Zahlungen aus einer in der Vergangenheit nicht berücksichtigen Staffelmietvereinbarung zu verlangen, wenn über den bloßen Zeitlauf hinaus keine weiteren Gesichtspunkte hinzutreten.

160 **Sinkt** nach Vertragsabschluss das **Mietniveau** ab, kann der Mieter gegenüber der Staffelmietvereinbarung **nicht** einen **Wegfall der Geschäftsgrundlage** geltend machen. Denn diese Entwicklung fällt ausschließlich in seinen Risikobereich (BGH, ZMR 2002, 65f.: Nicht ohne Weiteres Wegfall der Geschäftsgrundlage bei Absinken der ortsüblichen Vergleichsmiete um 60%; BGH, NZM 2005, 63 f: Keine Änderung der Miete, wenn aufgrund der vertraglich vereinbarten Anpassung die zu zahlende Miete die Miete für vergleichbare Objekte um 44% überschreitet). Eine **Ausnahme** komme nur bei einer Existenzgefährdung des Mieters in Betracht.

161 Das OLG Brandenburg (OLG Brandenburg, NZM 2008, 860) hat eine **Kombination von Staffelmietvereinbarung mit einer Gleitklausel**

(s.u.) zumindest dann für zulässig erachtet, wenn die Staffel relativ langfristige Schritte (nach fünf bzw. zehn Jahren eines Fünfzehnjahresvertrags) vorsieht. In der Literatur ist die Wirksamkeit entsprechender Klauseln umstritten (vgl. Usinger, NZM 2009, 297 f m.w.N.).

bb) Automatik-/Gleitklauseln

162

Unter **Automatik-/Gleitklauseln** werden Wertsicherungsklauseln verstanden, die eine automatische Anpassung der Miete ohne Ermessensspielraum für die Parteien vorsehen und deren Wertmesser keine im Verhältnis zur Mietüberlassung gleichartige oder vergleichbare, sondern eine anders geartete Leistung ist. Die einschlägigen gesetzlichen Regelungen finden sich im Preisklauselgesetz (vgl. zu den Zweifeln an der Verfassungsmäßigkeit des Gesetzes: Schultz, NZM 2008, 425). Gem. § 3 PreisklG sind u. a. Gleitklauseln in Mietverträgen **zulässig**, wenn die Entwicklung der Miete an die Änderung eines vom statistischen Bundesamt oder eines statistischen Landesamtes ermittelten Preisindexes für die Gesamtlebenshaltung oder an den von dem statistischen Amt der europäischen Gemeinschaft ermittelten Verbraucherindex gekoppelt wird.

Eine Anpassung der Miete im Rahmen einer **formularvertraglichen Automatikklausel** mit einem **Schwellenwert von 5%** ist nach Auffassung des OLG Frankfurt (OLG Frankfurt, BeckRS 2015, 13773) nicht unangemessen benachteiligend und damit wirksam.

Nach **altem Recht schwebend unwirksame Mietanpassungsklauseln**, können nach Auffassung des BGH (BGH, NZM 2014, 34) seit dem 14.09.2007 nicht mehr durch ein Genehmigungsverfahren, sondern nur noch nach den Vorschriften des Preisklauselgesetzes Wirksamkeit erlangen.

163

Ist in einem älteren Mietvertrag die Mietentwicklung an einen **nicht mehr** vom statistischen Bundesamt **festgestellten Index** gebunden, ist nach der Rechtsprechung des BGH (BGH, NZM 2009, 398 für den 4-Personen-Arbeitnehmerhaushalt) im Wege der **ergänzenden Vertragsauslegung** nunmehr der **Verbraucherpreisindex für Deutschland („VPI")** maßgeblich. Nach Entscheidungen des **BGH** (BGH, BeckRS 2012, 24897) und OLG Schleswig (OLG Schleswig, ZMR 2011, 635 = BeckRS 2011, 16046) ist **seit der letzten Mietänderung** auf Grundlage des alten Indexes ausschließlich **nach dem VPI** anzupassen. Dies auch dann, wenn für einen Teilzeitraum seit der letzten Mietänderung der im Vertrag in Bezug genommene Index noch fortgeführt wurde.

164 Weitere Voraussetzung ist die **zumindest einseitige Bindung des Vermieters** (z. B. durch Festlaufzeit zuzüglich Verlängerungsoptionen für den Mieter) von **mindestens 10 Jahren**. Hierbei ist es unschädlich, wenn der Vertrag zu einer Zeit abgeschlossen wurde, zu der das Preisklauselgesetz noch nicht in Kraft getreten war (OLG Stuttgart, NJOZ 2007, 2388 für die nicht mehr geltende Preisklauselverordnung). Zu Recht haben der BGH (BGH, NZM 2014, 34) und das OLG Rostock (OLG Rostock, NZM 2005, 506 f.; so auch: OLG Brandenburg, BeckRS 2012, 22268) darauf hingewiesen, dass bei **Verfehlung der Schriftform** die notwendige langfristige Bindung des Vermieters an den Mietvertrag fehlt und eine Gleitklausel in einem solchen Vertrag nach altem Recht unwirksam war.

Angesichts einer im Vertrag vorhandenen **salvatorischen Klausel** hat der Senat die durch die Unwirksamkeit der Anpassungsklausel entstandene Vertragslücke durch ergänzende Vertragsauslegung dahingehend geschlossen, dass bei gestiegenen Lebenshaltungskosten und rückläufigen Mieten im Umfeld der Mietsache die hälftige prozentuale Erhöhung der Lebenskosten als Mieterhöhung angesetzt werden muss. Dies erscheint zumindest ein wenig zweifelhaft, da es im Ergebnis bei einer (automatischen) Ankopplung der Miete an den Index verbleibt. Vorzugswürdig erscheint daher die Auffassung des OLG Köln (ZMR 1999, 633), das von einer Bestimmung der Mietänderung nach Billigkeitsgesichtspunkten ausgeht, die dazu führen kann, dass trotz Ansteigen des Indexes keine Anpassung der Miete erfolgt, wenn die Mieten für vergleichbare Objekte nicht gestiegen oder gefallen sind.

165 Ob ein sog. **„Negativattest“ des Bundesamts für Wirtschaft** eine Überprüfung der Einhaltung der Voraussetzungen des ehemaligen § 4 PrKV bis zur Erteilung des Attests durch die Zivilgerichte ausschließt, ist umstritten (Bejahend: OLG Rostock, NZM 2006, 742; verneinend: Gerber/Eckert, Rz. 136; vgl. nunmehr Gerber/Eckert/Günter, Rz. 176).

166 Nach Auffassung des OLG München (OLG München, BeckRS 2012, 11599) könne die unwirksame Mietanpassungsklausel, „Mieterhöhung alle 4 Jahre, wenn Index 4% übersteigt“, nicht im Wege der **ergänzenden Vertragsauslegung** durch eine wirksame Regelung ersetzt werden, vielmehr entfalle die Möglichkeit einer Mietänderung während der zwölfjährigen festen Vertragslaufzeit.

167 Seit September 2007 ist für die Beurteilung von Gleitklauseln nicht mehr die Preisklauselverordnung, sondern allein das neue **Preisklauselge-**

setz maßgeblich. Auch nach diesem Gesetz sind Gleitklauseln nur unter den oben genannten Bedingungen zulässig. **Unwirksam** werden derartige Klauseln jedoch erst dann, wenn dies **rechtskräftig festgestellt** ist (§ 8 PrKG; a.A. Neuhaus, ZMR 2011, 1), es sei denn, es ist etwas anderes vereinbart (s. hierzu: Gerber, NZM 2008, 152). Nach Auffassung des BGH (BGH, NZM 2014, 34) wurden nach altem Recht nicht genehmigte bzw. nicht genehmigungsfreie Wertsicherungsklauseln mit Inkrafttreten des Preisklauselgesetzes am 14.09.2007 mit Wirkung für die Zukunft auflösend bedingt wirksam. Dies bedeutet, dass für bis dahin unwirksame Klauseln die Berechnung von Änderungen der Mietsache vom Indexstand im September 2007 aus erfolgt.

Ob dies auch bei formularvertraglichen Regelungen gilt, ist unklar (vgl. Gerber, a.a.O.). Das OLG Frankfurt (OLG Frankfurt, BeckRS 2015, 13773) geht bei **Wegfall einer Automatikklausel** nach Maßgabe des § 307 BGB von der Anwendbarkeit der Grundsätze der **ergänzenden Vertragsauslegung** aus.

168

Bei der Formulierung von Gleitklauseln ist hohe Sorgfalt anzuwenden. Der in Bezug genommene Index ist genau zu benennen. Je nachdem, ob auf eine **Punktsteigerung** oder eine **prozentuale Veränderung** der in Bezug genommenen Indizes abgestellt wird, ergeben sich über die Laufzeit des Vertrages deutlich unterschiedliche Anpassungszeitpunkte und -höhen. Insbesondere große Einzelhandelsketten versuchen als Mieter Klauseln durchzusetzen, die keine 100%ige Anpassung der Miete im Verhältnis zur Erhöhung des in Bezug genommen Index umfassen, sondern nur Teilbeträge. Vielfach wird darüber hinaus der Index nicht mit Vertragsbeginn oder Vertragsunterzeichnung, sondern zu einem späteren Zeitpunkt in Lauf gesetzt.

169

Schließlich werden häufig Klauseln verwandt, nach denen die **Erhöhung** erst auf eine **entsprechende Aufforderung** erfolgen soll. Der Sache nach wird mit entsprechenden Regelungen darauf spekuliert, dass die Mieterhöhung ganz oder für geraume Zeit übersehen wird. Im Hinblick auf die **Einhaltung der Schriftform** sind entsprechende Klauseln nicht vollkommen unproblematisch. Denn zumindest, wenn man einen strengen Maßstab anlegt, wird man bei Fehlen einer automatischen Anpassung davon ausgehen müssen, dass entsprechende Änderungen der Miete im Rahmen eines Nachtrages zum Mietvertrag festgehalten werden müssen (vgl. OLG Karlsruhe, NZM 2003, 513; a.A. OLG Thüringen, NZM 2008, 573).

170 Zumindest fakultativ sind Regelungen aufzunehmen für den Fall der **Umbasierung** des in Bezug genommenen Indexes. Vorsorglich sollten Regelungen aufgenommen werden für den Fall der Unwirksamkeit der Gleitklausel.

171 Weiterhin ist zu beachten, dass **Regelungen zur Mietanpassung** und zur **Vertragslaufzeit** in einem gewissen Verhältnis zueinander stehen. Je länger die (potenzielle) Laufzeit eines Mietvertrages ist, desto höher ist das Bedürfnis des Vermieters nach einer Anpassung der Miete in voller Höhe der Steigerung der Lebenshaltungskosten. Vielfach versuchen Vermieter, für sich das Recht auszubedingen, zumindest nach einer gewissen Laufzeit (z. B. 10 Jahre) des Mietvertrages eine Anpassung der Miete an das dann gültige Marktniveau zu verlangen. Ohne Weiteres wird man sich als Mieter hierauf nicht einlassen können. Möglicherweise wird das Mietobjekt bei explodierenden Mieten alsdann unerschwinglich. Ohne ein entsprechendes **Sonderkündigungsrecht** wird man die entsprechenden Risiken keinesfalls eingehen können. Entsprechendes gilt zumindest für den Fall von erheblichen Investitionen in das Mietobjekt.

172 Nach Entscheidungen des OLG Brandenburg (OLG Brandenburg, BeckRS 2008, 08123), OLG Celle (OLG Celle, GuT 2002, 41 f.), des OLG Rostock (OLG Rostock, ZMR 2006, 773, 775) und des OLG Stuttgart (OLG Stuttgart, NJOZ 2007, 2388) soll der Vermieter auch **nach jahrelanger Untätigkeit** bei einer Gleitklausel mit automatischer Anpassung bzw. Staffelmietvereinbarung berechtigt sein, **für die Vergangenheit** die zunächst nicht geltend gemachten **Erhöhungsbeträge zu verlangen**. Zur **Verwirkung** muss neben dem Zeitmoment das Umstandsmoment treten, das auch darin bestehen kann, dass der Vermieter frühere Erhöhungen der Miete jeweils alsbald geltend gemacht hat (OLG Düsseldorf, ZMR 2002, 34 f.) oder dass der Vermieter bei der Nachforderung geminderter Miete auf die nicht erhöhte Miete Bezug nimmt (OLG Nürnberg, NZM 2014, 794). Will man Nachzahlungen sicher vermeiden, die mitunter existenzbedrohend für das mietende Unternehmen werden können, ist ein entsprechender Ausschluss im Vertrag vorzusehen.

173 Will der Mieter der **Kostenlast** bei einer Klage auf Feststellung der **Unwirksamkeit einer Wertsicherungsklausel** nebst sofortigem Anerkenntnis des Vermieters entgehen, muss er vor Erhebung der Klage nach Auffassung des OLG Frankfurt (OLG Frankfurt, ZMR 2011, 39) noch einen **Einigungsversuch** unternehmen, wenn der Mietvertrag die Verpflichtung der Parteien enthält, für den Fall der Nichterteilung der

ehemals erforderlichen Genehmigung der Klausel eine andere Klausel zu vereinbaren.

cc) Leistungsvorbehalt

174 Der Begriff des **Leistungsvorbehaltes** ist in § 1 Abs. 2 Nr. 1 Preisklauselgesetz **legaldefiniert**. Danach sind hierunter Klauseln zu verstehen, die hinsichtlich des Ausmaßes der Änderungen des geschuldeten Betrages einen Ermessensspielraum lassen, der die Möglichkeit eröffnet, die neue Höhe der Geldschuld nach Billigkeitsgrundsätzen zu bestimmen. Entsprechende Klauseln sind **genehmigungsfrei** und daher u. a. bei Mietverträgen möglich, die eine einseitige Bindung für den Vermieter von **weniger als 10 Jahren** enthalten.

175 Auch bei derartigen Klauseln ist auf die Formulierung im Einzelfall genau zu achten. Im Zweifel wird der Vermieter als Gläubiger zur Festsetzung nach **billigem Ermessen gem. §§ 315, 316 BGB** als ermächtigt angesehen (OLG Düsseldorf, ZMR 2002, 593 f.). Dies ist aus Mietersicht nicht erstrebenswert, obwohl nach der Rechtsprechung des BGH (BGH, NZM 2012, 457) eine Anpassung auch zu Gunsten des Mieters ggf. zu erfolgen hat. Denn die **Ermessensausübung** wird gerichtlich nur in **sehr beschränktem** Umfange **kontrolliert**. Empfehlenswert ist daher die Verpflichtung der Parteien, bei der vertraglich vorgesehenen Abänderungsmöglichkeit (z. B. Änderung des Verbraucherpreisindexes um ein gewisses Maß) Verhandlungen über eine Mietänderung aufzunehmen. Sofern die Verhandlungen scheitern, ist eine Regelung zu treffen, die zu einer Festsetzung der Miete führt. Häufig werden hierbei **Schiedsgutachterklauseln** vereinbart. Diese sind entgegen einer landläufigen Meinung ebenfalls **nicht unproblematisch**, da man sich mehr oder weniger auf Gedeih und Verderb dem Schiedsgutachter ausliefert. Bei der Gestaltung entsprechender Klauseln sollte in jedem Fall festgelegt werden, an welchen Gesichtspunkten der Schiedsgutachter sich zu orientieren hat.

176 Größte Sorgfalt ist bei der Gestaltung entsprechender Vertragsbestimmungen auf die Bestimmung des Änderungsumfangs der Miete zu legen. Wird eine **„Anpassung“** der Miete bei Erreichen des vertraglich vorgesehenen Stellenwertes vereinbart, so sind die Äquivalenzvorstellungen der Parteien bei Vertragsabschluss auch für die Veränderung der Miete maßgeblich (BGH, NJW 1975, 1557). War die Miete bei Vertragsbeginn im Vergleich zur marktüblichen Miete höher oder niedriger, so ist dieses Verhältnis auch bei der neuen Miete einzuhalten. Ist im Mietvertrag eine „angemessene Anpassung an die geänderten Verhältnisse“ vereinbart,

soll nach einer Entscheidung des OLG Düsseldorf (OLG Düsseldorf, OLGR 2008, 2) die Anpassung unter Berücksichtigung der Belange beider Parteien erfolgen. Dies könne bei einer gastronomischen Nutzung bei fallenden Umsätzen trotz Anstiegs der Lebenshaltungskosten zu einer unveränderten Miethöhe führen.

177 Wird der Begriff der **„Neufestsetzung“** gewählt, ist bei Erreichen der Miete die dann geltende Marktmiete festzustellen und vertraglich zu vereinbaren (BGH, NJW 1975, 1557). **„Angemessen“** ist nach einer weiteren Entscheidung des BGH (BGH, NZM 2012, 457) die orts- oder marktübliche Miete zum Zeitpunkt der Anpassung.

178 Da bei den genannten Klauseltypen letztlich eine **starke Anknüpfung an die Marktmiete** stattfindet, können sich erhebliche Verwerfungen für eine der Vertragsparteien ergeben. Daher sollte man entweder den Abänderungsrahmen begrenzen, was formularvertraglich ggf. nicht unproblematisch ist bzw. große Sorgfalt erfordert (BGH, NZM 2012, 457 Rz. 35), oder **Sonderkündigungsrechte** vorsehen. Im Rahmen einer Leistungsvorbehaltsklausel kann sich z.B. trotz Abänderung der Bezugsgröße (Lebenshaltungskostenindex) je nach Entwicklung des Gewerberaummietmarktes eine gleichbleibende Miete (s.o.) oder sogar eine **Reduzierung der Miete** ergeben (vgl. BGH, NZM 2012, 457; OLG Köln, ZMR 1999, 633).

179 Der BGH (BGH, NZM 2012, 457) hält **formularvertragliche Klauseln**, die dem Vermieter ein Leistungsbestimmungsrecht dahingehend einräumen, dass er bei einer Änderung der ortsüblichen oder angemessenen Miete den vom Mieter zusätzlich oder weniger zu zahlenden Betrag nach billigem Ermessen (§ 315 BGB) festzusetzen hat, für wirksam.

180 Zur **Wahrung der Schriftform** ist es erforderlich, nach einer Mietänderung aufgrund eines Leistungsvorbehaltes einen schriftlichen Nachtrag zu fertigen (Schultz NZM 2000, 1135, 1142). Eine entsprechende **Verpflichtung** sollte insoweit in den **Vertrag** aufgenommen werden.

5. Umsatzsteuer

a) Rechtslage

181 Gemäß § 4 Nr. 12 Umsatzsteuergesetz unterliegen Einkünfte aus Vermietung und Verpachtung **grundsätzlich nicht der Umsatzsteuerpflicht**. Gem. § 9 Umsatzsteuergesetz hat der Vermieter je nach Lage

des Einzelfalls die Möglichkeit, auf die Steuerbefreiung zu verzichten (sog. „Umsatzsteueroption"). Motivation für eine solche Umsatzsteueroption ist die damit verbundene Möglichkeit des Vermieters, für die Erstellungskosten und weitere Kostenpositionen die von ihm entrichtete Umsatzsteuer als so genannte **Vorsteuer** zu ziehen. Faktisch reduzieren sich daher die Gestellungskosten erheblich. Die Möglichkeit zur Umsatzsteueroption ist in den vergangenen Jahren durch Novellierungen des § 9 des Umsatzsteuergesetzes erheblich eingeschränkt worden. Gegenwärtig ist für neu hergestellte Objekte eine Umsatzsteueroption nur noch dann möglich, wenn in den Räumlichkeiten tatsächlich ganz überwiegend (mindestens 95%) Umsätze getätigt werden, die **nicht umsatzsteueroptionsschädlich** sind. Optionsschädlich sind u. a. Umsätze aus Gewährung und Vermittlung von Krediten, aus der Beteiligung an Gesellschaften, Umsätze im Geschäft mit Wertpapieren und aus der Tätigkeit als Versicherungsvertreter etc. (vgl. Gerber/Eckert/Günter, Rz. 115). Für **Altobjekte** sieht § 27 Umsatzsteuergesetz weitgehende und langfristige Übergangsregelungen vor. Hier ist jeweils mit dem Steuerberater/Wirtschaftsprüfer eines zu beratenden Vermieters zu klären, welche Voraussetzungen im jeweiligen Einzelfall vorliegend einzuhalten sind.

182 Ob der Vermieter zur Umsatzsteuer optiert, kann er grundsätzlich **frei entscheiden**. Dies auch dann, wenn der Mieter hieran ein starkes Interesse hat (vgl. BGH, ZMR 1991, 170). Hat der Vermieter die Miete als **„inklusive Umsatzsteuer"** ausgewiesen, soll er nach Auffassung des OLG Hamm zur Umsatzsteueroption verpflichtet sein (OLG Hamm, ZMR 2003, 925). Tritt ein Vermieter gemäß **§ 566 BGB** in einen Mietvertrag ein, in dem zusätzlich zur Nettomiete die Mehrwertsteuer ausgewiesen ist und bei dem der ursprüngliche Vermieter für die Mehrwertsteuer optiert hat, so soll der Erwerber nach einer Entscheidung des OLG München (OLG München, BeckRS 2012, 10652) **nicht ohne ausdrückliche vertragliche Regelung verpflichtet** sein, ebenfalls zur Umsatzsteuer zu optieren.

183 Der **Mieter** ist nur dann zur Zahlung von **Umsatzsteuer** zusätzlich zur Miete verpflichtet, wenn dies **vertraglich vereinbart** wurde (OLG Naumburg, ZMR 2000, 291; OLG Düsseldorf, BeckRS 2011, 25224), oder wenn der Vermieter sich die Berechnung der Mehrwertsteuer für den Fall der Option **vorbehalten** hat. Ist die Vertragsurkunde insoweit nicht eindeutig formuliert, kann der Übung der Vertragsparteien in Gestalt der Zahlung der Miete zuzüglich Umsatzsteuer bei der Vertragsauslegung eine wichtige Bedeutung zukommen (OLG Düsseldorf, BeckRS 2011, 25224). Entsprechende formularvertragliche Vorbehalte sind für Altobjek-

te zulässig, wenn der **Mieter selbst nicht vorsteuerabzugsberechtigt** ist (BGH, NZM 2001, 952).

184 Ist **Umsatzsteuer** vereinbart, fällt sie auch auf die **Nebenkosten** an, da sie als Nebenleistung das Schicksal der Hauptleistung teilen (OLG Düsseldorf, ZMR 2000, 603; OLG Schleswig, NZM 2001, 1127).

185 Sind die Parteien bei Vertragsabschluss **fälschlicherweise** davon ausgegangen, die Umsätze des Mieters seien **nicht umsatzsteueroptionsschädlich**, kann nach Auffassung des BGH (BGH, NZM 2009, 237; KG ZMR 2012. 860) je nach Lage des Einzelfalls im Wege der **ergänzenden Vertragsauslegung** bzw. über die Grundsätze des Wegfalls der Geschäftsgrundlage eine Zahlung des Mieters über die Nettomiete hinaus geschuldet sein, wenn die Parteien die Miete unter Berücksichtigung der vermeintlichen steuerlichen Vorteile ausgehandelt haben. Liegt hingegen ein **einseitiger Kalkulationsirrtum des Vermieters** vor, verbleibt es bei der Zahlung der Nettomiete (BGH, NZM 2004, 785; 2009, 237).

Hat der Vermieter entgegen seinen Angaben im Mietvertrag nicht zur Umsatzsteuer optiert, ist er dem Mieter zum **Schadensersatz** verpflichtet.

186 Grundsätzlich ist der Vermieter verpflichtet, dem Mieter eine **Rechnung im Sinne des Umsatzsteuergesetzes** mit offen ausgewiesener, bezifferter Umsatzsteuer zu erteilen (OLG Brandenburg, GuT 2007, 202). Solange dies nicht der Fall ist, besitzt der Mieter ein **Zurückbehaltungsrecht** (OLG München, ZMR 1996, 487, 492). Ob sich dieses auf die **gesamte Miete** oder **nur auf den Umsatzsteueranteil** bezieht, ist umstritten (OLG München, ZMR 1996, 487; OLG Düsseldorf, ZMR 2006, 686). Eine Rechnung im Sinne des Umsatzsteuergesetzes ist auch im Mietvertrag zu sehen, wenn dieser sämtliche notwendige Angaben enthält.

187 Der Vermieter kann die **Option** zur Umsatzsteuer **widerrufen**, wenn der Mieter vertragswidrig die Umsatzsteuer zur Miete nicht zahlt (OLG Hamm, ZMR 1997, 456).

Auch wenn die Verpflichtung des Mieters zur Leistung der Umsatzsteuer zwischen den Mietvertragsparteien streitig ist und der Mieter entsprechende Beträge nicht leistet, greift nach der Rechtsprechung des BGH (NZM 2005, 703 f.) bei entsprechenden Zahlungsrückständen das **außerordentliche Kündigungsrecht** des § 543 Abs. 2 BGB ein.

b) Vertragliche Vorkehrungen

188 Sofern der Vermieter zur Umsatzsteuer zu optieren beabsichtigt, sind im **Gewerberaummietvertrag umfangreiche Regelungen** zu treffen. Zum einen ist im Vertrag vorzusehen, dass die Miete zuzüglich Umsatzsteuer zu zahlen ist. Zum anderen muss die **Verpflichtung des Mieters** aufgenommen werden, **nur** solche **Umsätze zu tätigen**, die insgesamt **nicht umsatzsteueroptionsschädlich** sind. Da die entsprechenden gesetzlichen Regelungen selbst vielen Juristen nicht bekannt sind und auch in Kreisen der Vermieter und Mieter keine allgemeine Verbreitung gefunden hat, sind entsprechende Regelungen in jedem Falle **individualvertraglich** zu treffen. Flankierend sollten individualvertraglich Regelungen aufgenommen werden, nach denen der Mieter für den Fall der Verletzung seiner Verpflichtung zum Schadensersatz verpflichtet ist. Angesichts der **hohen drohenden Schäden** im Falle einer optionsschädlichen Verwendung des Objektes sollten zusätzlich **Sonderkündigungsrechte** im Vertrag vereinbart werden (vgl. zum Ganzen: Sontheimer NJW 1997, 693 f).

189 Da im Zusammenhang mit der **Umsatzsteueroptionsmöglichkeit** entscheidend auf die **faktische Nutzung** der Räumlichkeiten abgestellt wird, ist bei einschlägigen vertraglichen Bestimmungen dem Mieter die Verpflichtung aufzulegen, auch sämtlichen dritten Nutzern die zugehörigen Verpflichtungen aufzuerlegen.

190 Für sämtliche Nutzer sollte – soweit es sich bei dem Nutzer nicht um den Mieter handelt – als **echter Vertrag zugunsten des Vermieters** im Mietvertrag vereinbart werden, dass die Nutzer verpflichtet sind dem Vermieter die **erforderlichen Unterlagen** zum Nachweis der optionsunschädlichen Nutzung vorzulegen bzw. sofern für den Nachweis ausreichend unmittelbar den **Finanzbehörden** vorzulegen.

191 Gemäß § 29 UStG kann jeder Vertragspartner im Rahmen von langfristigen Verträgen bei **Erhöhung des Umsatzsteuersatzes** nach Auffassung des OLG Düsseldorf (OLG Düsseldorf, BeckRS 2011, 25224 = NJOZ 2011, 261) eine entsprechende Anpassung des Vertrags verlangen, wenn nichts Abweichendes vereinbart ist.

6. Aufrechnungsverbot, Ausschluss bzw. Beschränkung der Mietminderung, von Leistungsverweigerungs- und Zurückbehaltungsrechten, Kündigung von Ratenzahlungsvereinbarungen

a) Aufrechnungsverbote

192 Die **Aufrechnung** kann nach bisheriger Rechtsprechung des XII. Zivilsenats in der Gewerberaummiete auch **formularmäßig** auf **unstreitige** oder **rechtskräftig festgestellte** bzw. **entscheidungsreife Ansprüche** beschränkt werden (BGH, NJW 1984, 2405; OLG Düsseldorf, WuM 1997, 428; GuT 2005, 157 = NZM 2005, 667 LS; KG, BeckRS 2010, 14587; Lützenkirchen-Leo A Rz. 315). Hierbei soll für die Unstreitigkeit ausreichen, dass der **zugrunde liegende Sachverhalt unstreitig** ist (KG, BeckRS 2010, 14587). Nach einer Entscheidung des OLG Düsseldorf (OLG Düsseldorf, OLGR 2009, 821) kann auch mit einer **entscheidungsreifen Forderung** aufgerechnet werden, wenn im Mietvertrag lediglich die Aufrechnung mit unbestrittenen oder rechtskräftig festgestellten Forderungen gestattet ist. Als Minus hierzu ist auch eine Bestimmung zulässig, nach der eine Aufrechnung nur dann möglich ist, wenn sie mit einer gewissen Zeit vorab **angekündigt** wurde (OLG Düsseldorf, NZM 2002, 953 f.). Nach Vertragsbeendigung entfällt eine solche Ankündigungspflicht (BGH, NZM 2000, 336; OLG Düsseldorf, GuT 2005, 15 f.) ersatzlos, da sie ihren Sinn im nachvertraglichen Stadium verliert, in dem es nur noch gelte, die wechselseitigen Ansprüche zu verrechnen.

Ob es bei der Möglichkeit verbleibt, die Aufrechnung formularvertraglich relativ weitgehend zu beschränken, muss angesichts einer abweichenden Entscheidung des VII. Zivilsenats des BGH (BGH, NJW 2011, 129) zum Architektenhonorarrecht abgewartet werden. In der Literatur werden entsprechende Klauseln von ersten Stimmen als unwirksam angesehen (Niebling, ZMR 2011, 620). Anders sehen dies die OLG'e Celle (OLG Celle, BeckRS 2012, 07603) und Köln (OLG Köln, BeckRS 2012, 21095).

Die Klausel,

„Der Mieter kann gegen die Miete weder aufrechnen noch ein Zurückbehaltungsrecht ausüben oder die Miete mindern. Hiervon ausgenommen sind Forderungen des Mieters wegen Schadenersatz für Nichterfüllung oder Aufwendungsersatz in Folge eines anfänglichen oder nachträglichen Mangels der Mietsache, den der Vermieter wegen Vorsatz oder grober Fahrlässigkeit zu vertreten hat und andere Forderungen aus dem Mietverhältnis, soweit sie unbestritten, rechtskräftig festgestellt oder entscheidungsreif sind.",

hält der BGH (BGH, NZM 2016, 585) für unwirksam, da sie die Aufrechnung mit unstreitigen oder rechtskräftig festgestellten Forderungen, die ihren Ursprung außerhalb des Mietrechts haben, ausschließt.

193 Auch eine **Formularklausel**, nach der die Aufrechnung gegen Mietzahlungsansprüche nur mit rechtskräftig festgestellten Forderungen oder solchen, denen der **Vermieter** seine **Zustimmung** erteilt hat, verstößt nach Auffassung des BGH (BGH, NZM 2007, 684) gegen § 307 BGB und ist damit unzulässig. Denn die Aufrechnung mit unbestrittenen Forderungen wäre nur mit aktiver Zustimmung des Vermieters möglich.

b) Minderungseinschränkungen

194 Im Gewerberaummietrecht gilt § 536 Abs. 4 BGB nicht. Es ist in der Rechtsprechung anerkannt, dass die **Minderung** auch **formularvertraglich** von einer **Ankündigung** mit einer **Vorlauffrist** abhängig gemacht (KG, GuT 2002, 778) oder in Bezug auf die Verwirklichung durch Abzug von der laufenden Mietzahlung auf **unstreitige** oder dem **Grunde und der Höhe rechtskräftig** festgestellte Minderungen eingeschränkt (BGH, NJW-RR 1993, 519; NZM 2008, 522; 609; OLG Düsseldorf, GuT 2006, 265; OLG Celle, BeckRS 2012, 07603; OLG Köln, BeckRS 2012, 21095) werden kann (kritisch zum Ganzen: Feldhahn, ZMR 2008, 89; Streyl 2015, 841).

195 An die Formulierung entsprechender Klauseln stellt der BGH (BGH, NZM 2008, 522; 609) jedoch hohe Anforderungen. Wenn nach dem **Wortlaut der Klausel zweifelhaft** bleibt, ob in Hinblick auf die überzahlten Beträge ein **Zurückforderungsrecht** besteht, soll sie nach §§ 305c, 307 BGB unwirksam sein. Denn ein **vollständiger Ausschluss** des **Mietminderungsrechte**s verstößt auch bei Verwendung gegenüber Unternehmern im Sinne des § 14 BGB gegen § 307 BGB (BGH, NZM 2008, 522; 609). Die Instanzgerichte sind bei den Formulierungen zum Teil noch relativ großzügig (vgl. etwa: OLG Celle, BeckRS 2012, 07603). Unwirksam sind **formularvertragliche Beschränkungen** des Minderungsrechts für Fälle, in denen eine Minderung nur erfolgen soll, wenn der Vermieter den Mangel **vorsätzlich oder grob** fahrlässig zu vertreten hat (BGH, NZM 2008, 522) oder auf Fälle, in den der **Vermieter den Mangel nicht zu vertreten** hat (OLG Celle, BeckRS 2012, 07603). Das KG (KG, GuT 2009,

300), hält eine Formularvertragsklausel für wirksam, nach der der Mieter eine Minderung nur bei vom Vermieter zugestandenen oder rechtskräftig bestätigten Minderungen oder bei gleichzeitiger **Hinterlegung des Minderungsbetrags bei einer Justizkasse** durch Abzug von der laufenden Mietzahlung durchführen darf.

196 Im Konkurs oder im Fall der **Insolvenz des Vermieters** soll ein vertraglich vereinbartes **Minderungsverbot** und damit die Verpflichtung des Mieters, zunächst einmal die volle Miete zu zahlen und den überzahlten Betrag (im Prozesswege) zurückzufordern, unwirksam sein, wenn dies aufgrund Massearmut etc. zu einem endgültigen Ausfall des Minderungsrechtes führen würde (OLG Rostock, GuT 2005, 17). Das OLG Stuttgart (OLG Stuttgart, NZM 2009, 32) sieht bei Vermögensverfall des Vermieters den Mieter bei streitigen Mängel nur Zug um Zug gegen **Sicherheitsleistung** in Höhe der maximal in Betracht kommenden Minderung zur Zahlung der vollen laufenden Miete verpflichtet.

197 Der XII. Zivilsenat des BGH (BGH, NZM 2005, 303 L.S.) hat sich der Rechtsprechung des für Wohnraummietrecht zuständigen VIII. Zivilsenat angeschlossen und geht davon aus, dass im Gegensatz zur alten Rechtslage bei **vorbehaltloser Mietzahlung** trotz **Kenntnis eines Mangels** das Minderungsrecht für die Zukunft nicht in analoger Anwendung des § 536 b BGB entfällt. Grundsätzlich bleibt der Mieter damit für künftige Mietzahlungen zur Minderung berechtigt. Nur im **Ausnahmefall** kann der Einwand der **Verwirkung** entgegenstehen.

c) Zurückbehaltungs- und Leistungsverweigerungsrechte

198 Über das **Minderungsrecht hinaus** steht dem Mieter im Falle der Mangelhaftigkeit der Mietsache nach den allgemeinen Vorschriften der §§ 273, 320 ein **Zurückbehaltungs- bzw. Leistungsverweigerungsrecht** zu. Das Leistungsverweigerungsrecht muss im Prozess nicht ausdrücklich geltend gemacht werden. Erforderlich ist aber, dass der Wille, die eigene Leistung im Hinblick auf das Ausbleiben der Gegenleistung zurückzuhalten, eindeutig erkennbar ist (BGH, NZM 2008, 522). Nach der Rechtsprechung des BGH (BGH, ZMR 1993, 320 f.; s. a. OLG Hamburg, NZM 1998, 264; OLG Düsseldorf, GuT 2005, 157) kann das **Zurückbehaltungs- bzw. Leistungsverweigerungsrecht formularmäßig** auf unbestrittene oder rechtskräftig festgestellte Gegenforderungen beschränkt werden. Auch wenn in der einschlägigen Rechtsprechung (OLG Düsseldorf, NZM 2003, 437) der Ausschluss von Zurückbehaltungsrechten auch die Einrede des nicht erfüllten Vertrages erfassen soll, ist vor-

sorglich bei entsprechenden Vertragsklauseln der Ausschluss beider Rechte vorzusehen. **Formularklauseln**, nach denen der Mieter nur dann zur **Ausübung** von Minderungs- oder Zurückbehaltungs- bzw. Leistungsverweigerungsrechten berechtigt sein soll, wenn dies **vorab angekündigt** wurde, sind von Obergerichten ebenfalls für wirksam erachtet worden (OLG Hamburg, NZM 1998, 264; KG, NJW-RR 2002, 948). Erneut darf die Klausel jedoch nicht Zurückbehaltungsrechte bezüglich solcher Gegenforderungen erfassen, die unbestritten oder rechtskräftig festgestellt sind.

199 Gewährt der Vermieter auf Mietrückstände **Ratenzahlungen** und werden diese über längeren Zeitraum nicht geleistet kann der Vermieter nach Auffassung des KG (KG, NJOZ 2009, 4525) die in der Ratenzahlungsvereinbarung liegende **Stundungsabrede** kündigen und den gesamten ausstehenden Betrag verlangen.

7. Abtretung von Mietansprüchen

200 **Mietzahlungsansprüche** unterfallen nicht dem Anwendungsbereich des § 399 BGB und können daher **uneingeschränkt** nach allgemeinen gesetzlichen Regeln **abgetreten** werden (BGH, ZMR 2003, 732). Im Rahmen eines **unbefristeten Mietvertrags** soll die **Abtretung zukünftiger Mietansprüche** nicht insolvenzfest sein (OLG Brandenburg, ZMR 2008, 287). Das OLG Rostock (OLG Rostock, ZMR 2008, 374) hat darauf hingewiesen, dass der Zessionar einer Mietforderung eines **befristeten Mietvertrags**, der dem Mieter die Abtretung angezeigt hat, eine nach Anzeige erfolgte vorzeitige **Auflösung des langfristigen Mietvertrags** u.U. nicht gegen sich gelten lassen muss.

201 Zur Abtretung von Ansprüchen gegen Untermieter vgl. unten Rz. 489.

8. Klage im Urkundenprozess; Anordnungen gemäß § 283a ZPO

202 Mittlerweile allgemein anerkannt ist die Möglichkeit, **Mieten, Nutzungsentschädigungsansprüche** und **Betriebskostenvorauszahlungen** im **Urkundenverfahren** geltend zu machen (BGH, NZM 2013, 614 Rn. 34). Die Geltendmachung von Mietforderungen im Urkundenverfahren setzt u.a. voraus, dass der Mieter die **Mietsache als Erfüllung** angenommen hat. Eine Annahme als Erfüllung liegt nach Auffassung des BGH (BGH, NZM 2013, 614) und des OLG Köln (OLG Köln, BeckRS 2012, 07617)

vor, wenn das Verhalten des Mieters bei und nach Entgegennahme der Leistung erkennen lässt, dass er sie als eine im Wesentlichen ordnungsgemäße Erfüllung gelten lassen will. Ein allgemeiner Vorbehalt schließt die Annahme als Erfüllung nicht aus, wohl aber ein **Vorbehalt bezüglich konkreter Mängel** (BGH, NZM 2013, 614 Rn. 37).

Auch bei behaupteten anfänglichen Mängeln der Mietsache soll die Urkundsklage nach Auffassung des OLG München (OLG München, BeckRS 2010, 25437) und des OLG Düsseldorf (OLG Düsseldorf, BeckRS 2012, 05816) statthaft sein, wenn unstreitig ist, dass der Mieter die Mietsache als Erfüllung der Pflicht des Mieters gemäß § 363 BGB angenommen hat oder wenn dies durch Urkunden – etwa ein **Übergabeprotokoll** ohne Angabe der nunmehr gerügten Mängel oder **Bankbelege mit Ausweis der ungeminderten Mietzahlung** – nachgewiesen ist (vgl. a. BGH, BeckRS 2010, 29074 zur Wohnraumiete). Ein **Urkundenprozess** bezüglich Mietzahlungen ist nach einem Urteil des KG (KG, BeckRS 2012, 10045) **unstatthaft**, wenn **erhebliche Mängel** der Mietsache zwischen den Parteien **unstreitig** bzw. vom Vermieter nicht substantiiert bestritten und damit nicht beweisbedürftig sind. Dann stehe fest, dass die Tauglichkeit der Mietsache zum vertragsgemäßen Gebrauch gemindert ist. Die Höhe der dann nur noch geschuldeten geminderten Miete könne nicht mehr mit Urkunden belegt werden. Das OLG Koblenz (OLG Koblenz, NZM 2012, 274) hat darauf verwiesen, dass ein **Privatgutachten keine taugliche Urkunde** im Rahmen eines (auf Mietzahlung) gerichteten Urkundenprozess darstellt. Denn der Sachverständigenbeweis sei kein im Urkundenverfahren zulässiges Beweismittel. Dies könne nicht durch die Vorlage eines Privatgutachtens umgangen werden.

Der Anwendungsbereich des § 283a ZPO soll sich nach einer Entscheidung des OLG Celle (OLG Celle, NZM 2013, 729) nicht auf Fälle betrügerisch handelnder Mieter beschränken. Die Sicherungsanordnung diene vor allem dem Schutz von Privatvermietern, die den ungerechtfertigten Ausfall von Mieteinnahmen wirtschaftlich nur schwer kompensieren könnten. Der Vermieter müsse darlegen, dass ihm der Ausfall der im Prozessverlauf fällig gewordenen Mietforderungen bzw. Ansprüche auf Nutzungsentschädigung besondere wirtschaftliche Nachteile zufügen, etwa weil er auf die Mieteinnahmen aus der streitgegenständlichen Wohnung zur Sicherung seiner Altersversorgung angewiesen ist. Das **allgemeine Prozessrisiko** eines jeden Gläubigers, die Forderung nicht realisieren zu können, **reiche** hingegen als **Sicherungsinteresse nicht** aus. Bei der **Abwägung der Interessen** sei zu berücksichtigen, ob der Vermieter in besonderer Weise auf den laufenden Eingang der Zahlungen angewiesen ist, etwa weil er sie zum Bestreiten seines Lebensunterhalts oder zur Tilgung eines Darlehens benötigt, oder ob ein Ausfallrisiko im Hinblick auf seine Altersvorsorge ihn in besonderer Weise belastet (OLG Celle, NZM 2013, 729).

G. Betriebskosten

1. Ausgangssituation

a) Gesetzliche Konzeption

203 Nach der **gesetzlichen Konzeption trägt der Vermieter die Betriebskosten** ausschließlich (BGH, NZM 2012, 608). Sie sind – ohne gesonderte Vereinbarung – mit Ausnahme der Heizkosten mit der Miete abgegolten (§ 535 Abs. 1 S. 3 BGB). Diesen Grundsatz schränkt das OLG Naumburg (GuT 2006, 131) für Fälle ein, in denen **nach Mietvertragsabschluss** objektbezogene Betriebskosten **neu entstehen**, die bei der Bemessung der Miete nicht berücksichtigt werden konnten.

b) Vertragliche Regelungen

aa) Wirksamkeitsvoraussetzungen

204 Bei der **Abwälzung der Betriebskosten** auf den Mieter ist vor allen Dingen bei formularvertraglichen Regelungen eine sorgfältige Formulierung im Mietvertrag von Nöten. Die von § 535 BGB abweichende Vereinbarung der Übernahme weiterer Kosten neben der Miete für die Gewährung des Gebrauchs durch den Mieter bedarf stets **einer ausdrücklichen, inhaltlich bestimmten Vereinbarung** (BGH, NZM 2005, 863; KG, NZM 2011, 487 = ZMR 2011, 711; OLG Schleswig, BeckRS 2012, 11026; Blank/Börstinghaus, Miete, 3. Aufl., § 556 Rz. 76 ff; Fritz, Rz. 172). Nur dann ist es dem Mieter möglich, sich zumindest ein grobes Bild davon zu machen, welche zusätzlichen Kosten auf ihn zukommen können.

205 Da **§ 556 BGB** im gewerblichen Mietrecht **nicht gilt**, können in sehr viel weiterem Umfange Betriebskosten auf den Mieter umgelegt werden. Vor allen Dingen in **Einkaufszentren** werden darüber hinaus weitere umfangreiche Nebenkostenpositionen, z. B. Reinigung der Innenbereiche, Fassadenreinigung, Kosten der Bewirtschaftung der Parkplätze und deren Instandhaltung, Kosten einer Lüftungs- und Klimaanlage, je nach Gewerbe Fettabscheider, Bewachungskosten, Beschallungsanlagen, Alarmanlagen etc. umgelegt. Die damit einhergehenden Kosten erreichen ganz erhebliche Beträge. Der Begriff der „**2. Miete**“ wird oftmals zur traurigen Wahrheit. Der **BGH** scheint gewillt zu sein, dem in gewissem Umfang Einhalt zu gebieten, indem er u.a. die **§§ 305 ff. BGB** umfassend auf **Betriebskostenumlagevereinbarungen anwendet** (vgl. etwa BGH NZM

2016, 315). Er hat die höhenmäßig unbegrenzte Abwälzung der Kosten von Instandhaltung und Instandsetzung von Gemeinschaftsflächen in allgemeinen Geschäftsbedingungen als Verstoß gegen § 307 BGB und damit als unwirksam gewertet (BGH, ZMR 2005, 844, vgl. a. BGH, NJW 2013, 41). In der Entscheidung aus dem Jahr 2005 hat der BGH die Abwälzung

„der Kosten der für das Gesamtobjekt notwendigen und/oder üblichen Versicherungen sowie alle für den Betrieb, die Unterhaltung, Bewachung und Verwaltung notwendigen Kosten einschließlich der Gestellung und Unterbringung des hierfür erforderlichen Personals“,

als intransparent, nicht hinreichend bestimmt und damit unwirksam angesehen.

206

Formulierungen in Formularverträgen, wie z. B. „**der Mieter trägt die Betriebskosten**“ sind wiederholt von der Rechtsprechung als unwirksam mit der Folge angesehen worden, dass der Vermieter die Kosten zu tragen hatte (vgl. OLG Düsseldorf, ZMR 2003, 22; 109; GuT 2007, 361; OLG Jena, NZM 2002, 70; vgl. a. OLG Karlsruhe, ZMR 2009, 849; OLG Hamm, Beck RS 2009, 89474). Entsprechendes gilt für die Formulierung, „Sämtliche anfallenden Nebenkosten/Betriebskosten gehen anteilig zu Lasten des Mieters. Hierfür leistet der Mieter eine monatliche Betriebskostenvorauszahlung von (es folgt eine Leerfläche) DM + Mehrwertsteuer excl. Stromkosten. Die Nebenkostenvorauszahlung wird jährlich aufgrund der tatsächlich anfallenden Kosten neu festgelegt“,

die das OLG Düsseldorf (OLG Düsseldorf, BeckRS 2005, 07592) sowohl als **formularvertragliche**, als auch als **individualvertragliche Vereinbarung** für unwirksam erachtet hat. Ob der BGH sich dieser Rechtsprechung anschließen oder bei der Verpflichtung zur Tragung von „Betriebskosten“ von der Umlage derjenigen im Sinne der Betriebskostenverordnung ausgehen wird, bleibt angesichts der Stellungnahme eines ehemaligen Senatsmitglieds in der Fachpresse (Ahlt, GuT 2005, 47, 49) und einzelner Gerichte (KG, ZMR 2007, 449, 450; OLG Karlsruhe, BeckRS 2009, 29945) abzuwarten. Großzügig ist das KG (KG, ZMR 2007, 449) verfahren. Es sieht eine Umlage der Betriebskosten nach Maßgabe der ehemaligen Anlage 3 zu § 27 BVO als vereinbart an, wenn der Mieter nach dem Vertrag „Bewirtschaftungs- und sonstige Verbrauchsabgaben“ zu tragen hat.

207 Angesichts der jüngsten Rechtsprechung ist bei der Gestaltung von **Formularverträgen** im Rahmen der Nebenkostenregelungen jeweils darauf zu achten bzw. zu überprüfen, ob die Regelungen insgesamt noch den **Anforderungen** des § 307 Abs. 1 S. 2 BGB genügen. Die in alten Verträgen häufig anzutreffende Praxis, entsprechende Klauseln an etlichen Stellen des Vertrages und in Anlagen anzuordnen, könnte nunmehr bei strengerer Beachtung des **Transparenzgebotes** kritisch betrachtet werden.

208 Ob die **bloße Inbezugnahme der Betriebskostenverordnung** ausreicht, ist umstritten (vgl. Hinz, ZMR 2003, 77 f.). Daher sollten die Positionen einzeln im Vertrag oder zumindest in einer Anlage aufgeführt werden.

209 Ist in **einem Formularmietvertrag keine Eintragung/Streichung** bezüglich der Nebenkostentragung vorgenommen worden und sieht das Formular alternativ die Tragung durch Mieter bzw. Vermieter vor, kann der Vermieter nach einer Entscheidung des OLG Rostock (OLG Rostock, BeckRS 2010, 17374) allenfalls die Heizkosten umlegen.

bb) Einzelne Umlagepositionen

210 Die Ziffer 17 des § 2 BetrkVO, **sonstige Betriebskosten**, soll bei der formularvertraglichen Vereinbarung der Umlage der in der Betriebskostenverordnung genannten Positionen nicht zur Umlagefähigkeit nicht ausdrücklich benannter Positionen führen, da gegen das Transparenzgebot des § 307 Abs. 1 S. 2 BGB verstoßen werde (KG, GuT 2005, 259; OLG Düsseldorf, BeckRS 2011, 29550; 2012, 16344; vgl. für die Wohnraummiete: BGH, NZM 2004, 417; Blank, NZM 2008, 745).

211 Vielfach werden **Verwaltungskosten** umgelegt. Dies ist nach der Rechtsprechung des BGH auch formularvertraglich möglich (BGH, NZM 2010, 123; 279; 2014, 830; ZMR 2011, 788 = BeckRS 2011, 15216; NJW 2013, 41; OLG Düsseldorf, ZMR 2012, 438). Der Begriff sei hinreichend transparent. Der BGH (BGH, NZM 2010, 123; 279) hält in diesem Zusammenhang eine höhenmäßige Begrenzung der Verwaltungskosten auf einen Prozentsatz der Kaltmiete für nicht erforderlich (a.A. OLG Köln, NZM 2008, 806).

212 Der Begriff der Kosten des **Centermanagements** ist nach Auffassung des BGH (BeckRS 2011, 21745; NJW 2013, 41; NZM 2014, 830; vgl. a. OLG Rostock, NZM 2005, 507) in formularvertraglichen Vereinbarungen intransparent. Entsprechendes gilt nach Auffassung des OLG Düsseldorf

(OLG Düsseldorf, ZMR 2011, 861; 2012, 438) für eine Umlage der „Kosten für das vom Eigentümer eingesetzte Management". In der Instanzgerichtsrechtsprechung wird eine hinreichende Transparenz angenommen, wenn die mit dieser Position erfassten Tätigkeiten im Vertrag beschrieben werden (KG, NZM 2002, 954; OLG Rostock, NZM 2005, 507 f.).

213 Die Kosten einer **Terrorversicherung** sind nach Auffassung des BGH von dem Begriff der „Sach- und Haftpflichtversicherung" im Sinne des § 2 Nr. 13 BetrKV erfasst. Sie können bei Vereinbarung der Umlage entsprechender Kosten jedoch nur dann auf den Mieter abgewälzt werden, wenn dies dem Grundsatz der Wirtschaftlichkeit entspricht. Hiervon ist nur auszugehen, wenn konkrete Umstände vorliegen, die die Gefahr eines Gebäudeschadens durch einen Terrorangriff begründen (weitergehend: Neuhaus, NZM 2011, 65, 68 f).

214 Das KG (KG, NZM 2011, 487 = ZMR 2011, 711) hält den Begriff der **Sonderrisikoversicherung** für intransparent und damit eine entsprechende formularvertragliche Umlagevereinbarung gemäß § 307 Abs. 1 S. 2 BGB für unwirksam.

215 Erfolgt eine Umlage der **Hausmeisterkosten ohne Begrenzung** auf die nach **§ 2 BetrkVO** umlagefähigen Kosten, muss eine Beschränkung der Kosten für Instandhaltung und Instandsetzung vorhanden sein. Ansonsten ist die Umlagevereinbarung nach Auffassung des BGH (BGH, NJW 2013, 41) unwirksam.

216 Die Kosten der **Elektronikversicherung der Brandmeldeanlage** sollen nach Auffassung des OLG Düsseldorf (OLG Düsseldorf, BeckRS 2011, 29550) im Rahmen einer Vereinbarung über die Umlage von Gebäude- und Haftpflichtversicherung umlagefähig sein.

217 Die Kosten einer **Überwachungsanlage** sollen dagegen nicht unter die Umlageposition, „Wach- und Schließdienst und etwaige Hausmeisterkosten fallen (OLG Düsseldorf, BeckRS 2011, 29550).

218 Die **Beseitigung** von **Graffiti** ist nach Auffassung des OLG Düsseldorf (OLG Düsseldorf, BeckRS 2012, 16344) Instandsetzung und damit nicht als Betriebskostenposition umlagefähig.

219 Wird bei einer neu errichteten oder einer neueren Mietsache vereinbart, dass die **Erhöhungen der Grundsteuerbeträge** umgelegt werden können, ist umstritten, ob die Erhöhungsbeträge umgelegt werden können, die sich aus einem im Zusammenhang mit der Bebauung ergehenden

Grundsteuermessbescheid ergeben. Teilweise wird angenommen, dass derartige Erhöhungen nicht umgelegt werden können (OLG Celle, ZMR 1990, 410 f.). Das OLG Frankfurt (OLG Frankfurt, NZM 2000, 243 f.) geht hingegen von einer Umlagefähigkeit auch dieser Kosten aus. Nach der Rechtsprechung des BGH (BGH NZM 2016, 315) ist die in einem Mietvertrag über Gewerberäume enthaltene AGB-Klausel,

„Die Grundsteuer zahlt die Vermieterin. Erhöhungen gegenüber der bei Übergabe des Objekts erhobenen Grundsteuer tragen die Mieter."

hinsichtlich der durch die Vermietbarkeit des bebauten Grundstücks bedingten Grundsteuererhöhung nicht eindeutig und daher zu Lasten des Verwenders auszulegen.

220 Eine nach Mietvertragsabschluss eingeführte **Fremdenverkehrsabgabe** soll nach Auffassung des OLG Schleswig (OLG Schleswig, BeckRS 2012, 11026) nur dann umlagefähig sein oder wenn sich der Vermieter bei nachträglicher Entstehung die spätere Geltendmachung vertraglich vorbehalten hat.

221 Das Kammergericht ist der Auffassung, die Überbürdung der **Instandhaltungsrücklage** bei der Vermietung von Teileigentum sei im Rahmen von **formularvertraglichen Vereinbarungen** nicht möglich, da Kosten abgewälzt würden, die dem Mieter keinen Gebrauchsvorteil vermitteln (KG, NZM 2003, 395).

222 Auch der **Erdgeschossmieter** kann für die **Aufzugskosten** bei entsprechender Vereinbarung im Mietvertrag herangezogen werden (OLG Düsseldorf, BeckRS 2012, 16344).

223 Nach einer Entscheidung des VIII. Zivilsenats des BGH in einer Wohnraummietsache (BGH, ZMR 2007, 361) sollen bei ausdrücklicher Aufführung die **Kosten für die Revision der Gasgeräte und brandschutztechnischen Einrichtungen** unabhängig davon umlagefähig sein, ob diese Kosten alljährlich oder in größeren zeitlichen Abständen anfallen.

224 Der Vermieter ist ohne entsprechende Vereinbarung nicht berechtigt und nicht verpflichtet, den **Mieter mit Strom** zu **versorgen**. Er hat lediglich den Zugang zum allgemeinen Stromnetz zu gewähren (OLG Brandenburg, GuT 2007, 203).

Ist eine „**Warmmiete**“ vereinbart, sind nach einer Entscheidung des OLG Düsseldorf (OLG Düsseldorf, BeckRS 2011, 21945) alle Betriebskosten mit Ausnahme der Heizkosten mit der Miete abgegolten. 225

Ist im Mietvertrag die Anlage 3 zu § 27 II BVO/§ 2 BetrKV in Bezug genommen, ist der Vermieter nach OLG Köln (OLG Köln, ZMR 2016, 537) zur Umstellung auf Wärmecontracting berechtigt.

cc) Folgen der Unwirksamkeit der Umlagevereinbarung

Ist im Falle einer **unwirksamen Vereinbarung** von Betriebskostentragungspflichten eine Vorauszahlung im Mietvertrag vorgesehen und geleistet worden, ist strittig, ob die Vorauszahlungen zurückzuzahlen sind. Das OLG Düsseldorf (ZMR 2002, 595) hat eine Umdeutung in eine Pauschale vorgenommen. Das OLG Dresden (NZM 2000, 827) vertritt hier eine strengere Auffassung und hat den Vermieter zur Rückzahlung verpflichtet angesehen. 226

dd) Nach Vertragsschluss erstmals anfallende Positionen, Änderung des Kanons der umlagefähigen Positionen, Nichtabrechnung einzelner Positionen

Eine **formularvertragliche Regelung**, nach der der Vermieter berechtigt ist, uneingeschränkt **nach Vertragsabschluss entstandene Betriebskosten** zusätzlich auf den Mieter abzuwälzen, ist als unangemessen benachteiligend und damit unwirksam angesehen worden (OLG Düsseldorf, BB 1991, 1150). Anderer Auffassung scheint insoweit das OLG Stuttgart zu sein (OLG Stuttgart, NZM 2007, 247). Folgt man dem OLG Naumburg (OLG Naumburg, GuT 2006, 131), kann der Vermieter nach Vertragsschluss neu entstehende, objektbezogene Betriebskostenpositionen, die bei der Bemessung der Miete nicht berücksichtigt werden konnten, auf den Mieter abwälzen. 227

Werden über lange Jahre hin Betriebskostenpositionen abgerechnet und gezahlt, die im Mietvertrag nicht als umlagefähig vereinbart sind, kann dies nach der Rechtsprechung des BGH (NZM 2000, 961; OLG Naumburg, NZM 2006, 630) im **Ausnahmefall** zu einer **stillschweigenden Abänderung des Mietvertrages führen** (s. jedoch nachfolgend Rz. 229). Ein Zeitraum von sechs Jahren soll insoweit ausreichen; eine zweimalige (OLG Celle, BeckRS 2007, 02606) bzw. dreimalige (OLG Düsseldorf, GuT 2007, 361) Abrechnung und Zahlung jedoch nicht. 228

Da hiervon ein wesentlicher Vertragsbestandteil betroffen ist, wird zumindest teilweise bei entsprechender stillschweigender Abänderung des Mietvertrages ein Verstoß gegen das **Schriftformerfordernis** für langfristige Mietverträge angenommen (Timme/Hülk, NJW 2007, 3313, 3315; Schmid NZM 2003, 55, 57 m.w.N.; Schmid, Rz. 17 zu § 550 BGB; Emmerich/Sonnenschein-Weitemeyer, § 556, Rz. 32, 34; a.A: OLG Koblenz NZM 2002, 293). Daher sollte von einer entsprechenden Praxis in jedem Falle bei langfristigen Mietverträgen abgesehen werden. Nach Auffassung des OLG Naumburg (OLG Naumburg, ZMR 2007, 618) sollen die vorgenannten Grundsätze nicht für Positionen gelten, die keine Betriebskosten darstellen und im Rahmen der Abrechnung in Pauschalpositionen versteckt über Jahre umgelegt werden.

229 Die **bloße Abrechnung** von im Vertrag **nicht vorgesehenen Betriebskostenpositionen** und den vorbehaltslosen Ausgleich eines entsprechenden Saldos reicht für die Annahme einer **stillschweigenden Vertragsänderung nicht aus** (BGH, NZM 2010, 240 Rz. 30; 2012, 24 Rz. 17; 2014, 830).

230 **Unterlässt** der Vermieter die **Abrechnung einzelner Positionen**, wird teilweise eine entsprechende stillschweigende Reduzierung der umlagefähigen Positionen und damit Änderung des Mietvertrags angenommen (Lindner-Figura/Oprée/Stellmann, Kap. 11, Rz. 77, 240; a. A. Lützenkirchen, NZM 2008, 160).

Wird über die Betriebskosten über längere Zeit nicht abgerechnet, kann nur in Ausnahmefällen von einer **Verwirkung** ausgegangen werden (OLG Düsseldorf GuT 2006, 132). Eine analoge Anwendung des § 556 Abs. 3 S. 3 BGB scheidet (BGH, NZM 2010, 240, 2011, 121; OLG Düsseldorf GuT 2006, 132; OLG Köln, GuT 2006, 314; KG, ZMR 2006, 526) ebenso wie die **stillschweigende Vereinbarung** einer **Nebenkostenpauschale** (OLG Naumburg, NZM 2006, 630 f; OLG Düsseldorf, ZMR 2008, 710) aus.

2. Vorauszahlungen/Pauschale

a) Gesetzliche Ausgangssituation, vertragliche Vereinbarungen

231 Ohne **vertragliche Vereinbarung** ist der **Mieter nicht verpflichtet**, **Vorauszahlungen** auf die Betriebskosten **zu leisten**. Aus Vermietersicht empfiehlt es sich, monatliche Vorauszahlungen zu vereinbaren, die mit der Miete fällig und zahlbar sind, da ansonsten der Vermieter insoweit

das Insolvenzrisiko des Mieters vollumfänglich trägt. Werden trotz fehlender vertraglicher Vereinbarung über Jahre hinweg Vorauszahlungen geleistet, soll es hierdurch zu einer **stillschweigenden Vertragsänderung** kommen (OLG Düsseldorf GuT 2005, 259 LS). Aus einer fehlenden Verpflichtung zur Leistung von Vorauszahlungen soll **kein Verzicht** auf ein **Abrechnungsguthaben** des Vermieters folgen (KG, NZM 2008, 129, 130).

b) Rechtsfolgen zu niedrig angesetzter Vorauszahlungen

232

Bis zu einer Entscheidung des Bundesgerichtshofes aus dem Jahre 2004 (BGH, ZMR 2004, 653 f; NZM 2010, 123; 2012, 83) war umstritten, ob bei der **zu niedrigen Angabe von Betriebskostenvorauszahlungen** nebst erheblichen Nachzahlungsbeträgen der Mieter berechtigt ist, die Nachzahlungen zu verweigern oder den Mietvertrag außerordentlich zu kündigen. Der BGH (BGH, ZMR 2004, 653 f; NZM 2010, 123; 2012, 83) hat die Frage dahingehend beantwortet, dass die zu niedrige Festsetzung von Vorauszahlungen grundsätzlich **keine negativen Rechtsfolgen** für den Vermieter zeitigt (s.a. OLG Frankfurt, ZMR 2013, 708, 709; OLG Saarbrücken, BeckRS 2013, 12625). Zur Begründung weist der BGH auf die fehlende Verpflichtung des Vermieters zur Festsetzung von Vorauszahlungen hin. Der Sache nach gewähre er mit zu niedrigen Vorauszahlungen dem Mieter einen zinslosen Kredit. Grundsätzlich sei es **Sache des Mieters**, beim Vermieter vor Vertragsabschluss **nachzufragen**, ob die Vorauszahlungen kostendeckend sind. Denn dem Vermieter obliege grundsätzlich **keine Aufklärungspflicht** hinsichtlich der Auskömmlichkeit der Vorauszahlungen (vgl. a. OLG Düsseldorf, BeckRS 2012, 07343). Eine Aufklärungspflicht des Vermieters sei nur anzunehmen, wenn besondere Umstände gegeben sind. Dies soll etwa der Fall sein, wenn die Angemessenheit in den Kosten ausdrücklich zugesichert wurde oder diese bewusst zu niedrig bemessen wurden, um den Mieter über den Umfang der tatsächlichen Mietbelastung zu täuschen und ihn auf diese Weise zur Begründung des Mietverhältnisses zu veranlassen. Großzügig zu Gunsten des Mieters ist insoweit das KG (KG, ZMR 2007, 963), das bei Gesprächen über die Höhe der endgültigen Kosten den Vermieter zur Festlegung von auskömmlichen Vorauszahlungen je nach Lage des Einzelfalls verpflichtet sieht.

233

Ist die **Heizungsanlage defekt** sind nach einer Entscheidung des KG (KG, BeckRS 2010, 21460) die vertraglich vereinbarten **Heizkostenvorschüsse** vom Mieter nicht mehr geschuldet.

c) Vorauszahlungsforderungen nach Eintritt der Abrechnungsreife, Folgen der Nichtabrechnung

234 **Vorauszahlungen** können **nicht mehr** mit Erfolg **geltend gemacht werden**, wenn **Abrechnungsreife** bezüglich der Vorauszahlungen eingetreten ist (OLG Dresden, NZM 2012, 84; KG, BeckRS 2014, 15352). Dies ist mangels abweichender Vereinbarung ein Jahr nach Ablauf der Abrechnungsperiode der Fall (BGH, NZM 2010, 240; 2014, 641; OLG Düsseldorf, NZM 2008, 524; OLG Köln, BeckRS 2010, 27104). Sind innerhalb der Frist zur Abrechnung Betriebskostenvorauszahlungen vom Vermieter eingeklagt worden, wird die **Klage mit Abrechnungsreife unschlüssig** (OLG Düsseldorf, ZMR 2010, 29). Auch nach Auffassung des KG (KG, BeckRS 2012, 11271) wandelt sich mit **Eintritt der Abrechnungsreife** der Anspruch auf Entrichtung vereinbarter Vorauszahlungen in einen Anspruch auf Ausgleich des sich aus einer Abrechnung ergebenden Saldos zu Lasten des Mieters um. Danach können die Vorauszahlungen nicht mehr geltend gemacht werden, der Vermieter muss eine auf **Nebenkostenvorauszahlung gerichtete Klage** grundsätzlich, soweit sie sich auf die Betriebskostenvorschüsse bezieht, **auf** den **Saldo umstellen**. Der Vermieter könne aber auch auf Basis der schon eingeklagten **Sollvorauszahlungen abrechnen** und die **Klage** nur in Höhe des gegebenenfalls zu Lasten des Mieters **verbliebenen restlichen Saldos erhöhen**, sofern die Abrechnung innerhalb der Abrechnungsfrist erteilt ist. Auch nach Eintritt der Abrechnungsreife kann der Vermieter bezüglich nicht geleisteter Betriebskostenvorauszahlungen **Verzugszinsen** im Prozess mit Erfolg geltend machen (BGH, NJW 2013, 41).

Wird nach Abrechnungsreife gleichwohl im Wege der Zahlungsklage die Vorauszahlung geltend gemacht, ist der Vermieter nach einem klageabweisenden Urteil **in zweiter Instanz nicht berechtigt**, die Klage auf den **Saldo** der mittlerweile erteilten Betriebskostenabrechnung **umzustellen** (OLG Düsseldorf, ZMR 2004, 30).

235 U.a. nach Auffassung des BGH (BGH, NZM 2013, 188, Rz. 14) und des OLG Naumburg (OLG Naumburg, BeckRS 2012, 01599) kann der Mieter **im laufenden Mietverhältnis** im Falle der unterbleibenden Betriebskostenabrechnung die geleisteten Vorauszahlungen nicht zurückfordern. Als Sanktion bleibt dem Mieter im laufenden Mietverhältnis das Zurückbehaltungsrecht an den weiteren Vorauszahlungen (OLG Düsseldorf, OLGR 2009, 821). Dies kann auch dann geltend gemacht werden, wenn der **Vertrag** einen **generellen Ausschluss des Zurückbehaltungsrechtes** vorsieht. Denn bei der Verpflichtung zur Abrechnung handelt es sich um

eine unstreitige Forderung des Mieters (OLG Düsseldorf, ZMR 2002, 37). Ein **Zurückbehaltungsrecht** an der **Kaltmiete** steht dem Mieter in einschlägigen Fällen jedoch **nicht zu** (BGH, NZM 2013, 188, Rz. 14; OLG Düsseldorf, OLGR 2009, 821). Wird die **Mietsache im laufenden Mietverhältnis veräußert**, kann der Mieter gegenüber dem **neuen Vermieter kein Zurückbehaltungsrecht** wegen nicht erfolgter, vom ehemaligen Vermieter zu erstellenden Betriebskostenabrechnungen geltend machen (OLG Naumburg, BeckRS 2012, 01599). Er kann aber gegenüber dem ehemaligen Vermieter nunmehr die Vorauszahlungen zurückfordern.

Der Anspruch auf **Zinsen** auf den **Vorauszahlungsbetrag bleibt** dem Vermieter in jedem Fall bis zur Abrechnungsreife **erhalten** (BGH, NZM 2013, 85 Rz. 28ff; OLG Düsseldorf, BeckRS 2013, 16681).

236

Ist das **Mietverhältnis beendet**, kann der Mieter seine Vorauszahlungen insgesamt zurückverlangen, wenn der Vermieter nicht innerhalb der Fristen abrechnet (BGH, VIII. Senat zur Wohnraummiete, NZM 2005, 373; OLG Düsseldorf, GuT 2008, 204 m.w.N. der Gegenmeinung; MDR 2009, 1333; NZM 2011, 884; KG, ZMR 2009, 523). Der BGH (BGH, NZM 2013, 88, Rz. 14) und das OLG Köln (OLG Köln, BeckRS 2010, 02458) sehen ein Rückforderungsrecht jedoch nur dann als gegeben an, soweit dem Mieter im laufenden Mietverhältnis **kein Zurückbehaltungsrecht zugestanden hat**. Ein Anspruch aus **Verzugszinsen** besteht bis zur Erstellung der Abrechnung **nicht**, vielmehr muss der **Mieter** ggf. einen **konkreten Verzugsschaden** darlegen und beweisen (BGH, NZM 2013, 188, Rz. 11 ff).

237

Rechnet der **Vermieter** bis zur **letzten mündlichen Verhandlung** im Rückforderungsprozess ab, **erlischt der Rückzahlungsanspruch** des Mieters (OLG Düsseldorf, MDR 2009, 1333, NZM 2011, 884). Der Rückforderungsanspruch bezüglich der Vorauszahlungen auf die Betriebskosten nach Vertragsende soll nach Auffassung des OLG Köln (OLG Köln, BeckRS 2010, 02458) mit dem Abrechnungsanspruch **verjähren**. Dies hat zur Folge, dass er bei Untätigkeit des Mieters u.U. verjährt bevor er nach Beendigung des Mietverhältnisses geltend gemacht werden kann. Anderer Auffassung ist insoweit das KG (KG, ZMR 2010, 600), das strikt zwischen dem Zurückbehaltungsrecht und dem Rückforderungsrecht unterscheidet und dementsprechend die **Verjährung des Rückforderungsanspruchs** erst mit Beendigung des Mietverhältnisses beginnen lässt.

d) Anpassung der Vorauszahlung

238 Ohne vertragliche Vereinbarung besteht kein Recht auf Anpassung der Nebenkostenvorauszahlungen im laufenden Mietverhältnis. **Formularvertragliche Regelungen**, nach denen der Vermieter berechtigt ist, auf Grundlage der Abrechnung für das Vorjahr die **Vorauszahlung** für das laufende Jahr **neu festzusetzen**, werden für wirksam erachtet (BGH, BeckRS 2014, 05526; OLG Dresden, ZMR 2002, 416, OLG Düsseldorf, BeckRS 2012, 16344).

e) Nebenkostenpauschalen

239 Die **Vereinbarung einer Betriebskostenpauschale** ist in der Gewerberaummiete nach Auffassung des OLG Düsseldorf (OLG Düsseldorf, NZM 2008, 524) ohne Weiteres möglich. Werden von einer derartigen Pauschale auch die **Heizkosten erfasst**, seien diese jedoch **zwingend** aus der Pauschale rechnerisch **auszunehmen** und die Zahlung insoweit als abzurechnende Vorauszahlung anzusehen. Dies entspricht der Rechtsprechung des VIII. des BGH zur Wohnraummiete (BGH, NZM 2006, 652), nach der die HeizkV zwingend den vertraglichen Vereinbarungen vorgeht.

240 **Rechnet** der Vermieter über mehrere **Jahre** hin **nicht ab**, kommt es ohne Hinzutreten weiterer Anhaltspunkte **nicht** zu einer stillschweigenden Vereinbarung einer **Betriebskostenpauschale** (BGH, NZM 2010, 240).

3. Abrechnung

a) Abrechnungsfrist

241 Allgemein wird angenommen, dass der Vermieter **innerhalb eines Jahres** nach Beendigung der Abrechnungsperiode **abzurechnen hat** (BGH, NZM 2010, 240; 2011, 121; 2014, 641; OLG Düsseldorf, DWW 2004, 87; GuT 2005, 53; GuT 2006, 27, 28; NZM 2008, 524; BeckRS 2012, 05968; NJOZ 2012, 641; BeckRS 2013, 16681; OLG Frankfurt, ZMR 2012, 863; OLG Rostock, OLGR 2005, 697 f; OLG Köln, BeckRS 2010, 02458). Nach einem **Eigentümerwechsel** hat der alte Vermieter bis zum Eigentumswechsel über die Betriebskostenvorauszahlungen abzurechnen und gegebenenfalls entsprechende Rückzahlungen zu leisten (BGH, NZM 2005, 17).

Der Abrechnungsanspruch des Mieters unterliegt der dreijährigen Regelungsfrist; die Verjährungsfrist wird mit Fälligkeit des Abrechnungsanspruchs in Lauf gesetzt (LG Neubrandenburg, WuM 2007, 390).

242 **Versäumt** der Vermieter die **Abrechnungsfrist**, so sind – anders als im Wohnraummietrecht – Nachforderungen bei späterer Abrechnung nicht ausgeschlossen. § 556 Abs. 3 BGB gilt für Gewerberaummietrecht nicht (BGH, NZM 2010, 240; 2011, 121; 2014, 641; OLG Düsseldorf, GuT 2006, 132; 2007, 301; NZM 2007, 167; 2008, 167; ZMR 2009, 275; KG ZMR 2006, 526; 2007, 449, 450; BeckRS 2014, 15352; OLG Köln, GuT 2006, 314). Auch aus einer **Vertragsbestimmung**, nach der der Vermieter bis zu einem gewissen Datum im Folgejahr abzurechnen hat, soll **ohne weitere Anhaltspunkte** ein solcher **Ausschluss nicht herzuleiten** sein (OLG Köln, GuT 2006, 314). Verzugszinsen auf Salden zu Gunsten des Mieters sind frühestens ab Zugang der Abrechnung beim Mieter zu entrichten (BGH, NZM 2013, 188). Befand sich der Vermieter mit der Abrechnung im Verzug, hat er den entstehenden Schaden zu ersetzen.

243 Im Rahmen eines **gewerblichen Zwischenmietvertrages** ist der Vermieter ohne entsprechende Abrede im Vertrag auch dann nicht gehindert, Betriebskostenabrechnungssalden gegen den gewerblichen Zwischenmieter nach Ablauf der Jahresfrist zur Abrechnung gegenüber den Wohnraummietern mit Erfolg geltend zu machen, wenn der Zwischenmieter die Kosten an die Wohnungsmieter aufgrund des Verstreichens der vorgenannten Frist nicht mehr weiterreichen kann (OLG Düsseldorf, GuT 2003, 60; vgl. a. OLG Düsseldorf GuT 2006, 132).

b) Abrechnungsperiode, Wirtschafts- und Abrechnungseinheit

244 Über die Betriebskosten ist – sofern nichts Abweichendes vereinbart ist – **jährlich abzurechnen**. Dies hat in Gestalt einer **Gesamtabrechnung** zu erfolgen. Sofern nichts anderes vereinbart, kann die Nebenkostenabrechnung nicht in eine **Heiz- und Betriebskostenabrechnung aufgespalten** werden (OLG Düsseldorf, ZMR 2004, 27).

245 Ist im Vertrag die **Abrechnungsperiode** nicht näher definiert, steht dem Vermieter insoweit ein Leistungsbestimmungsrecht zu (OLG Düsseldorf, ZMR 2003, 570 f). Eine **Wirtschafts- und Abrechnungseinheit** kann der Vermieter bei Fehlen einer ausdrücklichen Verpflichtung zur Einzelabrechnung im Vertrag bei Vorliegen eines unmittelbaren räumlichen Zusammenhangs, dem Fehlen wesentlicher Unterschiede zwischen den Einheiten bezüglich Bauweise und Nutzung nach Auffassung des OLG

Düsseldorf der Abrechnung zugrunde legen (OLG Düsseldorf, NZM 2003, 394).

c) Anforderungen an die Abrechnung

246 Die Abrechnung muss für den durchschnittlich gebildeten, juristisch und betriebswirtschaftlich nicht geschulten Mieter aus sich heraus nachvollziehbar sein (BGH, VIII. Zivilsenat zur Wohnraummiete, NZM 2008, 767; OLG Düsseldorf, BeckRS 2012, 16344; KG, BeckRS 2014, 22912). Die Abrechnung hat den allgemeinen **Anforderungen des § 259 BGB** zu entsprechen, also eine **geordnete Zusammenstellung der Einnahmen und Ausgaben** zu enthalten. Soweit keine besonderen Abreden getroffen sind, sind in die Abrechnung bei Gebäuden mit mehreren Einheiten regelmäßig folgende Mindestangaben aufzunehmen: Eine **Zusammenstellung der Gesamtkosten**, die **Angabe** und – soweit zum Verständnis erforderlich – die **Erläuterung** der zugrunde gelegten **Verteilerschlüssel**, die **Berechnung des Anteils des Mieters** und der **Abzug der Vorauszahlungen** des Mieters (BGH, NZM 2009, 78; BeckRS 2010, 28386 jeweils zur Wohnraummiete: KG, BeckRS 2014, 22912). Nach Auffassung des KG (KG, ZMR 2011, 116) müssen im **Mietvertrag** bereits **erläuterte Umlageschlüssel** nicht erneut in Abrechnung erläutert werden. Die Umlageschlüssel sollen nach einem weiteren Urteil des KG (KG, BeckRS 2012, 11271) nur dann in der Abrechnung zu erläutern sein, wenn dies zum **Verständnis der Abrechnung erforderlich** ist.

247 Die **Aufschlüsselung** der einzelnen Betriebskostenpositionen muss **transparent und nachvollziehbar** sein. Werden beispielsweise unter der Position „Heizkosten“ erhebliche Kosten für die Klimaanlage und Wasser abgerechnet und dies ist nicht unmittelbar aus der Abrechnung ersichtlich, soll sie nach Auffassung des OLG Dresden nicht prüffähig sein (OLG Dresden, ZMR 2002, 416 f.).

248 **Inhaltliche Fehler** der Abrechnung führen nicht zu einer Unschlüssigkeit der Klage insgesamt (OLG Koblenz, NZM 2005, 540). Nach Auffassung des OLG Düsseldorf (OLG Düsseldorf, BeckRS 2012, 16344) führt die **Einstellung** von nach dem Mietvertrag **nicht umlagefähigen Positionen** in die Betriebskostenabrechnung lediglich zu einer inhaltlichen, nicht jedoch zur formellen Unrichtigkeit der Betriebskostenabrechnung.

249 Hat der Mieter die vertraglich vereinbarten **Nebenkostenvorauszahlungen** nur **teilweise gezahlt**, sind nach OLG Rostock (OLG Rostock, NJOZ 2007, 4178) und des KG (KG, BeckRS 2014, 15352) im Rahmen

der Abrechnung die **Ist-Vorauszahlungen** in die Abrechnung einzustellen. Die Berücksichtigung der **Soll-Vorauszahlungen** führe hingegen nicht zu einer ordnungsgemäßen Abrechnung und damit nicht zu einem fälligen Saldo. Anderer Auffassung ist insoweit das KG (KG, BeckRS 2012, 11271), das von einem **bloßen inhaltlichen Fehler** ausgeht, der die **Fälligkeit unberührt** lässt. Der **Vermieter** ist **berechtigt**, jederzeit eine fälschlicherweise auf **Sollvorauszahlungen-Basis** erstellte Betriebskostenabrechnung zu **korrigieren** und die **Ist-Vorauszahlungen** einzusetzen (KG, BeckRS 2014, 15352).

250 **Unvermietete Flächen** müssen im Rahmen der Betriebskostenabrechnung bei Verteilung der Kosten zu Lasten des Vermieters berücksichtigt werden (KG, GuT 2010, 199; BeckRS 2010, 14587). Wie das OLG Düsseldorf (OLG Düsseldorf, BeckRS 2012, 05928) entschieden hat, führt eine Abrechnung nach Verbrauch im Ergebnis zulässiger Weise dazu, dass Leerstände im Gesamtobjekt nicht zu Lasten des Vermieters gehen.

251 Eine **getrennte Erfassung** der Betriebskosten von **Wohn- und Geschäftsraummietern** kann auch der Gewerberaummieter nach Auffassung des KG (KG, GuT 2006, 232) nur im Einzelfall verlangen. Nach einer Entscheidung des KG (KG, ZMR 2010, 35) ist die **Aufteilung** einzelner Betriebskostenpositionen auf **Nutzergruppen** innerhalb der Mieterschaft in der Betriebskostenabrechnung zu erläutern. Ansonsten sei die Abrechnung formell fehlerhaft.

252 Werden vom **Hausmeister Verwaltungsarbeiten** ausgeführt, mussten diese Tätigkeiten als **Vorwegabzug** bei der Abrechnung deutlich gemacht werden. Ansonsten sollte es an einer formell ordnungsgemäßen Abrechnung fehlen (BGH, VIII. Zivilsenat, ZMR 2007, 953 zur Wohnraummiete; OLG Düsseldorf, ZMR 2012, 438; vgl. jedoch auch: BGH, NZM 2010, 274, Rz. 26 zur Wohnraummiete). Von dieser Rechtsprechung ist der BGH (BGH, NZM 2016, 192 zur Wohnraummiete) mittlerweile abgerückt und verlangt die Angabe von Vorwegabzügen nicht mehr.

253 Die **fehlerhafte Berechnung** einzelner Positionen innerhalb einer Betriebskostenabrechnung berührt die Fälligkeit der weiteren Positionen und des sich aus diesem ergebenden Saldos nicht (OLG Hamburg, ZMR 2003, 180). Eine Betriebskostenabrechnung ist nach Auffassung des KG (KG, BeckRS 2012, 07260) **nicht formell ordnungsgemäß** und führt insoweit zu keinem fälligen Saldo, wenn im Mietvertrag einzelne Wartungs-

kostenpositionen (z.B. Schiebetüren, Brandschutz- und Brandmeldeanlage, Aufzugsanlagen etc.) gesondert aufgeführt werden und in der Abrechnung diese Einzelpositionen in einer **Sammelposition** mit dem Titel "Instandhaltungskosten" umgelegt werden.

254 Unterlässt der Vermieter den vertraglich vorgesehenen **Einbau von Wasserzählern**, kann er die Wasserkosten nach einem billigem Ermessen entsprechenden Schlüssel umlegen, wenn der Mieter nicht den Einbau der Zähler verlangt hat (OLG Düsseldorf, OLGR 2009, 579).

255 Nach früherer Auffassung des KG (KG, NZM 2006, 294; ZMR 2011, 116; s.a. OLG Düsseldorf, BeckRS 2012, 05928) waren im Vergleich zum Vorjahr neu aufgenommene oder um **mehr als 10 % erhöhte Positionen** in der Abrechnung zu erläutern. Der VIII. Zivilsenat des BGH sieht dies für die Wohnraummiete anders und den Vermieter nicht zur Erläuterung verpflichtet (BGH, NZM 2008, 35, 37, Rz. 31; 567, 568, Rz. 12). Dementsprechend hat das KG (KG, BeckRS 2012, 15204) seine entgegenstehende Rechtsprechung aufgegeben. Es soll zunächst **Sache des Mieters** sein, sich durch **Einsichtnahme** in die der **Abrechnung zugrunde liegenden Belege** über die angefallenen Kosten und den Grund einer etwaigen Kostensteigerung zu informieren. Erst wenn diese Belegeinsicht diese Fragen nicht beantworten kann und der Mieter dies nachvollziehbar darlegt, ist der Vermieter nach Auffassung des OLG Düsseldorf (OLG Düsseldorf, BeckRS 2013, 19828) ggf. zu einer weitergehenden Erläuterung verpflichtet.

256 Werden einzelne Positionen einer Betriebskostenabrechnung erst **im Prozess hinreichend erläutert und nachvollziehbar**, soll nach zweifelhafter Auffassung des OLG Köln (OLG Köln, BeckRS 2010, 27104) die Klage bezüglich dieser Position abzuweisen sein, da die Angaben in der Abrechnung enthalten sein müssten. Anderer Auffassung ist insoweit das OLG Düsseldorf (OLG Düsseldorf, BeckRS 2013, 19828), das von einer Fälligkeit der Abrechnungspositionen mit den Erläuterungen im Prozess ausgeht. Entsprechendes gilt für das OLG Frankfurt (OLG Frankfurt NZM 2016, 264), das Korrekturen auch in der Berufungsinstanz nach den allgemeinen Regelungen zulässt. Sind die Ablesebelege für die Heizung vom Mieter quittiert worden, kann er deren Richtigkeit nicht mit Erfolg pauschal bestreiten (KG, GuT 2010, 199).

257 Die Kosten der **Reinigung des Treppenhauses** sollen nach Auffassung des KG (KG, ZMR 2011, 116) auch dann auf den Mieter umgelegt werden können, wenn er **keinen Zugang** hierzu hat.

d) Umlageschlüssel

258 Bei den Umlageschlüsseln sind zunächst **zwingende rechtliche Regelungen**, etwa der HeizkVO, zu beachten. In zweiter Linie sodann **vertragliche Vereinbarungen**. Hat der Vermieter bei **fehlender Bestimmung der Umlageschlüssel** im Mietvertrag diese im Rahmen der ersten Abrechnung festgelegt, ist er hieran auch nach einer Entscheidung des OLG Frankfurt (OLG Frankfurt, BeckRS 2011, 11572) grundsätzlich für die **Zukunft gebunden**.

Nach Auffassung des OLG Düsseldorf (OLG Düsseldorf, BeckRS 2013, 19828) ist eine **Erläuterung der Umlagemaßstäbe** in der Betriebskostenabrechnung **nur geboten**, wenn dies zum **Verständnis der Abrechnung erforderlich** ist. Hieran fehle es in aller Regel bei einer Umlage nach dem **Flächenmaßstab**, da dieser aus sich selbst heraus verständlich sei. In einem solchen Fall bedürfe es nicht einmal der ausdrücklichen Angabe des Verteilerschlüssels, wenn im Mietvertrag eine Abrechnung anhand der Mietfläche vorgesehen ist und in der Berechnung die insoweit maßgeblichen Daten (Gesamtmietfläche und gemietete Teilfläche) angegeben sind. Auch sei eine Betriebskostenabrechnung formell ordnungsgemäß, wenn in ihr verschiedene Flächenschlüssel oder gemischter Umlegungsmaßstäbe verwendet worden sind, sofern die Berechnung den Mieter gedanklich und rechnerisch nicht vor Schwierigkeiten stellt. Schließlich seien nähere Angaben in der Abrechnung auch dann entbehrlich, wenn sie dem Mieter – etwa in einer **vorangegangenen Abrechnung** oder auf **Nachfrage** – bereits erteilt worden sind. Dementsprechend sei eine Erläuterung des Verteilungsschlüssels nicht erforderlich, wenn entsprechende Kenntnisse des Mieters aufgrund früherer Abrechnungen vorausgesetzt werden können.

Macht der Mieter geltend, er werde durch eine Umlage einzelner Betriebskostenpositionen nach Maßgabe der anteiligen Fläche unangemessen benachteiligt, ist er nach einem Urteil des OLG Frankfurt (OLG Frankfurt NZM 2016, 264) insoweit darlegungs- und beweisverpflichtet.

259 **Vertraglich** vorgesehene **Änderungen des Umlageschlüssels** sind nur für die Zukunft und nach entsprechender vorheriger Mitteilung an den Mieter möglich, damit dieser die Gelegenheit erhält, sein Verbrauchsverhalten auf die geänderte Sachlage einzurichten (OLG Frankfurt, ZMR 2004, 182). Ohne vertragliche Vorkehrung ist Vermieter nach Auffassung des OLG Düsseldorf (OLG Düsseldorf, BeckRS 2011, 07147 = ZMR 2011, 795) nur bei einem **Wegfall der Geschäftsgrundlage** zu Ände-

rung berechtigt. Dieser soll nach Auffassung des Senats gegeben sein, wenn die bisherigen auf Grund Änderung der Verhältnisse grob unbillig geworden ist (vgl. a. BGH, NZM 2006, 655 zur Wohnraummiete).

Rechnet der Vermieter **nicht auf Grundlage** der **vertraglich vereinbarten Abrechnungsschlüssel** ab, so ist die Abrechnung **inhaltlich unrichtig**. Weitergehende Wirkungen kommen einer derartigen (Fehl-)Abrechnung nach Auffassung des OLG Düsseldorf (OLG Düsseldorf, BeckRS 2013, 19828) jedoch nicht zu; insbesondere führe sie **nicht** dazu, dass die **vertraglich vereinbarten Abrechnungsmaßstäbe außer Kraft** gesetzt werden. Hierzu bedarf vielmehr einer **rechtsgeschäftlichen Vereinbarung** der Parteien, die aus einer einmaligen vertragswidrigen Abrechnungsweise und ihrer Hinnahme durch den dadurch begünstigen Mieter nicht abgeleitet werden könne.

260 Die Verpflichtung des Mieters, die gesamten **Kosten des verbrauchten Heizöls** eines Gebäudes zu übernehmen, soll nach Auffassung des OLG Düsseldorf (OLG Düsseldorf, BeckRS 2011, 25216) keinen Verstoß gegen die HeizkVO beinhalten.

261 Haben die Parteien im Mietvertrag festgelegt, dass **Abweichungen der real vorhandenen Fläche** von der vertraglich vorgesehenen in einem gewissen Umfang (+/- 5%) keine Auswirkungen auf die Miete haben sollen und wird diese Toleranzschwelle nicht überschritten, ist die im Vertrag angegebene und nicht die tatsächlich vorhandene Fläche für die Berechnung der Betriebskosten zugrunde zu legen (KG, NZM 2006, 296). Enthält der Vertrag keine ausdrückliche Regelung, und weicht die tatsächliche Mietfläche von der im Vertrag angegebenen **nicht um mehr als 10%** ab, soll die im Vertrag angegebene bei der Abrechnung zugrunde zu legen sein (BGH, VIII. Senat, ZMR 2008, 38, 40 [Wohnraummiete]; KG, ZMR 2011, 116).

e) Fälligkeit des Saldos, Einsichtsrecht

262 Mit **Zugang** einer **formell ordnungsgemäßen Betriebskostenabrechnung** wird der **Saldo fällig** (BGH, NZM 2013, 188, Rz. 12.; OLG Köln, GuT 2008, 31, 34; OLG Düsseldorf, NJOZ 2012, 603; BeckRS 2012, 05929; KG, BeckRS 2012, 11271).

263 Der **Mieter** ist **berechtigt**, in die der Betriebskostenabrechnung zugrunde liegenden **Belege Einsicht zu nehmen**. Dies umfasst auch die der Abrechnung zugrunde liegenden vom Vermieter abgeschlossenen Verträge (OLG Düsseldorf, BeckRS 2012, 16344). Nach einer Entscheidung

des KG (KG, BeckRS 2012, 11271) besteht die **Verpflichtung** des **Vermieters**, dem Mieter die der Abrechnung zu Grunde liegenden **Belege** in **geordneter Form** zu präsentieren und bei **umfangreichen Abrechnungen** die Belege zu den einzelnen Kostenarten bzw. Kostenblöcken zusammenzufassen und jeweils mit einem **Deckblatt** zu versehen, damit dem Mieter eine zügige Kontrolle möglich ist. Da die Pflicht zur Einsichtsgewährung insoweit gegenüber der Mieterpflicht zum Ausgleich des Nebenkostensaldos vorgreiflich ist, verletzt der Vermieter nach Auffassung des KG durch **Verweigerung** der **Belegeinsicht** eine vertragliche **Nebenpflicht** (KG, BeckRS 2012, 11271). In diesem Falle stelle sich das **Zahlungsverlangen** des **Vermieters** unter dem Gesichtspunkt der unzulässigen Rechtsausübung als ein Verstoß gegen Treu und Glauben mit der Folge dar, dass eine **Zug um Zug Verurteilung** des Mieters, wie sie in § 274 BGB für die Ausübung eines Zurückbehaltungsrechts vorgesehen ist, **ausscheide**.

f) Anspruch auf Kopien der Abrechnungsbelege

264

Ein Anspruch auf **Übersendung von Kopien** der der Abrechnung zugrunde liegenden Belege steht dem Mieter regelmäßig nicht zu (OLG Köln, GuT 2008, 31, 34). Nach Auffassung des OLG Düsseldorf (GuT 2006, 233) ist **ausnahmsweise** ein Anspruch des Mieters z.B. gegeben, wenn **heilloser Streit** mit dem Vermieter besteht oder der **Ort der Belegeinsicht** mit öffentlichen Verkehrsmitteln nicht zu erreichen ist.

g) Wirtschaftlichkeitsgebot

265

Gegen die Umlegung überhöhter oder nicht erforderlicher Kosten ist der Mieter nach der Rechtsprechung des BGH (BGH, BeckRS 2015, 01431; OLG Düsseldorf, BeckRS 2012, 16344; OLG Rostock, BeckRS 2013, 07305) durch das allgemeine **Wirtschaftlichkeitsgebot** geschützt. Dies sei die vertragliche Nebenpflicht, den Mieter nur mit Nebenkosten zu belasten, die erforderlich und angemessen sind. Diese Verpflichtung gelte gemäß **§ 242 BGB** auch für die **Geschäftsraummiete**.

Mit den Grundsätzen der ordentlichen Bewirtschaftung ist es nicht vereinbar, wenn sich der Vermieter auf unangemessene und insbesondere marktunüblich überhöhte Entgeltvereinbarungen mit Dritten einlässt (OLG Düsseldorf, BeckRS 2012, 16344).

Der BGH (BGH, NZM 2010, 123; BeckRS 2015, 01431) hat darauf hingewiesen, dass der Vermieter durch das **Wirtschaftlichkeitsgebot** im Rahmen der Umlage von Betriebskosten verpflichtet ist, den **Mieter** von (in der Höhe) nicht erforderlichen Kosten **freizustellen** (s.a. OLG Düsseldorf, ZMR 2011, 861). Nach Auffassung des KG (KG, BeckRS 2010, 13017) ist der Vermieter auch **nicht** unter dem Gesichtspunkt des Wirtschaftlichkeitsgebots dazu **verpflichtet**, **Verträge** über Betriebskostenpositionen **laufend** dahingehend zu **überprüfen**, ob eine Änderung zu günstigeren Kosten führt oder im Wege der Kulanz eine Änderung des Liefervertrags zu erbitten.

266 Den **Vermieter** trifft nach der Rechtsprechung des BGH (BGH, BeckRS 2015, 01431) im Streitfall die **Darlegungs- und Beweislast** lediglich dafür, dass die umgelegten **Kosten angefallen** und von der **vertraglichen Vereinbarung abgedeckt** sind. Macht der **Mieter** einen Verstoß gegen das Wirtschaftlichkeitsgebot geltend, muss er im Prozess **konkret vortragen**, dass die jeweilige Position anderweitig preiswerter hätte eingekauft werden können (BGH, BeckRS 2015, 01431; KG, BeckRS 2010, 14587; OLG Düsseldorf, BeckRS 2012, 16344; OLG Rostock, BeckRS 2013, 07305; vgl. a.: BGH; NZM 2007, 563 zur **Wohnraummiete**). Grundsätzlich trägt der **Vermieter** insoweit auch **keine sekundäre Darlegungslast**, die ihn zur näheren Darlegung der für die Wirtschaftlichkeit erheblichen Tatsachen, etwa eines Preisvergleichs, verpflichtet (BGH, BeckRS 2015, 01431).

Die **Anforderungen** an die dem **Mieter obliegende Darlegung der Umstände**, die für einen Verstoß gegen das Wirtschaftlichkeitsgebot sprechen, dürfen jedoch nach Auffassung des BGH (BGH, BeckRS 2015, 01431) **nicht überspannt werden**. Insbesondere dürften die Anforderungen an die Darlegung nicht so weit gehen, dass sie das Gericht von der Richtigkeit der behaupteten Tatsache bereits überzeugen müssen. Auf der anderen Seite soll es für die Darlegung einer Nebenpflichtverletzung des Vermieters noch nicht genügen, wenn der Mieter die Angemessenheit und Üblichkeit der Kosten nur bestreitet oder lediglich pauschal behauptet, dass die betreffenden Leistungen zu überhöhten Preisen beschafft worden seien. Vielmehr sei von ihm die Darlegung zu erwarten, dass gleichwertige Leistungen nach den örtlichen Gegebenheiten zu einem deutlich geringeren Preis zu beschaffen gewesen wären. Nur dann kann dem Vermieter, dem bei der Auswahl seiner Vertragspartner ein Ermessensspielraum zuzugestehen ist, eine Pflichtverletzung vorgeworfen werden (BGH, BeckRS 2015, 01431).

Gelingt dem Mieter ggf. der Beweis für die konkrete Möglichkeit, die Betriebskostenposition preisgünstiger einzukaufen, hat der Vermieter nach Auffassung des OLG Düsseldorf (OLG Düsseldorf, BeckRS 2013,

13409) darzulegen und erforderlichenfalls zu beweisen, dass das Wirtschaftlichkeitsgebot gleichwohl nicht verletzt ist.

In Bezug auf **Versicherungen** war das KG (KG, BeckRS 2008, 01814) jedoch der Auffassung, dass der **Vermieter vor Abschluss des Versicherungsvertrags Vergleichsangebote** einzuholen hat (a.A.: Neuhaus, NZM 2011, 65, 67). Dies habe er ggf. darzulegen und zu beweisen. Aus einer **Reduzierung einer Position** im Vergleich zum Vorjahr ergibt sich nicht ohne Weiteres ein Verstoß gegen das Wirtschaftlichkeitsgebot in den Vorjahren (KG, ZMR 2011, 116).

h) Umsatzsteuer

267

Ist die **Miete mit Umsatzsteuer** versehen, so sind auch die **Betriebskosten zuzüglich Umsatzsteuer zu entrichten** (OLG Rostock, NJOZ 2007, 4178; KG, GuT 2010, 199). Vorab hat der Vermieter jedoch die von ihm gezogene Vorsteuer auf die einzelnen Positionen abzusetzen. Im Ergebnis führt dies dazu, dass auch diejenigen Nebenkostenpositionen – wie z. B. Grundsteuer –, die vom Vermieter ohne Mehrwertsteuer zu entrichten sind, umsatzsteuerpflichtig sind (vgl. Fritz, Rz. 121). Weist die **Betriebskostenabrechnung den Umsatzsteuerbetrag** nicht gesondert aus, führt dies gem. § 273 BGB bis zur ordnungsgemäßen Erstellung der Abrechnung zu einem **Zurückbehaltungsrecht** des Mieters in Höhe der zur Nachzahlung berechneten Betriebskosten und Umsatzsteuer (OLG Rostock, NJOZ 2007, 4178).

i) Einwendungen des Mieters, Genehmigungsklauseln

268

Der Mieter kann auch **nach Ablauf eines Jahres** seit Übersendung der Abrechnung **Einwendungen** gegen die Betriebskostenabrechnung erheben. Denn **§ 556 Abs. 3 S. 6 BGB** findet **keine entsprechende Anwendung** (NJW 2010, 1065 Rn. 17 f.; NZM 2013, 648; 2014, 641; OLG Frankfurt, BeckRS 2011, 11572; KG, BeckRS 2012, 15204). **Rück- und Nachforderungen** sind im Regelfall auch **nach vorbehaltsloser Abrechnung bzw. Zahlung nicht ausgeschlossen** (BGH, NZM 2013, 648; 2014, 641). Nur bei Hinzutreten weiterer Gesichtspunkte, wie etwa der Zahlung vorausgegangener Streit über die Höhe des Saldos oder einzelne Positionen kann etwas anderes gelten (BGH, NZM 2013, 648). Nachberechnungen nach bereits erfolgter Abrechnung aufgrund nachträglich dem Vermieter zugegangener Rechnungen, Rechnungskorrekturen etc. sind u.U. unter Rückgriff auf die Rechtsprechung des BGH zur Wohnraummiete (BGH, NZM 2006, 740) binnen 3 Monaten nach Kenntniserlangung des Vermieters gegenüber dem Mieter geltend zu machen (s.a. OLG Celle, BeckRS 2015, 02041).

269 Eine **formularvertragliche** Mietvertragsklausel, nach der eine Betriebskostenabrechnung als **genehmigt gilt**, wenn Einwendungen nicht binnen **sechs Wochen** erhoben werden, ist unwirksam (KG, NZM 2002, 954; s.a. OLG Düsseldorf, ZMR 2000, 452). Ob etwas anderes soll gelten, wenn die Vereinbarung die ausdrückliche Pflicht des Vermieters enthält, auf die Ausschlusswirkung bei Übersendung der jeweiligen Abrechnung nochmals hinzuweisen (OLG Düsseldorf, NZM 2001, 48; KG, ZMR 2011, 116) ist ungeklärt. **Welche Fristen** hierbei dem Mieter zur Wirksamkeit der Vertragsbestimmung einzuräumen sind, ist **höchstrichterlich** noch **nicht geklärt** und umstritten. In der Rechtsprechung sind relativ kurze Fristen von einem Monat oder sechs Wochen als ausreichend erachtet worden (OLG Düsseldorf NZM 2001, 48; KG, ZMR 2011, 116). Diese erscheinen jedoch bei praxisnaher Betrachtung als zu kurz. Denn bevor Einwendungen erhoben werden können, muss ggf. ein Fachmann beauftragt und in jedem Fall Einsicht in die der Abrechnung zugrundeliegenden Belege genommen werden. Ggf. ist im Anschluss ein Anwalt zu beauftragen. Der BGH (BGH, NZM 2014, 830) hat grundsätzliche Bedenken gegen entsprechende Klauseln anklingen lassen, die Frage jedoch nicht abschließend entschieden.

270 Das KG (KG, BeckRS 2012, 15204) hat entschieden, dass jedenfalls **Einwendungsfristen**, die **ohne** entsprechende **Grundlage** im **Mietvertrag** dem Mieter bei Übersendung der Betriebskostenabrechnung mitgeteilt werden, **wirkungslos** sind. Es fehle in einschlägigen Fällen an einer rechtlichen Grundlage für die Annahme eines Anerkenntnisses des Abrechnungsergebnisses durch Unterlassen eines rechtzeitigen Widerspruchs. Schweigen enthalte regelmäßig keine Willenserklärung; ihm komme ein Erklärungswert nur ausnahmsweise zu, nämlich wenn der Gegner nach Treu und Glauben und der Verkehrssitte eine gegenteilige Äußerung erwarten und daher von einer Zustimmung ausgehen darf. Dieser Tatbestand könne jedoch nicht durch einseitige Erklärungen des Gegners darüber, welchen Erklärungswert er dem Schweigen beilegen werde, von diesem selbst geschaffen und damit dem Vertragspartner eine Reaktionspflicht aufgezwungen werden.

271 Wie das OLG Jena (OLG Jena, NZM 2012, 642) entschieden hat, sind Bestimmungen in **Mieterformularen** wegen Verstoßes gegen § 307 BGB unwirksam, wenn sie für die Nachforderungen aus einem Betriebskostenabrechnungssaldo eine verschuldensunabhängig eingreifende

Ausschlussfrist/Abrechnungsfrist zu Lasten des **Vermieters** enthalten.

j) Mängel der Mietsache

272 War die Mietsache während der Abrechnungsperiode mit **Mängeln** belastet, ist auch der vom Mieter zu tragende **Nebenkostenanteil gemindert**. Enthält der Mietvertrag einen **Ausschluss der Minderung**, kann nach einer Entscheidung des OLG Düsseldorf der Mieter bei einem **umstrittenen Mangel** auch den Nebenkostenabrechnungssaldo nicht um die Minderungsquote reduzieren. Vielmehr ist er auch insoweit zur vollständigen Leistung mit ggf. anschließender Rückforderung unter dem Gesichtspunkt der ungerechtfertigten Bereicherung gehalten.

k) Verwirkung, Verjährung des Saldoanspruchs

273 Selbst **bei unterbliebener jahrelanger Abrechnung** ist im Regelfall **nicht** von einer **Verwirkung** auszugehen. Über den Zeitverlauf hinaus müssen weitere Umstände hinzukommen (Fritz, Rz. 450a m.w.N.; OLG Köln, NZM 1999, 170; OLG Düsseldorf, GuT 2006, 132; ZMR 2008, 708; KG, ZMR 2007, 364). **Ausnahmsweise** soll der Vermieter an einer Geltendmachung von Forderungen aus Betriebskostenabrechnungen unter dem Gesichtspunkt der Verwirkung gehindert sein, wenn der Voreigentümer des Objektes aufgrund der wirtschaftlichen Lage der Mieter im Objekt von einer Geltendmachung entsprechender Forderungen abgesehen hat und der neue Eigentümer nicht zeitnah nach dem Erwerb des Objektes angekündigt hat, die Praxis nicht fortzuführen (OLG Düsseldorf, ZMR 2005, 42 f). Das KG (KG, ZMR 2009, 911), geht von einer Verwirkung von Nachforderungen des Vermieters aus, wenn der Mieter bezüglich eines sich aus einer ersten Abrechnung ergebenden Saldos zu seinen Gunsten Klage androht und der Vermieter erst nach zwei Jahren eine neue, nunmehr mit einem Saldo zu seinen Gunsten versehene Abrechnung übermittelt. **Das Stammrecht** – die Möglichkeit für die Zukunft entsprechende Forderungen geltend zu machen – kann **nicht verwirkt** werden (KG, ZMR 2007, 364).

Rückforderungsansprüche des Mieters sind nach Auffassung des KG (KG, BeckRS 2013, 18882) **verwirkt**, wenn sie erst drei Jahre nach der vorbehaltslosen Entgegennahme des Betriebskostenabrechnungssaldos geltend gemacht werden. Die Erfüllung des Umstandsmoments liege in der vorbehaltslosen Entgegennahme des Auszahlungsbetrags. Anders ist das OLG Koblenz (OLG Koblenz, BeckRS 2013, 09839) im Fall einer

Nachforderung des Vermieters nach bereits vorbehaltslos erteilter Abrechnung vorgegangen: Auch bei einer Abrechnung durch ein professionelles Verwaltungsunternehmen könne der Mieter nicht darauf vertrauen, dass die Abrechnung zutreffend sei und es zu keinen Nachforderungen komme.

Zu Recht verweist das OLG Koblenz (OLG Koblenz, BeckRS 2013, 09839) auf die Notwendigkeit, im Rahmen der Verwirkung vorzutragen, dass der sich auf **Verwirkung** Berufende sich auch **tatsächlich auf die nicht mehr erfolgende Geltendmachung des Rechts eingestellt** hat.

Der Anspruch auf Ausgleich eines Betriebskostenabrechnungssaldos unterliegt der dreijährigen Verjährungsfrist (OLG Koblenz, NZM 2005, 540). Beginn ist das Ende des Jahres, in dem die Abrechnung zugegangen ist.

Kommt es für bereits abgerechnete Perioden zu Nachforderungen des Vermieters/einer neuen Abrechnung aufgrund von erst nach Abrechnung ihm zugegangenen Rechnungen beginnt die Verjährung für diese Nachforderungsansprüche mit Zugang der korrigierten Abrechnung (OLG Celle, BeckRS 2015, 2041).

l) Rechtsfolgen des vorbehaltslosen Ausgleichs des Saldos

274 Umstritten sind die Rechtsfolgen, die an einen **vorbehaltslosen Ausgleich** eines Betriebskostenabrechnungssaldos geknüpft werden. Nach der älteren, überholten Rechtsprechung des OLG Hamburg (OLG Hamburg, WuM 1991, 598) lag in dem vorbehaltlosen Ausgleich einer Nebenkostenabrechnung ein positives und ein negatives Schuldanerkenntnis mit der Folge, dass Nachforderungen des Vermieters und Rückforderungen des Mieters ausgeschlossen sind. Diese Auffassung wurde mit beachtlichen Argumenten in der Literatur angezweifelt (Ludley, NZM 2008, 72, Lützenkirchen, WuM 2008, 186, 189; Milger, NZM 2009, 497, Sternel, ZMR 2010, 81), da von einem Anerkenntnis nur ausgegangen werden könne, wenn zuvor Streit über die Forderung bestanden habe, was bei Betriebskostenabrechnungen regelmäßig nicht der Fall ist. Der BGH (BGH, NZM 2014, 641) und das OLG Düsseldorf (OLG Düsseldorf, NZM 2010, 866; 2012, 820 = BeckRS 2010, 13732) sehen in einschlägigen Fällen einen **Rückforderungsanspruch** als **möglich** an.

Auch wenn die Vertragsparteien **über eine Position** in der Abrechnung **gestritten** und sich geeinigt haben, kommt für die **weiteren Positionen** der Abrechnung **kein Schuldanerkenntnis** zustande (BGH, NZM 2014, 641).

m) Prozessuales, Zwangsverwaltung

275 **Salden aus einer Betriebskostenabrechnungen** können nach Auffassung des KG (KG, ZMR 2011, 116; Both, NZM 2007, 156, 158 f; a.A. Blank, NZM 2000, 1083, 1084) im **Urkundenprozess** geltend gemacht werden.

Dem **Vermieter** obliegt es, im Saldoprozess die **Nebenkostenforderung nachvollziehbar darzustellen**. Dazu ist es erforderlich, dass er eine den Anforderungen der Rechtsprechung genügende **Abrechnung vorlegt** (vgl. insoweit: BGH, NJW 1982, 573 f.) und diese ggf. im Schriftsatz erläutert (OLG Koblenz NZM 2005, 540 f.).

276 Ein **Bestreiten von Betriebskostenpositionen** soll im Prozess in der Regel **nur beachtlich sein**, wenn der Mieter zuvor die **zugehörigen Belege eingesehen** hat und die Bedenken gegen die Richtigkeit der Abrechnung im Einzelnen spezifiziert darlegt (OLG Düsseldorf, ZMR 2003, 570; GuT 2006, 132; BeckRS 2012, 05813; 05928; 16344; KG, GuT 2006, 232; BeckRS 2010, 14587).

Der **Zwangsverwalter** haftet nach einer Entscheidung des OLG Köln (OLG Köln, BeckRS 2013, 19140) nicht für Salden aus Betriebskostenabrechnungen, die bereits vor Beschlagnahme des Grundstücks fällig waren.

4. Sonstiges

277 Ein **Vergleich,** nach dem **Mietansprüche für die Vergangenheit** nicht mehr bestehen, soll nach Auffassung die Saldoforderung aus einer später erstellten Betriebskostenabrechnung nach einer Entscheidung des OLG Düsseldorf (OLG Düsseldorf, BeckRS 2012, 05929) nicht erfassen.

278 An eine vom Zwangsverwalter erstellte Betriebskostenabrechnung soll der Vermieter nach Beendigung der Zwangsverwaltung nach Auffassung des KG (KG, ZMR 2009, 911) gebunden sein. **Betriebskostenabrechnungssalden** für einen **insolventen Mieter**, die sich auf Perioden **vor Insolvenzeröffnung** beziehen, sind auch dann einfache, zur Tabelle anzumeldende Insolvenzforderungen, wenn die **Abrechnung erst nach Insolvenzeröffnung** erfolgt (BGH, NZM 2011, 404, Wohnraummiete).

279 Wie der 9. Zivilsenat des BGH (BGH, NZM 2005, 342) entschieden hat, kann der Vermieter mit einer Mietzinsforderung aus dem Zeitpunkt **vor**

Insolvenzeröffnung gegenüber dem Anspruch des Insolvenzverwalters des Mieters auf Auszahlung eines Betriebskostenabrechnungssaldos aus Rechnungszeiträumen, die vor Eröffnung des Insolvenzverfahrens abgeschlossen waren, **aufrechnen**. Eine Erteilung der Abrechnung vor Eröffnung des Insolvenzverfahrens sei für die entstehende Aufrechnungslage und damit die Aufrechnungsmöglichkeit auch nach Insolvenzeröffnung nicht erforderlich.

H. Vertragslaufzeit

1. Gesetzliche Regelung

a) Ausgangssituation

280 Hinsichtlich der Vertragszeit bestehen nur einige **wenige gesetzliche Regelungen**: § 544 BGB bestimmt, dass ein Mietvertrag mit einer Laufzeit von mehr als **30 Jahren** nach Ablauf von 30 Jahren nach Überlassung der Mietsache außerordentlich gekündigt werden kann. Sind ausnahmsweise **längere Vertragslaufzeiten** gewünscht oder von Nöten, beispielsweise um umfangreiche Investitionen zu amortisieren, ist über andere Rechtsinstitute nachzudenken. Insbesondere ein Erbbaurecht bietet sich in einschlägigen Konstellationen an.

281 Bei der Berechnung der **30-Jahres-Frist** ist jeweils von der **letzten Vertragslaufzeitvereinbarung** auszugehen. Wird beispielsweise nach 15 Jahren Laufzeit eine Mietvertragsverlängerung um 30 Jahre vereinbart, ist der Mietvertrag insgesamt auf 45 Jahre abgeschlossen. Gleichwohl stehen den Vertragsparteien nach Ablauf von 30 Jahren ab Vertragsbeginn keine außerordentlichen Kündigungsrechte nach Maßgabe des § 544 BGB zu (OLG Düsseldorf, BeckRS 2011, 11737). Dies gilt jedoch nur für **freiwillige Vereinbarungen**, nicht für eine Neubegründung des Mietverhältnisses kraft Gesetztes, wie sie etwa nach Maßgabe des § 566 Abs. 1 BGB zustande kommt (OLG Karlsruhe, ZMR 2008, 533).

282 Überschreitet unter den vorgeschilderten Grundsätzen bei einem Vertrag mit Grundmietzeit und Optionsmöglichkeiten die Laufzeit aufgrund von Optionsausübungen 30 Jahre, kann das Mietverhältnis nach Maßgabe des **§ 544 BGB** gekündigt werden. Diese Regelung stellt **zwingendes Recht** dar (OLG Karlsruhe, ZMR 2008, 533).

283 Weitere Regelungen zur Vertragslaufzeit bzw. zu **Kündigungsfristen** finden sich in **§ 580 a Abs. 2 BGB**. Danach ist die Kündigung eines unbefristeten Gewerberaummietverhältnisses spätestens am 3. Werktag eines Quartals zum Ablauf des nächsten möglich, wenn die Vertragsparteien keine abweichende Regelung getroffen haben. Diese Frist greift auch bei Nichteinhaltung der Schriftform der §§ 578, 550, 126 BGB ein.

284 Bei der Gestaltung von Mietverträgen wird es sich vielfach erweisen, dass ein unbefristetes Mietverhältnis nicht den Interessen der Vertragsparteien entspricht. **Investiert** der **Vermieter** umfangreich, wird er ein In-

teresse daran haben, den Mieter möglichst langfristig zu binden. Wie man der großen Anzahl an **Rechtstreitigkeiten** im Zusammenhang mit der **Schriftform** indirekt entnehmen kann, erweisen sich langfristige Bindungen für mietende Unternehmen sehr häufig als nicht interessengerecht. Langfristige Mietverträge bieten meist keine Möglichkeit für den Mieter einem **geänderten Flächenbedarf** Rechnung zu tragen. Sowohl bei starker Ausweitung des Geschäftes als auch bei Zurückführung ergibt sich häufig das Bedürfnis nach Anpassung des Flächenumfanges bzw. der Schließung von Standorten. Es ist in den vergangenen Jahren eine Entwicklung zu beobachten, nach der der Mieter, insbesondere konzernangehörige Unternehmen, feste Grundlaufmietzeiten nur noch sehr eingeschränkt (3 – 5 Jahre) vereinbaren und zusätzlich die Einräumung von **umfangreichen Optionsrechten** begehren.

285 Bei der **Beratung im** Zusammenhang mit Mietvertragsabschlüssen ist die **Interessenlage** der jeweiligen Vertragspartei genau zu **ermitteln**. Auf die bestehenden Risiken bei den einzelnen Regelungsformen ist ausdrücklich hinzuweisen. Dies sollte üblicherweise (auch) im Wege eines Anschreibens erfolgen, um sich vor späteren Regressansprüchen zu schützen.

b) Vertragliche Regelungen

aa) Formularvertragliche Regelungen

286 Der **BGH** (BGH, NJW 2001, 3480; NZM 2016, 356) hält **formularvertragliche Regelungen** mit unterschiedlichen Kündigungs-/Bindungsfristen für die Vertragsparteien nicht grundsätzlich für unwirksam. Ob eine **Unwirksamkeit** gegeben ist, wenn der Verwendungsgegner langfristig gebunden wird und der Verwender sich das Recht vorbehält, jederzeit den Vertrag mit kurzer Frist zu kündigen, hat der BGH offen gelassen. In der Instanzrechtsprechung (OLG Hamm, ZMR 1988, 386 = BeckRS 1987, 31002959; OLG Hamburg, NJW-RR 1992, 74) ist mitunter die Unwirksamkeit entsprechender Klauseln wegen Verstoßes gegen § 307 BGB angenommen worden.

bb) Optionsrechte

287 Sofern **Optionsrechte** vereinbart werden, sollte geregelt werden, auf welche Weise die Option auszuüben ist. Aus Beweiszwecken sollte die Schriftform für die Ausübung der Option vereinbart werden. Umfasst der **Optionszeitraum mehr als ein Jahr**, bedarf die Ausübung der **Schriftform**, da ansonsten eine wirksame Verlängerung nach einem Teil der

Rechtsprechung nicht zustande kommt (OLG Köln, OLGR 2006, 65 = NZM 2006., 464). **Telefax genügt** in diesen Fällen nach Auffassung des OLG Köln **nicht**. Ob sich der **BGH** dem **anschließen wird**, muss abgewartet werden. Man kann hieran angesichts seiner bisherigen, eher beiläufigen Äußerungen durchaus zweifeln (vgl. BGH, NZM 2007, 443, 444, Rz. 27).

288 Das OLG Rostock (OLG Rostock, BeckRS 2010, 05351) geht von einer **auflösenden Bedingung** des Mietvertrags aus, wenn die vertraglich vorgesehenen Verlängerungsoptionen jeweils stillschweigend in Kraft treten sollen, sofern der Mieter nicht innerhalb vertraglich festgelegter Fristen widerspricht. Der **Nichteintritt** dieser Bedingung bedürfe **nicht der Schriftform**.

289 Die **Frist**, die zur **Ausübung** des **Optionsrechtes** zu wahren ist, sollte im Vertrag ebenfalls bestimmt werden. Erfolgt keine Vereinbarung, droht Streit darüber, ob Optionsrechte rechtzeitig ausgeübt wurden. Mitunter wurde in einschlägigen Fällen die vertraglich **vereinbarte Kündigungsfrist** im Wege der **ergänzenden Vertragsauslegung** zur Bestimmung der Ausübungsfrist herangezogen. Entsprechende Unklarheiten sollte man in jedem Falle vermeiden. Es sollte – sofern dies gewünscht ist – klargestellt werden, dass die Verlängerung zu den Bedingungen des Mietvertrags erfolgt, um Streit über die Miethöhe für den Optionszeitraum vorzubeugen. Jedenfalls mit **Ablauf** der vereinbarten **Festlaufzeit** eines Mietvertrags **entfällt** das Recht, **eingeräumte Verlängerungsoptionen** zu nutzen (OLG Celle, ZMR 2014, 782, 783).

290 Sofern sich der **Mieter** bei Ausübung der Option über das **Beendigungsdatum irrt** und dieser Irrtum auch aus dem Ausübungsschreiben hervorgeht, kommt gleichwohl die Verlängerung des Mietvertrags um die vertraglich vereinbarte Dauer zustande. Dies selbst dann, wenn der Vertragspartner den Eingang des Optionsschreibens bestätigt (OLG Köln, OLGR 2006, 265).

291 Sind im Vertrag **mehrere**, hintereinander geschaltete **Optionen** vorgesehen, erlöschen mit Nichtausübung einer Option alle weiteren (OLG Hamburg, NZM 1998, 333; OLG Düsseldorf, ZMR 2008, 785).

cc) Sonderkündigungsrechte

292 Die Parteien eines Gewerberaummietvertrages sind frei, **Sonderkündigungsrechte** zu vereinbaren. Entsprechende Regelungen können **ein- oder beidseitig** ausgestaltet sein und an gewisse Kalenderdaten oder

aber an den Eintritt gewisser Bedingungen geknüpft werden (z. B. Schließung eines Standortes; Auszug eines für das Geschäft wesentlichen Mitmieters vor allen Dingen bei Einkaufszentren etc.). Wie der BGH (BGH, GuT 2010, 100) entschieden hat, verstößt im Rahmen eines langfristig abgeschlossenen Mietvertrags die spätere Vereinbarung eines einseitigen Kündigungsrecht zu Gunsten des Vermieters nicht gegen die **guten Sitten**, wenn zum Zeitpunkt der Vereinbarung eine fristlose Kündigung wegen Zahlungsverzugs des Mieters möglich gewesen wäre.

2. Unbefristete Mietverhältnisse

293 Bei unbefristeten Mietverhältnissen ist in jedem Falle darauf zu achten, ob eine **Verlängerung der Kündigungsfristen** erforderlich ist, um den Parteien für den Fall der Beendigung des Mietverhältnisses die notwendige Zeit für eine räumliche Neuorientierung zu gewährleisten.

3. Vertragliche Verlängerungsregelungen, § 545 BGB

294 Im seltensten Falle wird die gesetzlich vorgesehene, **automatische Beendigung** des Mietvertrages bei Ablauf der vereinbarten Vertragsfestlaufzeit den Interessen der Parteien entsprechen. Daher wird **regelmäßig** in Gewerberaummietverträgen **vorgesehen**, dass das Mietverhältnis sich entweder in ein unbefristetes Mietverhältnis verwandelt oder stillschweigend, zum Beispiel um ein Jahr verlängert, jeweils fortgesetzt wird, sofern nicht eine der Vertragsparteien der Verlängerung des Mietvertrages widerspricht. Entsprechende Klauseln sind auch **formularvertraglich** ohne Weiteres möglich.

295 Bei der Gestaltung entsprechender Vertragsklauseln ist jedoch darauf zu achten, dass das Mietvertragsverhältnis sich nicht ohne schriftliche Vereinbarung der Parteien um **mehr als ein Jahr verlängert**, da ansonsten erneut die Einhaltung der **Schriftform** zumindest fraglich erscheint.

296 Das OLG München (OLG München, BeckRS 2012, 10025) sieht in einer mietvertraglichen Regelung, nach der mindestens 6 Monate vor Ende des Mietverhältnisses über den Abschluss eines Nachfolgemietvertrags verhandelt werden soll, **keine Verpflichtung** zum **Abschluss** eines **Nachfolgevertrags**.

Die Regelung des **§ 545 BGB** ist auch nach Auffassung des KG (KG, Beck RS 2014, 07658) **formularvertraglich abdingbar**.

4. Sonderproblem: Lossagung vom Mietvertrag

297 In der Praxis ist zu beobachten, dass Mieter sich mitunter von befristeten Mietverträgen einseitig lossagen und gegebenenfalls unter Berufung auf Schriftformmängel oder sonstige vermeintliche Kündigungsgründe ausziehen und die Mietsache zurückgeben bzw. die Mietsache bei Vertragsbeginn nicht übernehmen. Für den Vermieter stellt sich die schwierige Problematik, dass er vor Abschluss eines sich anschließenden Prozesses häufig nicht beurteilen kann, ob **tatsächlich** das Mietverhältnis **beendet** worden ist. Unabhängig hiervon muss er fürchten, mit seiner Miete auszufallen, wenn der Mieter insolvent wird oder nicht mehr greifbar ist.

298 Nach ständiger Rechtsprechung des **BGH** ist der sich vom Vertrag lossagende Mieter gehindert, sich auf eine Nachvermietung und die damit einhergehende fehlende Gebrauchsüberlassungsmöglichkeit des Vermieters (vgl. § 537 Abs. 2 BGB) zu berufen, wenn er sich zuvor **einseitig** vom Vertrag **losgesagt** und der **Vermieter** die bevorstehende **Neuvermietung** dem Ursprungsmieter **angezeigt** hat (vgl. BGH, ZMR 1993, 317; 2008, 278). Dies soll jedoch **nicht gelten**, wenn der Mieter aus nachvollziehbaren Gründen von der Beendigung des Mietverhältnisses ausgeht (BGH, ZMR 2008, 278). Das KG scheint hier großzügiger zu sein und den scheidenden Mieter in jedem Fall zur Zahlung der Differenzmiete verpflichten zu wollen (KG, NZM 2005, 946). Nach Auffassung des OLG Düsseldorf (OLG Düsseldorf, GuT 2007, 13) gilt dies zumindest dann, wenn der Mieter – etwa durch endgültigen Auszug oder Einstellung der Mietzahlung (OLG Düsseldorf, OLGR 2008, 621) dokumentiert – **keinen Besitzwillen** mehr hat. Ergänzend hat das OLG Celle (OLG Celle, ZMR 2003, 343) entschieden, dass die bloße Nachvermietung bis zu einer tatsächlichen Überlassung der Räume an den Dritten ohne jeden Einfluss auf den Mietanspruch aus dem ursprünglichen Mietvertrag ist. Kommt es zu einer Nachvermietung und Nutzung der Räumlichkeiten nach Lossagung seitens des Ursprungsmieters, muss der Vermieter sich nur die **tatsächlich** vom Nachmieter **erlangten Mietzahlungen** anrechnen lassen (BGH, NZM 2008, 184). Insoweit soll noch nicht einmal eine Gesamtschuldnerschaft der beiden Mieter gegeben sein. Das OLG Celle (a.a.O.) hat diese Rechtsprechung dadurch abgerundet, dass die Darlegungs- und **Beweislast** sowohl für die Überlassung der Räume an den Dritten als auch für Mietzahlungen des Dritten der vertragsbrüchige Mieter zu tragen habe.

299 Das OLG Karlsruhe (OLG Karlsruhe, ZMR 2005, 191) hat die Rechtsprechung des BGH auf Fälle ausgedehnt, in denen der Vermieter nach Aus-

zug **und Behauptung einer einvernehmlichen Vertragsaufhebung** seitens des Mieters nebst Bevollmächtigung des Vermieters zum Abschluss eines Nachfolgemietvertrages nicht mehr zur Überlassung der Mieträume an den ursprünglichen Mieter in der Lage ist.

300 Wie das OLG Düsseldorf (OLG Düsseldorf, GuT 2005, 56) feststellt, entfällt nach § 537 Abs. 2 BGB der Anspruch auf Mietzahlung gegenüber dem sich vom Vertrag lossagenden Mieter auch dann nicht, wenn der Vermieter zur Vorbereitung einer weiteren Vermietung die Mietsache **umbauen** lässt.

301 Die **formularvertragliche Abbedingung** des § 537 Abs. 2 BGB, der den Mieter von der Mietzahlungspflicht befreit solange der Vermieter aufgrund der Überlassung der Mietsache an einen Dritten zur Gebrauchsgewährung nicht in der Lage ist, verstößt nach Auffassung des BGH gegen § 307 BGB und ist damit **unwirksam** (BGH, ZMR 2008, 278).

5. Verspätete Übergabe

302 Gerät der Vermieter mit der **Übergabe** der Mietsache in **Verzug**, kann der Mieter regelmäßig Schadensersatz geltend machen. Hierzu gehört auch der **entgangene Gewinn**. Nach der Rechtsprechung des BGH (BGH, BeckRS 2010, 27763) gilt gemäß § 252 Satz 2 BGB u.a. der Gewinn als entgangen, der nach dem **gewöhnlichen Lauf der Dinge** mit Wahrscheinlichkeit erwartet werden kann. Danach ist die volle Gewissheit, dass der Gewinn erwirtschaftet worden wäre, nicht erforderlich; es genügt vielmehr der Nachweis einer gewissen Wahrscheinlichkeit. Ist ersichtlich, dass der Gewinn nach dem gewöhnlichen Lauf der Dinge mit Wahrscheinlichkeit erwartet werden konnte, wird vermutet, dass er erzielt worden wäre. Dem **Ersatzpflichtigen** obliegt dann der **Beweis**, dass er nach dem späteren Verlauf oder aus anderen Gründen dennoch nicht erzielt worden wäre. Dabei dürfen keine zu strengen Anforderungen an die Darlegungs- und Beweislast des Geschädigten gestellt werden (BGH, NJW-RR 2001, 1542; NJW-RR 2006, 243; BeckRS 2010, 27763). Der Geschädigte kann seinen **Schaden** auf **zweierlei Weisen berechnen**: Nach der **abstrakten Methode**, die von dem regelmäßigen Verlauf im Handelsverkehr ausgeht, dass der Kaufmann gewisse Geschäfte im Rahmen seines Gewerbes tätigt und daraus Gewinn erzielt oder der **konkreten Methode**, bei der der Geschädigte nachweist, dass er an der Durchführung bestimmter Geschäfte gehindert worden ist und dass ihm wegen Nichtdurchführbarkeit dieser Geschäfte Gewinn entgangen ist.

303

Ist der **Erwerbsschaden** eines **Selbstständigen** festzustellen, so ist es im Rahmen der §§ 252 BGB, 287 ZPO in der Regel erforderlich und angebracht, an die Geschäftsentwicklung und die Geschäftsergebnisse in den letzten Jahren anzuknüpfen (BGH, NJW 2001, 1640, 1641; BeckRS 2010, 27763). Zur Darlegung des entgangenen Gewinns im Rahmen der abstrakten Schadensberechnung nach § 252 Satz 2 BGB genügt es, diese Tatsachen vorzutragen.

I. Gebrauchsüberlassung, Instandhaltung und Instandsetzung, Modernisierung

1. Überlassung sämtlicher Schlüssel

304 Entsprechend einer Entscheidung des OLG Düsseldorf (OLG Düsseldorf, NZM 2004, 946; GuT 2011, 517) ist der Vermieter mangels abweichender Vereinbarung der Parteien verpflichtet, dem Mieter **sämtliche Schlüssel zur Mietsache** auszuhändigen und ihm damit **alleinigen Besitz** an der Mietsache zu verschaffen. Behält der Vermieter Schlüssel, soll keine Gebrauchsüberlassung vorliegen (OLG Düsseldorf, GuT 2011, 517, 519). Für die Überlassung sämtlicher Schlüssel ist der **Vermieter beweisbelastet** (OLG Düsseldorf, NZM 2004, 946; GuT 2011, 517, 519).

2. Instandhaltung und Instandsetzung, Wartung

a) Räumlicher Umfang

305 Nach Maßgabe des § 535 Abs. 1 S. 2 BGB hat der Vermieter das Mietobjekt dem Mieter in vertragsgemäßem Zustand zu überlassen und es während der gesamten Mietzeit in diesem Zustand zu erhalten. Diese Verpflichtung zur Instandsetzung und Instandhaltung bezieht sich **nicht nur** auf die dem Mieter zum **ausschließlichen Gebrauch** überlassenen Räumlichkeiten, sondern grundsätzlich auf alle Grundstücks- und Gebäudeteile, die im Rahmen des Mietgebrauchs vom Mieter benutzt werden dürfen.

b) Inhaltlicher Umfang

aa) Definition der Begriffe „Instandhaltung“ und „Instandsetzung“, „Wartung“

306 Der **BGH** (ZMR 2005, 844 = NZM 2005, 863 = NJW-RR 2006, 84) hat die **Begriffe der Instandhaltung und Instandsetzung wie folgt definiert**:

307 „Unter den Kosten der Instandhaltung werden - vorbehaltlich abweichender Vereinbarungen der Parteien - in Anlehnung an § 28 Abs. 1 Zweite Berechnungsverordnung (II. BV) die Kosten verstanden, die zur Erhaltung des bestimmungsgemäßen Gebrauchs aufgewendet werden müssen, um die durch Abnutzung, Alterung und Witterungseinwirkung ent-

stehenden baulichen und sonstigen Mängel ordnungsgemäß zu beseitigen. Bei den Instandsetzungskosten handelt es sich in der Regel um Kosten aus Reparatur und Wiederbeschaffung.“

308 Die **Abgrenzung zu Betriebskosten** hat der VIII. Zivilsenat des BGH (BGH, NZM 2007, 282; 2010, 79 zur Wohnraummiete) dahingehend vorgenommen, dass **Instandhaltung** anzunehmen ist, wenn Erneuerungen schon vor dem Auftreten von Mängeln getätigt werden, zum Beispiel um einen Ausfall einer ohnehin in absehbarer Zeit zu ersetzenden Einrichtung von vornherein zu verhindern. **Betriebskosten** sollen vorliegen, wenn es sich um **regelmäßig anfallende**, **nicht durch** eine bereits **aufgetretene Störung veranlasste Maßnahmen** handelt, die der Überprüfung der Funktionsfähigkeit und Betriebssicherheit einer technischen Einrichtung dienen. Hierzu gehören etwa die in den Verordnungen ausdrücklich als Betriebskosten genannten Kosten der Prüfung der Betriebsbereitschaft und Betriebssicherheit der Fahrstühle sowie die Gebühren des Schornsteinfegers (Anl. 3 Nrn. 7 und 12 zu § 27 der II. BerechnungsVO bzw. § 2 Nrn. 7 und 12 BetrKV). Die regelmäßige Prüfung der Betriebssicherheit mag zwar mittelbar zu einer Minderung der Instandhaltungskosten führen, weil Mängel infolge der Inspektionen frühzeitig erkannt und im Einzelfall mit einem geringeren Kostenaufwand beseitigt werden können. Dies rechtfertige es nach der Systematik der Betriebskostenverordnungen jedoch nicht, bereits die **turnusmäßigen Prüfkosten** der Mangelbeseitigung zuzuordnen.

Von der Instandhaltung und -setzung zu unterscheiden ist die Wartung im Sinne reiner Pflegearbeiten (OLG Frankfurt NZM 2016, 264 RZ. 22). Die in sog. Vollwartungsverträgen enthaltenen Reparaturen sind als Instandhaltung und -setzung zu qualifizieren (vgl. Ghassemi-Tabar/Guhling/Weitemeyer/Schmid, Gewerberaummiete; § 1 BetrKV Rz. 7).

bb) Entfall der Instandsetzungspflicht

309 Die **Instandsetzungspflicht** des Vermieters **entfällt**, wenn die **Beschädigung** vom **Mieter** selbst oder einem seiner **Erfüllungsgehilfen** zu vertreten ist (BGH, NJW 1976, 1506; OLG Karlsruhe, NJW-RR 1995, 849).

310 Entsprechendes gilt bei einer **vollständigen Zerstörung** der **Mietsache**. In diesem Falle ist der Vermieter nicht dazu verpflichtet, eventuelle Versicherungsleistungen zur Neuerstellung bzw. zum Wiederaufbau der Mietsache zu verwenden. Bei einer nur teilweisen Zerstörung der Mietsache ist es eine Frage der Zumutbarkeit, ob wiederherzustellen ist.

c) Vertragliche Regelungen

aa) Individualvertragliche Vereinbarungen

311 **Individualvertraglich** kann die **Verpflichtung zur Instandhaltung und Instandsetzung** weitestgehend auf den **Mieter abgewälzt** werden (BGH, NZM 2014, 242; BeckRS 2015, 01524). Entsprechende Regelungen werden traditionell **einschränkend ausgelegt** (OLG Hamm, NJW-RR 1993, 1229; OLG Brandenburg, ZMR 2003, 909, 912; BeckRS 2009, 09203; OLG Saarbrücken, NZM 2003, 438).

bb) Formularvertragliche Vereinbarungen

312 **Formularvertraglich** soll die Überwälzung der Verpflichtung zur **Instandhaltung und Instandsetzung im Inneren der Mietsache**, wenn und soweit sie durch den Mietgebrauch veranlasst oder dem Risikobereich des Mieters zugeordnet sind (BGH, NJW 2013, 41; NZM 2014, 830 Rn. 22). Entsprechende Klauseln werden in der Rechtsprechung jedoch dahingehend ausgelegt, dass sie einen **ordnungsgemäßen Zustand** der Mietsache **bei Vertragsbeginn** voraussetzen (OLG Köln ZMR 1994, 158).

313 Formularvertragliche Regelungen müssen den **Umfang der Abwälzung** der (Kosten der) Instandhaltung und Instandsetzung **möglichst genau erkennen** lassen. Das OLG Düsseldorf (OLG Düsseldorf, BeckRS 2011, 29550) hat die Abwälzung mit Aufführung von Bestandteilen der Mietsache in einem Klammerzusatz "(Tore, Klimaanlage, Heizung, Aufzug **etc.**)" in Anwendung der Zweifelsregelung des § 305c Abs. 2 BGB als **enumerativ eingestuft**, da das Kürzel "etc." nicht mit der notwendigen **inhaltlichen Bestimmtheit** erkennen lasse, auf welche weiteren Bestandteile des Objekts sich die Wartungspflicht des Mieters erstrecken soll.

314 Eine Überwälzung von **Kosten der Instandhaltung und Instandsetzung von Gemeinschaftsflächen** ist **formularvertraglich** nur möglich, wenn eine **höhenmäßige Begrenzung** der vom Mieter zu tragenden Kosten und eine genaue dem **Transparenzgebot genügende Bezeichnung** der vom Mieter zu tragenden Kosten erfolgt (BGH, ZMR 2005, 844 = NZM 2005, 863).

315 **Formularklauseln**, die dem Mieter die Instandhaltung an **Dach und Fach** aufbürden**, verstoßen** nach Auffassung des OLG Rostock (OLG Rostock, NJW-RR 2010, 442) gegen **§ 307 BGB**.

Für auf den Mieter abgewälzte **Instandhaltungs- und -setzungsmaßnahmen** gilt die Verjährungsfrist des **§ 548 BGB** (BGH, NZM 2014, 242).

d) Schönheitsreparaturen

aa) Begriff der Schönheitsreparaturen

316 Auch für den Bereich der Gewerberaummiete wird unter dem **Begriff der Schönheitsreparaturen** das Tapezieren, Anstreichen oder Kalken der Decken und Wände, das Streichen der Fußböden, Heizkörper einschließlich Heizrohre, der Innentüren sowie der Fenster und Außentüren von innen verstanden (BGH, GuT 2008, 484; OLG Düsseldorf, GuT 2008, 204). Unter den Begriff der Schönheitsreparaturen wird vom BGH (BGH; GuT 2008, 484) auch die **Grundreinigung von Teppichböden** subsumiert. Die **Erneuerung** von **Teppichböden** ist jedoch vom Begriff der Schönheitsreparaturen nicht erfasst (OLG Düsseldorf, ZMR 2012, 438).

bb) Gesetzliche Konzeption

317 Ohne abweichende **vertragliche Regelung**, hat der **Mieter** auch die **Schönheitsreparaturen** nicht durchzuführen.

cc) Vertragliche Regelungen

318 Eine Abwälzung der Schönheitsreparaturen auf den Mieter ist nach h.M. auch **formularvertraglich** möglich (Lindner-Figura/Oprée/Stellmann-Wolf, Kap. 13, Rz. 195 f m.w.N.; a.A. Emmerich, NZM 2009, 16). Zu beachten ist jedoch die **Tendenz der Rechtsprechung**, den Gewerberaummieter in diesem Zusammenhang in gleicher Weise zu schützen wie den Wohnraummieter (BGH, NZM 2005, 504; 2008, 890; OLG Düsseldorf, NZM 2011, 244; OLG Celle, NZM 2016, 644).

319 Daher ist es nicht möglich, dem Mieter im Rahmen von allgemeinen Geschäftsbedingungen die **laufenden Schönheitsreparaturen** und die Verpflichtung zur Durchführung einer **Endrenovierung** aufzuerlegen (BGH, NZM 2005, 504). Erstaunlicher Weise ist das OLG Frankfurt (OLG Frankfurt, BeckRS 2012, 20020) eine formularvertragliche Klausel für wirksam erachtet, nach der der Mieter bei Vertragsende eine fach- und sachgerechte Komplettrenovierung schuldet.

Der BGH (BGH, NZM 2014, 306) und das OLG Köln (OLG Köln, BeckRS 2013, 20349) halten die **formularvertragliche Klauselkombination** der

Abwälzung der Schönheitsreparaturen mit weichen Fristen mit der Verpflichtung, die Mietsache im **bezugsfertigen Zustand bei Vertragsende** zurückzugeben, für wirksam.

320 Schönheitsreparaturklauseln in Vermieterformularen (AGB) sollen unwirksam sein (BGH, NZM 2008, 890; OLG Düsseldorf, NZM 2006, 462; GuT 2007, 27; OLG München, GuT 2006, 234), wenn dem Mieter **ein starrer Fristenplan** auferlegt wird. Ein solcher **starrer Fristenplan** liegt nach Auffassung des KG (KG, NZM 2008, 643) auch vor, wenn der Mieter die Schönheitsreparaturen „**regelmäßig**" während bestimmter Fristen durchzuführen hat. Dem ist der BGH (BGH, NJW-RR 2012, 907) jedoch bereits für die Wohnraummiete nicht gefolgt. Es liegt ebenfalls **kein starrer Fristenplan** vor, wenn durch die Formulierungen „**in der Regel**" oder „**im Allgemeinen**" erkennbar sei, dass die Fristen nicht verbindlich sind.

Unwirksam soll eine Abwälzung der laufenden Schönheitsreparaturen auch in der Gewerberaummiete nach einem Beschluss des OLG Celle (OLG Celle, NZM 2016, 644) sein, wenn der Mieter die **Mietsache unrenoviert** erhält und ihm hierfür **keine Kompensation** gewährt wird.

321 Ist eine unwirksame Abwälzung der Schönheitsreparaturen im Vertrag enthalten, soll nach einer Entscheidung des OLG Düsseldorf (OLG Düsseldorf, NZM 2007, 215 Ls.) auch die Verpflichtung zur Rückgabe in einem **bezugsfertigen Zustand** entfallen, da sie in einem untrennbaren Zusammenhang mit der unwirksamen Schönheitsreparaturklausel stehe.

322 **Formularvertragliche Abgeltungsklauseln mit starren Fristen**, nach denen sich der Mieter bei Vertragsende an noch nicht fälligen Schönheitsreparaturen unabhängig vom tatsächlichen Zustand der Mietsache anteilig an den Kosten der Schönheitsreparaturen zu beteiligen hat, werden konsequenterweise auch für unzulässig gehalten (OLG Düsseldorf, GuT 2007, 211, 212). Formularvertragliche Quotenabgeltungsklauseln dürften wohl auch in der Gewerberaummiete nicht mehr zulässig sein, da mit einer Übertragung der einschlägigen BGH-Rechtsprechung zur Wohnraummiete (BGH, NZM 2015, 424) auch insoweit gerechnet werden kann.

323 Zumindest für den Bereich der Wohnraummiete hat der BGH Klauseln für unwirksam erachtet, nach denen die **Parteien während der Mietzeit nicht** zur **Durchführung** von Schönheitsreparaturen verpflichtet waren, der Mieter jedoch bei **Vertragsende** unabhängig vom Zeitpunkt der letzten durchgeführten Arbeiten zu **renovieren** hat (BGH, NZM 2007, 921).

Nach Auffassung des OLG Düsseldorf (OLG Düsseldorf, NJW 2011, 1011) verstoßen Schönheitsreparaturklauseln, mit denen der Mieter verpflichtet wird, die **Schönheitsreparaturen ausführen zu lassen**, gegen § 307 BGB. Denn dem Mieter werde die Möglichkeit abgeschnitten, die Arbeiten selbst durchführen zu lassen.

324

Für die Wohnraummiete hat der BGH (BGH, ZMR 2011, 370) eine formularvertragliche Regelung, nach der der Mieter ohne Zustimmung des Vermieters von einer **üblichen Ausführungsart** der Schönheitsreparaturen nicht abweichen darf, als unwirksam, da intransparent angesehen. Nach Auffassung des KG (KG, NZM 2011, 246) ist eine formularvertragliche Klausel, nach der der Mieter bei der Durchführung der ihm auferlegten Schönheitsreparaturen nur mit **Zustimmung des Vermieters** von der **bisherigen Ausführung abweichen** darf, wegen Verstoßes gegen § 307 BGB **unwirksam**.

325

Nach Entscheidungen des KG (KG, ZMR 2009, 277) und des OLG Düsseldorf (OLG Düsseldorf, BeckRS 2012, 13790) werden die **Schönheitsreparaturen fällig**, wenn die Dekoration verbraucht bzw. abgenutzt ist, sich die Räume in einem mangelhaften, d.h. nicht mehr zur Weitervermietung geeigneten Zustand befinden.

326

Solange die Schönheitsreparaturen auf Grund von **bauseitigen Mängeln**, wie z.B. großen Rissen in den Wänden oder bei Dachundichtigkeit und Durchfeuchtung von Wänden (OLG Düsseldorf, NJW 2011, 1011; BeckRS 2012, 13790), **nicht sinnvoll durchgeführt** werden können, werden sie nicht fällig. Dies soll jedoch nur in **Ausnahmefällen** anzunehmen sein, wenn sich die vermieteten Räume in einem solchen schlechten Zustand befinden, dass die Ausführung der Arbeiten wirtschaftlich sinnlos und das Durchführungsverlangen rechtsmissbräuchlich erscheint (KG, ZMR 2009, 277; OLG Düsseldorf, BeckRS 2011, 13790).

327

Verwendet ein Hausverwalter bei Abschluss für den Vermieter einen **Formularmietvertrag** mit einer **bekannt unwirksamen Schönheitsreparaturklausel**, so macht er sich nach einer Entscheidung des KG (KG, ZMR 2007, 692) gegenüber dem Vermieter schadensersatzpflichtig.

328

e) Prozessuales

Das OLG Düsseldorf (OLG Düsseldorf, ZMR 2010, 358) ist der Auffassung, dass bei einem **weichen Fristenplan** bei Überschreitung der Regelfristen den Mieter **die Darlegungs- und Beweislast** für die aus-

329

nahmsweise nicht bestehende Ausführungsnotwendigkeit trifft. Bei Unterschreiten der Fristen soll der Vermieter entsprechend verpflichtet sein.

3. Modernisierung

330 Wie der BGH (BGH, NZM 2014, 163) festgehalten hat, besteht für den Vermieter **keine allgemeine Modernisierungspflicht**. Vielmehr schuldet er in der Regel den vertraglich vereinbarten Standard. Lediglich bei **gesundheitsgefährdenden Zuständen** gilt Abweichendes.

Das OLG Frankfurt (OLG Frankfurt, BeckRS 2012, 14829) ist der Auffassung, Besichtigungen im Vorfeld von Erhaltungs- und Modernisierungsmaßnahmen, wie etwa die Durchführung eines Aufmaßtermins für Fenster, weder die Frist nach § 554 Abs. 3 S. 1 BGB a.F. auslösen, noch der Vermieter im Vorfeld verpflichtet ist, im Einzelnen anzugeben, wie geplante Maßnahmen mit welchem Zeitplan durchgeführt werden.

331 Nach Auffassung des KG (KG, NZM 2010, 203) gibt ein Mieter **Anlass zur Erhebung einer Duldungsklage**, wenn er auf ein Schreiben des Vermieters nicht reagiert, in dem er unter **Fristsetzung** aufgefordert wird, mitzuteilen, ob er einer **Modernisierungsmaßnahme** zustimmt.

J. Versicherungspflichten des Mieters

332

Nach der gesetzlichen Konzeption ist der **Mieter nicht verpflichtet**, **Versicherungen** im Zusammenhang mit dem Mietvertrag **abzuschließen**. Sofern Versicherungen abgeschlossen werden sollen, muss dies vereinbart werden. Dies soll im Bezug auf eine **Betriebshaftpflichtversicherung**, eine **Brand-, Glas- und Schlüsselverlustversicherung** auch **formularvertraglich** möglich sein, wenn der Vermieter hieran ein berechtigtes Interesse hat (OLG Düsseldorf, NZM 1998, 728 f.; Fritz Rz. 191; a. A. LG Düsseldorf, WuM 1990, 336). Weitere Versicherungen können sinnvoll sein, so beispielsweise eine Betriebsunterbrechungsversicherung und je nach Gewerbe des Mieters **Umweltschadens-** bzw. **Bodenkaskoversicherungen**.

Aus der vertraglichen Verpflichtung des **Mieters zum Abschluss von Versicherungen** folgt nach Auffassung des BGH (BGH, NZM 2013, 191) **keine Haftungserleichterungen** und auch keine ergänzende Vertragsauslegung des Versicherungsvertrags, nach der ein Rückgriff des Versicherers gegen den Vermieter bei leichter Fahrlässigkeit ausgeschlossen ist. Anderer Auffassung ist insoweit wohl das OLG Köln (OLG Köln, ZMR 2016, 539).

K. Haftungsbegrenzungen

333 Für das gewerbliche Mietrecht gelten die allgemeinen Haftungsbestimmungen u.a. der §§ 536 f. BGB bzw. des allgemeinen Schuldrechts etc.

1. Verschuldensunabhängige Garantiehaftung

334 Von besonderer Bedeutung im Zusammenhang mit gewerblichen Mietverträgen ist die sogenannte **verschuldensunabhängige Garantiehaftung** des § 536a Abs. 1 BGB. Es handelt sich um einen Ausnahmefall im Haftungssystem des BGB. Diese Haftungsnorm ist daher besonders einschneidend, da es regelmäßig **Vermietern nicht gelingt**, entsprechende Risiken (vollständig) **zu versichern**. In den gängigen Vermieterhaftpflichtversicherungen findet sich ein diesbezüglicher Ausschluss. Umgekehrt decken Gebäudeinhaltsversicherungen, Betriebsunterbrechungsversicherungen etc. des Mieters entsprechende Risiken ab.

335 Nach der Rechtsprechung des BGH (BGH NJW-RR 1993, 519; NZM 2010, 668; KG, GuT 2010, 431; s.a. OLG Karlsruhe ZMR 2009, 33) ist es auch im Rahmen von **allgemeinen Geschäftsbedingungen** möglich, die **verschuldensunabhängige Garantiehaftung** für **Sachmängel abzubedingen**.

Es dürfte sich um einen **klassischen Beratungsfehler** handeln, wenn bei der Beratung eines Vermieters auf dieses besondere Risiko und seine Ausschlussmöglichkeiten nicht hingewiesen wird.

Für **anfängliche Rechtsmängel** kann der Vermieter wohl weder seine Garantiehaftung wirksam formularmäßig ausschließen, noch kann er für nachträgliche Rechtsmängel seine Haftung auf Vorsatz und grobe Fahrlässigkeit begrenzen (Schmidt-Futterer-Eisenschmid, § 536 BGB, Rz. 239).

336 Bei der Gestaltung entsprechender Haftungsausschlussklauseln ist sehr sorgfältig vorzugehen. Nach einer Entscheidung des OLG Karlsruhe (ZMR 2009, 33) umfasst die formularvertragliche Klausel,

"Für Veränderungen an der Mietsache oder Störungen in ihrer Benutzbarkeit infolge höherer Gewalt oder sonstiger Umstände, die die Vermieterin nicht zu vertreten hat, kann die Mieterin weder die Miete mindern noch ein Zurückbehaltungsrecht ausüben noch Schadensersatz verlangen", keinen Ausschluss der verschuldensunabhängigen Garantiehaftung des Vermieters. Denn die Klausel sei insoweit unklar im Sinne des § 305c Abs. 2 BGB.

337 Wie das KG (KG, GuT 2010, 431, 433) festgestellt hat, können vertragliche Haftungsausschlüsse grundsätzlich nicht über § 313 BGB (**Störung der Geschäftsgrundlage**) korrigiert werden.

2. Verschuldenshaftung

338 Darüber hinaus kann die Haftung für leichte Fahrlässigkeit ebenfalls **formularvertraglich** ausgeschlossen werden, sofern es sich nicht um die Haftung für **Kardinalpflichten** oder um die Haftung für **Schäden an Gesundheit, Leib und Leben** oder die Haftung im Zusammenhang mit dem **Fehlen von zugesicherten Eigenschaften** etc. handelt. Ist vertraglich eine **Umlage der Haftpflichtversicherung** vorgesehen, spricht jedoch manches für eine **Unwirksamkeit** des **Ausschlusses** (vgl. hierzu im Einzelnen: Leo/Ghassemi-Tabar, II. Teil, Rz. 140).

339 Etwas **überraschend** ist das OLG Frankfurt (OLG Frankfurt, ZMR 2008, 787) der Auffassung, die Haftung des Vermieters nach Maßgabe des § 538 BGB a.F./§536a BGB könne formularvertraglich auf Vorsatz und grobe Fahrlässigkeit beschränkt werden.

3. Haftungsbegrenzung auf das Vermögen einer GbR

340 Häufig treten im Rahmen von Mietverträgen vor allen Dingen auf Seiten des Vermieters Gesellschaften bürgerlichen Rechts auf. Die Begrenzung **der Haftung einer GbR auf das Gesellschaftsvermögen** bedarf auch im gewerblichen Mietrecht einer **individualvertraglichen Vereinbarung**. Formularvertragliche Regelungen sind unwirksam (BGH, NZM 2005, 218 mit Anmerkung Leo, MietRB 2005, 119). Wird nachträglich das Vertragsrubrum in einem Mietvertrag von einer GbR zu einer solchen mit Haftungsbeschränkung abgeändert, führt dies nicht dazu, dass die Haftung der Gesellschaft im Rahmen des Mietvertrages auf das Gesellschaftsvermögen begrenzt wird (KG NZM 2004, 620). Ist eine solche Vereinbarung wirksam zu Gunsten des Mieters getroffen worden, gilt sie auch gegenüber dem Zwangsverwalter des Grundstücks, da es sich nicht um eine Vorausverfügung im Sinne der §§ 1124, 1125 BGB handelt (BGH, ZMR 2003, 827, 829).

L. Mietzweck, Gewährleistung des Vermieters

1. Mietzweckbestimmung, Umfang des Nutzungsrechts

a) Mietzweck

Die Bestimmung des **Mietzwecks** ist von **zentraler Bedeutung** für jeden Gewerberaummietvertrag, da vorbehaltlich abweichender Regelungen der Vertragsparteien gemäß § 535 Abs. 1 BGB für die Bestimmung des **Pflichtenprogramms des Vermieters** ausschlaggebend ist.

Darüber hinaus ist mit dem Mietzweck festgelegt, **welche Tätigkeiten der Mieter in der Mietsache ausführen** darf (OLG Hamburg, BeckRS 2014, 07244).

Ist im Mietvertrag bestimmt, dass der Mieter ein Fachgeschäft für Tabakwaren, Toto/Lotto, Zeitschriften sowie für die Firma XY typische Randsortimente betreiben darf, ist nach Auffassung des OLG Bremen (OLG Bremen Beschl. v. 12.11.2014 - 2 U 103/14) ein vertragswidriger Gebrauch gegeben, wenn das Ladenlokal seinem äußeren Anschein nach in ein Fachgeschäft für Waffen umgewandelt und entsprechend genutzt wird. Nach entsprechender Abmahnung kann auf entsprechendes Verhalten eine außerordentliche Kündigung gestützt werden.

b) Gesetzliche Konzeption

341 In der Gewerberaummiete gilt der **subjektive Mangelbegriff** (vgl. nur BGH, NZM 2006, 582, 626; 2014, 163; BeckRS 2012, 21865; Palandt/Weidenkaff, § 536 BGB, Rz. 16 m.w.N.). D.h. die Vertragsparteien haben es im Rahmen von **individualvertraglichen** Vereinbarungen in der Hand jedweden Zustand, sei er besonders gut oder besonders schlecht, als vertragsgemäß zu vereinbaren.

342 **Zentrale Bedeutung** im Rahmen eines Gewerberaummietvertrages kommt der Vereinbarung des **Mietzwecks** auch in Hinblick auf das Vorliegen eines Mangels zu, wenn die Parteien den **„Soll-Zustand“** der **Mietsache nicht** anderweitig **geregelt** haben. Denn die Frage, ob ein **Mangel** vorliegt, beantwortet sich **mangels anderweitiger Vereinbarungen** nach dem vereinbarten Mietzweck (BGH, BeckRS 2012, 21865; OLG Düsseldorf, BeckRS 2012, 13790). Möglicherweise wird der BGH bei der Beurteilung des Vorliegens eines baulichen Mangels bei älteren Mietobjekten auf die **technischen Regeln bzw. den Stand der Technik**

zum Zeitpunkt der Errichtung/letzten Modernisierung abstellen (vgl. BGH, NZM 2013, 163 Rz. 31).

Darüber hinaus ist der Mietzweck für die Frage des vom Vermieter geschuldeten **Konkurrenzschutzes** (vgl. hierzu unten Rz. 515f) und für die Frage der **Untervermietungsmöglichkeit** von entscheidender Bedeutung.

c) Vertragliche Vereinbarungen

343 Wird kein Soll-Zustand vereinbart, jedoch ein **konkreter Mietzweck** beschrieben, schuldet der Vermieter nach der gesetzlichen Konzeption vorbehaltlich abweichender vertraglicher Bestimmungen ein **uneingeschränkt** zum **vertraglich** vorgesehenen **Gebrauch geeignetes Objekt** (OLG Düsseldorf, BeckRS 2012, 13790). Dies sowohl bezogen auf die **tatsächliche**, als auch auf die **rechtliche Eignung**. Anderer Auffassung ist insoweit das OLG Köln (OLG Köln, BeckRS 2010, 27104; s.a. OLG Düsseldorf, ZMR 2010, 29), wenn für eine Einzelhandelsnutzung eine große Zahl von Stellplätzen zu schaffen wäre (a.A. wohl KG, ZMR 2010, 31). Nach Auffassung des OLG Brandenburg (OLG Brandenburg, BeckRS 2012, 14955) ist der Vermieter auch dann zur Herstellung eines den für den vereinbarten Mietzweck geltenden **öffentlich-rechtlichen Vorschriften** entsprechenden Zustands der Mietsache (konkret Errichtung einer rollstuhlgerechten Rampe bei Mietzweck, Praxis für Physiotherapie) verantwortlich, wenn entsprechende Maßnahmen nicht in der im Mietvertrag aufgenommenen Liste der vom Vermieter durchzuführenden Arbeiten aufgenommen worden sind. Da die Mietvertragsparteien nichts anderes vereinbart haben, falle die Schaffung der entsprechenden baulichen Voraussetzungen in den Risikobereich des Vermieters.

344 Ist im Mietvertrag lediglich eine **Vermietung zu „gewerblichen Zwecken"** erfolgt, steht der Vermieter für die konkrete Eignung des Objektes zu dem dann vom Mieter verwirklichten Zweck nicht ein (OLG Düsseldorf, GuT 2004, 81). In aller Regel wird sich jedoch eine derartige Vereinbarung des Mietzweckes verbieten, da entweder bereits bestehende **Konkurrenzschutzverpflichtungen** des Vermieters dem entgegenstehen oder aber zumindest Nutzungen befürchtet werden müssen, die vom Vermieter nicht gewünscht werden (Tendenzbetriebe etc.). Nach Auffassung des KG, (KG, GuT 2009, 305) greift die vorbeschriebene Begünstigung des Vermieters nicht ein, wenn der **Vermieter** vom **konkreten Verwendungszweck** des Mieters **Kenntnis** hat und die Mietsache hierzu nicht uneingeschränkt geeignet ist.

345 **Gemeinschaftsflächen** des Objekts sind – sofern nichts Abweichendes vereinbart wird – zu **allen Nutzungen mitüberlassen**, die **typischerweise** mit der **vertraglich vereinbarten Nutzung** der Mietsache **einhergehen** (OLG Düsseldorf, MDR 2009, 1137; ZMR 2011, 867). Darüber hinaus gehende Nutzungen, wie etwa das **Parken von Fahrzeugen über Nacht** auf zum Allgemeingebrauch der Mieter überlassenen Flächen, stellen jedoch eine **„Sondernutzung"** dar, die Nutzungsentgeltansprüche des Vermieters nach Bereicherungsrecht auslöst (OLG Düsseldorf, MDR 2009, 1137).

d) Einfluss von Baubeschreibungen

346 Häufig übersehene Risiken schlummern nach einer Entscheidung des OLG Bamberg (OLG Bamberg, NZM 2009, 859) in den vielfach verwandten, umfangreichen **Baubeschreibungen**, die zum Bestandteil des Mietvertrags erhoben werden. Ist dort z.B. ein rotes Dach mit einem bestimmten Ziegel vorgesehen, soll der Vermieter nicht mehr berechtigt sein, dort eine Photovoltaikanlage zu installieren.

2. Mängel der Mietsache, Gebrauchsrechte Dritter

a) Sachmängel

aa) Subjektiver Mangelbegriff, Intensität der Beeinträchtigung Unmöglichkeit

347 Wie bereits dargestellt, ist der **subjektive Fehlerbegriff** maßgeblich (BGH, NZM 2006, 582; 626; 2014, 163). Demnach haben es die Parteien in der Hand, durch die Vereinbarung eines schlechten baulichen Standards Erfüllungs- und Gewährleistungsansprüche des Mieters auszuschließen (BGH, NZM 2006, 582, 583). Ein Mangel der Mietsache ist damit **jede nachteilige Abweichung des tatsächlichen Zustands** von dem **vertraglich vereinbarten Zustand**, der ihre Gebrauchstauglichkeit beeinträchtigt (BGH, NZM 2011, 153; OLG Brandenburg, NZM 2013, 151). Bei vertraglichen Regelungen ist auf eindeutige Formulierungen zu achten, da z.B. die Regelung, „der Mieter hat das Objekt besichtigt und übernimmt es im derzeitigen Zustand", nicht als Vereinbarung eines mangelhaften Zustands der Mietsache als vertragsgemäß angesehen wird (BGH, NZM 2007, 484). Ein Fall der **Unmöglichkeit** im Sinne des § 275 BGB soll nach Auffassung des OLG Hamm (OLG Hamm, BeckRS 2012, 10988) und **kein Mangel** vorliegen, wenn die vertraglich vorgese-

henen Stellplätze an der nach dem Mietvertrag vorgesehenen Stelle nicht genehmigt werden.

348 **Formularvertragliche Regelungen**, nach denen der Vermieter keine Gewähr dafür übernimmt, dass die gemieteten Räume den in Frage kommenden **technischen Anforderungen** sowie den **behördlichen und anderen Vorschriften** entsprechen und nach denen der Mieter behördliche Auflagen auf eigene Kosten zu erfüllten hat, sind **unwirksam** (BGH, NJW 1988, 2664; GuT 2007, 434 = ZMR 2008, 274; OLG Düsseldorf, ZMR 2003, 21; KG, NJOZ 2014, 1688). Ob dies auch gilt, wenn die Klausel ein **außerordentliches Kündigungsrecht** des Mieters vorsieht, ist bisher nicht entschieden worden.

349 Unwirksam ist nach einer Entscheidung des KG (KG, GuT 2007, 436) die Regelung:

„Äußere Einwirkungen durch Dritte, wie z. B. Verkehrsumleitungen, Aufgrabungen, Straßensperren, Geräusch-, Geruchs- und Staubbelastungen oder ähnliches begründen unabhängig vom Ausmaß keinen Fehler des Mietgegenstandes, sofern sie nicht vom Vermieter zu vertreten sind."

350 Wie im Wohnraummietrecht gilt auch im Gewerberaummietrecht, dass der **Mangel** eine **gewisse Intensität** erreichen muss. **Unerhebliche Mängel** vermitteln dem Mieter **keine Gewährleistungsrechte**. Ein unerheblicher und damit nicht zur Minderung berechtigender Mangel der Mietsache soll nach Auffassung des BGH (BGH, ZMR 2005, 101, 103; s.a. OLG Brandenburg, BeckRS 2008, 10205) vorliegen, wenn er **leicht erkennbar** ist und **schnell sowie mit geringen Kosten beseitigt** werden kann, so dass die Geltendmachung einer **Minderung gegen Treu und Glauben** verstieße, wobei der BGH jedoch betont hat, dass den **Vermieter** die **Darlegungslast** bezüglich des Ausmaßes der Gebrauchsbeeinträchtigung trifft. Ebenso wenig trifft den Mieter die **Darlegungslast** bezüglich der **Ursache** und der **Beseitigungsmöglichkeiten** bezüglich eines Mangels; es reicht aus, den Mangel hinreichend deutlich zu beschreiben (BGH, ZMR 2005, 101, 104). Insoweit habe vielmehr der **Tatrichter,** gegebenenfalls unter Zuhilfenahme eines **Sachverständigen**, das **Ausmaß der Beeinträchtigung** festzustellen. Dies gilt auch bei Brandschutzmängeln, die ohne konkrete Beeinträchtigung des tatsächlichen Gebrauchs bleiben (KG, ZMR 2004, 259, 261).

bb) Einfluss der Mietzweckvereinbarung

351 Ist keine gesonderte Beschaffenheit vereinbart, ist im Zweifel die übliche Beschaffenheit bezogen auf den **vereinbarten Mietzweck** geschuldet (Gerber/Eckert/Günter, Rz. 230; s.a. OLG Düsseldorf, BeckRS 2012, 05967) bzw. diejenige maßgeblich, die nach der **Verkehrsanschauung** für die **Erfüllung des Vertragszwecks** erforderlich ist (OLG Rostock, NZM 2009, 545). Es soll, z.B. beim **Wärmeschutz**, jedenfalls die Einhaltung der **maßgeblichen technischen Normen** geschuldet sein. Dabei sei nach der Verkehrsanschauung grundsätzlich der bei der **Errichtung des Gebäudes geltende Maßstab** anzulegen (OLG Brandenburg, NZM 2013, 151). Die Anforderungen sollen dementsprechend in Hinblick auf den **Lärmschutz** differieren, je nachdem ob es sich um einen Alt- oder Neubau handelt (OLG Dresden, NZM 2009, 703; KG, GuT 2010, 215).

Nach Auffassung des OLG Brandenburg (OLG Brandenburg, BeckRS 2008, 10205) kann trotz eines **bautechnisch einwandfreien Zustands** der Mietsache ein **Mangel** gegeben sein. Dies etwa dann, wenn Flurtüren sich nur mit einem übermäßigen Kraftaufwand öffnen lassen.

Das OLG Düsseldorf (OLG Düsseldorf, BeckRS 2011, 11737) geht davon aus, dass der Mieter gemäß § 242 BGB das gewährleistungsrechtliche Risiko solcher Mängel, die allein auf **Veränderungen der Mietsache** beruhen, die der Vermieter nur **auf Wunsch des Mieters** vorgenommen hat, trägt. Dies gelte in besonderer Weise, wenn der Mieter die Veränderung selbst vorgenommen hat.

cc) Aufheizung der Mietsache durch Sonneneinstrahlung

352 Eine häufige Unzulänglichkeit von Mieträumlichkeiten liegt darin, dass sich die Räumlichkeiten bei **Sonneneinstrahlung stark aufheizen**. Es entspricht gefestigter Rechtsprechung einiger OLG'e (OLG Köln, NJW-RR 1993, 466; OLG Hamm, NJW-RR 1995, 143; OLGR 2007, 540; OLG Rostock, NZM 2001, 425; vgl. a. OLG Düsseldorf, GuT 2006, 136 f), dass bei Außentemperaturen bis zu 32 Grad die Innentemperatur allenfalls **26 Grad** betragen darf und bei **höheren Temperaturen** die **Differenz zwischen Innen- und Außentemperatur mindestens 6 Grad** betragen muss. Sind diese Voraussetzungen nicht gegeben, liege ein Mangel der Mietsache vor (vgl. a. Lames, NZM 2007, 465; differenzierend nunmehr OLG Hamm, OLGR 2005, 540; vgl. a. OLG Brandenburg, NZM 2013, 151). Nach Auffassung des OLG Naumburg liegt eine **gesundheitsgefährdende Beschaffenheit der Mietsache** vor, die zur fristlosen

Kündigung berechtigt, wenn innerhalb eines Jahres an 45 Tagen die Innentemperatur von 26 Grad Celsius überschritten wird (OLG Naumburg, NZM 2004, 343 Ls; vgl. a. OLG Düsseldorf ZMR 1998, 622.). Weniger großzügig ist in diesem Zusammenhang das OLG Brandenburg (OLG Brandenburg, NZM 2013, 151), das ein Kündigungsrecht wegen Gesundheitsgefährdung erst annimmt, wenn nach dem **gegenwärtigen Stand der medizinischen Wissenschaft ernsthaft**, d. h. unter Anlegung eines objektiven Maßstabs, zu besorgen ist, dass mit der Benutzung der Räume in absehbarer Zeit für die geschützten Personen eine erhebliche Gesundheitsgefährdung im Sinne der Beeinträchtigung ihres körperlichen Wohlbefindens verbunden ist. Die so verstandene Gesundheitsgefährdung müsse außerdem **konkret**, also naheliegend sein, während die bloße entfernte Möglichkeit einer Gesundheitsbeschädigung keine Kündigung nach § 569 BGB rechtfertigte. Ebenso wenig reiche ein bloßes vorübergehendes Unbehagen aus. Eine erhebliche Gesundheitsgefährdung sei nur dann gegeben, wenn eine **nachhaltige oder gar dauernde Schädigung** droht; es müssten Gesundheitsstörungen mit Krankheitscharakter konkret zu befürchten sein

Mit beachtlichen Argumenten werden gegen die vorgenannte Rechtsprechung Bedenken erhoben (Busse, NJW 2004, 1982; Harms NZM 2005, 441 f; Herrlein, NZM 2007, 719). Dem haben sich im Ergebnis das OLG Frankfurt (OLG Frankfurt, NZM 2007, 330), das in einer entsprechenden Aufheizung der Räumlichkeiten keinen Mangel der Mietsache, sondern eine **Verwirklichung des allgemeinen Lebensrisikos** sieht, wenn sich die Mietsache in einem baurechtlich zulässigen Zustand befindet und zumindest für ältere Bausubstanz das OLG Karlsruhe (OLG Karlsruhe, BeckRS 2010, 2131 = MDR 2010, 564; s.a. KG, BeckRS 2012, 15204) angeschlossen.

Im anderen Zusammenhang hat der BGH mitunter auf den **Stand der Technik** bzw. den **Standard bei Errichtung/Modernisierung** der Mietsache abgestellt (BGH; NZM 2014, 163 Rz. 31). Eine abschließende Entscheidung zu der Aufheizungsproblematik bleibt abzuwarten.

353

Enthält der **Mietvertrag** eine (individualvertragliche?) **Regelung**, nach der es dem Mieter gestattet ist, eine Klimaanlage auf eigene Kosten zu installieren und zu betreiben, soll nach Auffassung des OLG Köln (OLG Köln, ZMR 2012, 946) auch bei Aufheizung der Mietsache **kein Mangel** vorliegen.

dd) Hohe Heizkosten, schlechte Wärmedämmung der Mietsache, zu niedrige Temperaturen

354 **Hohe Heizkosten** aufgrund **schlechter Isolierung der Mietsache** oder leer stehender Nachbarräume sollen nach einer Entscheidung des KG (KG, GuT 2007, 25; OLG Düsseldorf, BeckRS 2010, 30360; OLG Saarbrücken, BeckRS 2013, 12625; vgl. a. BGH, ZMR 2008, 38, 40) keinen Mangel der Mietsache begründen, solange mit dem erhöhten Heizaufwand ausreichende Raumtemperaturen erreicht werden.

355 Ist einem **Mietvertrag**, die Abrede der Mietvertragsparteien über die Zahlung von **Heizkostenvorschüssen** vorhanden, ist dem konkludent nach Auffassung des KG (KG, BeckRS 2010, 21460) zu entnehmen, dass der **Vermieter** die **Bereitstellung einer funktionierenden Heizung** und die **Versorgung mit Wärme schuldet**.

356 Es stellt entsprechend OLG Düsseldorf (OLG Düsseldorf, NJOZ 2011, 2006) einen erheblichen **Mangel** einer vermieteten Gaststätte dar, wenn sie in den Monaten **August und September bei Bedarf nicht** ausreichend **beheizt** werden kann.

357 Ohne **konkreten Anlass** soll der **Vermieter** nach Auffassung des OLG Koblenz (OLG Koblenz, BeckRS 2010, 24531) **nicht** verpflichtet sein, die Heizungsanlage oder sonstige Leitungen **regelmäßig auf Undichtigkeiten überprüfen** zu lassen.

ee) Flächenabweichungen

358 Eine Unterschreitung der **vertraglich vereinbarten Flächen** um **mehr als 10%** stellt ebenfalls einen Sachmangel dar (vgl. OLG Karlsruhe, NZM 2002, 218; OLG Düsseldorf BeckRS 2012, 05818); nach Auffassung des OLG Düsseldorf (OLG Düsseldorf, GuT 2005, 15 f.; NZM 2005, 387 Ls.; BeckRS 2014, 11444) auch, wenn keine konkrete Gebrauchsbeeinträchtigung vorliegt. Dem hat sich der BGH (NZM 2005, 500; NJW 2012, 3173) für den Fall einer Minderfläche von mehr als 10% angeschlossen. Liegt eine Flächenunterschreitung von bis zu 10% vor, ist ein Mangel nach Auffassung des KG (GuT 2005, 211; ZMR 2009, 523; 2010, 112) gegeben, wenn eine erhebliche Beeinträchtigung des vertragsgemäßen Gebrauchs hieraus resultiert. Man muss abwarten, ob sich diese Auffassung durchsetzt. Der für das Wohnraummietrecht zuständige VIII. Zivilsenat des BGH hat entschieden, dass im Rahmen einer Betriebskostenabrechnung eine Wohnflächenabweichung nicht zu berücksichtigen ist, wenn sie kleiner gleich als 10% ist (BGH, NZM 2008, 35). Hiermit ließe

sich die Rechtsprechung des KG nicht ohne Weiteres in Übereinstimmung bringen.

Das OLG Dresden (OLG Dresden, BeckRs 2014, 15170) geht von einem **Rückforderungsanspruch** in Bezug auf überzahlte Miete auch bei **Flächenabweichungen** von bis zu 10 % aus, wenn die **Miete** im Mietvertrag als **Produkt aus Fläche und Quadratmeterpreis** angegeben ist.

359 Das KG (GuT 2006, 133) wendet mangels Regelung im Vertrag die DIN 277 an und bezieht die Flächen ohne Rücksicht darauf ein, wie hoch der jeweilige Raum z.B. bei Schrägen etc. ist. Das OLG Düsseldorf (OLG Düsseldorf, BeckRS 2012, 05818) hat jedoch darauf hingewiesen, dass für die Ermittlung von Gewerberaumflächen **keine allgemein anerkannten Berechnungsgrundlagen** existieren. Die Regelungen für die Wohnraummiete seien nicht entsprechend anwendbar. Wenn in einen Mietvertrag der Flächenmaßstab/die Berechnungsmethode nicht angegeben ist und der Mieter von Gewerberäumen die Flächenberechnung bei Vertragsschluss nicht hinterfragt und zur Art der Berechnung nichts vereinbart, müsse er sich regelmäßig damit abfinden, dass der Vermieter ihm die Mietfläche durch eine zulässige und mögliche Berechnung wie z.B. eine solche auf Grundlage der DIN 277 nachweist. Wie das OLG Hamm (OLG Hamm, NZM 2014, 585) entscheiden hat, ist die Mietfläche inklusive der Flächen der Außenmauern zu ermitteln, wenn nach dem Mietvertrag die Fläche innerhalb der Mietfläche maßgebend ist.

360 Ist nach dem **Formularvertrag** die **Flächenangabe unverbindlich,** soll nach einer Entscheidung aus dem Bereich der Wohnraummiete (BGH, NZM 2011, 70) auch bei Flächenabweichungen von mehr als 10 % kein Mangel der Mietsache vorliegen.

ff) Fehlen erforderlicher Genehmigungen etc.

361 Fehlende öffentlich-rechtliche Genehmigungen und öffentlich-rechtliche Gebrauchshindernisse bezüglich der Mietsache (z.B. Baugenehmigung, Nutzungsänderungsgenehmigung) stellen ggf. einen **Sach- und keinen Rechtsmangel** dar (BGH, NJW 1987, 948; ZMR 2008, 274; NZM 2014, 165; KG, GuT 2007, 214; s.a. BGH, NJW-RR 1987, 906). Dies gilt jedoch auch nach Auffassung des OLG Brandenburg (OLG Brandenburg, BeckRS 2015, 01190) nicht, wenn die Vertragsparteien den von den Behörden beanstandeten (Ausbau)Zustand der Mietsache als **vertragliches Soll** vereinbart haben.

Als Mangel kommen in diesem Zusammenhang insbesondere die **Wohnraumzweckentfremdung** oder das **Fehlen** der **behördlichen Genehmigung** für den vertraglich vorgesehenen Zweck in Betracht. Eine fehlende Genehmigung stellt nur einen erheblichen Mangel dar, wenn der Mieter hierdurch in seinem vertragsgemäßen Gebrauch auch **tatsächlich eingeschränkt** wird. Diese Voraussetzung ist nach Auffassung des BGH (BGH, NZM 2014, 165) regelmäßig nur erfüllt, wenn die zuständige **Behörde** die **Nutzung des Mietobjekts** durch ein **rechtswirksames und unanfechtbares Verbot** bereits untersagt hat. Dem Mieter soll es deshalb grundsätzlich zumutbar sein, die behördlichen Anordnungen auf ihre **Rechtmäßigkeit zu überprüfen**. Allerdings kann ein möglicher Sachmangel im Einzelfall auch darin gesehen werden, dass eine **langwährende Unsicherheit** über die Zulässigkeit der behördlichen Nutzungsuntersagung die begründete Besorgnis bewirkt, das Grundstück nicht zum vertragsgemäßen Gebrauch nutzen zu können (BGH, NZM 2014, 165). Die **Androhung** von **Zwangsmaßnahmen** reicht jedoch in jedem Falle für das Vorliegen eines Mangels nach Auffassung des OLG Düsseldorf (OLG Düsseldorf, NZM 2003, 556) aus.

Eine entsprechende Beeinträchtigung des Mietgebrauchs ist bei Zugang eines **Anhörungsschreibens** nach Maßgabe des **§ 28 VwVfG** noch nicht gegeben. Wird der rechtswidrige Zustand behördlicherseits **geduldet**, liegt regelmäßig kein Mangel vor (BGH, NZM 2014, 165; OLG Düsseldorf, GuT 2005, 14; 2007, 217).

362 Nach der älteren Rechtsprechung des BGH lag im Fehlen einer erforderlichen behördlichen Genehmigung für die vertragsgemäße Nutzung der Mietsache ein Mangel der Mietsache, der den Mieter zur **fristlosen Kündigung** berechtigt, wenn ihm durch eine mit einer Zwangsmittelandrohung versehene Verfügung die vertragsgemäße **Nutzung untersagt** wird und für ihn zumindest Ungewissheit über deren Zulässigkeit besteht (BGH, ZMR 2008, 274). Der Mieter hat Anspruch darauf, dass der **Vermieter** die für die vertraglich vorgesehene Nutzung **erforderliche Baugenehmigung** bzw. **Nutzungsänderungsgenehmigung** einholt und sämtliche Auflagen, insbesondere **Stellplatznachweise** bzw. **Ablösebeträge** leistet (vgl. OLG München, ZMR 1995, 401).

gg) Nichtraucherschutzgesetze, Schadstoffe

363 Der BGH (BGH, NZM 2011, 727) und das OLG Koblenz (OLG Koblenz, NZM 2010, 83) sehen in den sich aus den **Nichtraucherschutzgesetzen** ergebenden Einschränkungen der Nutzung von Gaststätten keinen

Mangel der Mietsache. Dem hat sich das OLG München (OLG München, NZM 2010, 202) unter Berufung auf die Besonderheiten des bayrischen Landesrechts angeschlossen (vgl. zur Problematik: Leo/Ghassemi-Tabar, NZM 2008, 271).

364 Noch nicht abgeschlossen scheint die Rechtsprechungsentwicklung zu der Frage, wann bei **Schadstoffbelastung** von Mieträumlichkeiten ein **Sachmangel** vorliegt. Ein Sachmangel wurde bei einer Belastung von 0,1 ppm Formaldehyd in der Raumluft angenommen. Welche Werte bei einer Asbestbelastung anzusetzen sind, ist noch nicht abschließend geklärt. Bei PCP- und Lindan-Belastungen muss eine konkrete Gesundheitsgefährdung vorliegen (vgl. Fritz, Rz. 269).

365 Die Belastung des **Trinkwassers** mit **Blei** hat das OLG Köln als Sachmangel gewertet, wenn an der Zapfstelle in der Küche des gewerblichen Mietobjektes die einschlägigen Grenzwerte überschritten werden (vgl. a. KG, BeckRS 2010, 28409). Elektrosmog insbesondere von Mobilfunkstationen stellt solange keinen Sachmangel dar, wie die Grenzwerte der 26. Bundesimmissionsschutzverordnung eingehalten werden.

hh) Umwelteinflüsse, Gefahrenquellen außerhalb der Mietsache

366 **Umwelteinflüsse** können im begrenzten Umfange ebenfalls die Mängel der Mietsache begründen. Dies gilt beispielsweise bei Beeinträchtigungen des Mietgebrauchs durch **Lärm** oder **Erschütterungen**. Hierbei ist es für das Vorliegen eines Mangels unerheblich, ob der Vermieter nach Maßgabe des § 906 BGB die Einwirkung zu dulden hat. Die zugrunde liegenden Maßstäbe im **Immissionsschutzrecht** (§ 906 BGB) und dem **Mietrecht gehen** insoweit **auseinander**. Der Mieter eines „50er-Jahre-Baus" soll bei der Anmietung mit Baumaßnahmen am Objekt rechnen müssen, so dass ein Minderungsrecht wegen Baulärms ausscheide (OLG Düsseldorf, NZM 2008, 524).

367 Nach der Rechtsprechung des BGH (BGH, NJW 1972, 944; NZM 2006, 582) können **Gefahrenquellen**, die sich zwar **außerhalb der Mietsache**, aber im selben Gebäude befinden und sich während der Mietzeit auf die Mieträume auswirken, einen Mangel der Mietsache darstellen. Dem liegt die Erwägung zu Grunde, dass der Vermieter für Gefahrenquellen, die zu seinem Herrschafts- und Einflussbereich gehören, einstehen muss. Der Mieter darf darauf vertrauen, dass der Vermieter die Mietsache jedenfalls vor solchen Gefahrenquellen schützt, für die er verantwortlich ist.

368 **Die Vereinbarung** einer **über** den **örtlichen Spitzenpreisen** liegenden **Miete** nebst einem Exposé für die Mietsache, das ein **„einmaliges Ambiente“** und eine „angenehme Atmosphäre“ hervorhebt, führt **nicht** zu der **Verpflichtung** ein bestimmtes Milieuniveau zu bewahren oder einen ausgewählten Mietermix herzustellen. Nur **wenn** es durch die Vermietung an Dritte zu konkreten Beeinträchtigungen oder Gefahren für die anderen Mieter oder deren Besucher kommt, kann ein Mangel vorliegen (BGH, NZM 2009, 124; s.a. Rz. 371).

ii) Eingeschränkte Erreichbarkeit der Mietsache

369 Die Frage, ob und wann die Einschränkung/Erschwerung der Erreichbarkeit einen **Mangel der Mietsache** darstellt, ist in der Rechtsprechung noch nicht abschließend geklärt. Der BGH (NJW 1981, 2405; 2000, 1714, 1715; NZM 2006, 54, 55; OLG Rostock, NZM 2009, 545; OLG Düsseldorf, Beschl. v. 8.3.2012 – 24 U 162/11) hat erklärt, **grundsätzlich** könne die Beeinträchtigung der Erreichbarkeit einen **Mangel** der Mietsache darstellen. Die Instanzgerichte haben einen Mangel bei einer **lang andauernden und erheblichen Beeinträchtigung** mitunter angenommen (OLG Köln NJW 1972, 1814; OLG Dresden NZM 1999, 317). Das OLG Naumburg (GuT 2002, 14) ist in diesem Zusammenhang der Auffassung, eine Beeinträchtigung von **5 Monaten** sei **nicht nachhaltig** genug, um einen Mangel darzustellen. Anderer Ansicht scheint insoweit das KG (KG, GuT 2007, 436) zu sein, das dem Mieter zumindest im Zusammenhang mit einer Minderung **ab Beginn der Beeinträchtigung** die Mängelrechte zugestehen will. Ein **Kündigungsrecht des Mieters** bereits **nach 6 Wochen** wurde abgelehnt (OLG Düsseldorf, GuT 2008, 36). Dies wurde jüngst noch einmal für den Fall (OLG Düsseldorf, BeckRS 2012, 05967) der Beeinträchtigung der Zugangsmöglichkeiten eines Ladenlokals bestätigt, wenn der Zugang noch eingeschränkt möglich ist. Das OLG Düsseldorf (NJW-RR 1998, 1226) verweist zumindest im Zusammenhang mit der Einrichtung einer Fußgängerzone auf die einschlägigen **Ansprüche** nach den **Landesstraßengesetzen** (etwa: § 20 StrWG NW) und sieht daher einen Mangel als nicht gegeben an.

jj) Mangelnde Kundenakzeptanz eines Einkaufcenters

370 Durch Entscheidungen des BGH ist die Frage geklärt, ob die **mangelnde Akzeptanz eines Einkaufszentrums** durch die Kunden einen **Sachmangel** darstellt. Dies ist grundsätzlich **nicht der Fall** (st. Rspr. BGH, NJW 2000, 1714; NZM 2004, 618; 2006, 54, 55; GuT 2010, 97; OLG Saarbrücken; GuT 2005, 169 f; OLG Naumburg, NZM 2008, 772; OLG

Brandenburg, BeckRS 2009, 05211; vgl. a. OLG Düsseldorf, GuT 2009, 179 = NZM 2010, 477; BeckRS 2010, 13732). Nur, wenn über die üblichen Anpreisungen hinausgehende Zusagen des Vermieters vorliegen, kann im Einzelfall ein Eingreifen der Regelungen über Verschulden bei Vertragsschluss angenommen werden. Ist dies nicht der Fall, kann auch **nicht** über die Grundsätze des **Wegfalls der Geschäftsgrundlage** oder ähnliche Rechtsinstitute eine Minderung oder ein Sonderkündigungsrecht des Mieters abgeleitet werden. Auch aus einer im Vertrag enthaltenen Kombination von Betriebspflicht, Sortimentsbindung und Ausschluss des Konkurrenzschutzes folge keine entsprechende Risikoübernahme des Vermieters.

kk) Mietermix

371 Nach der Rechtsprechung des BGH (BGH, BeckRS 2012, 21865) hat ein **Mieter** ohne eine entsprechende vertragliche Vereinbarung **keinen Anspruch** gegen den Vermieter, einen bestimmten **"Mietermix"** oder ein bestimmtes **"Milieuniveau"** zu bewahren. Da den Vermieter von Gewerberäumen jedoch **auch ohne besondere Vereinbarung** die vertragliche Verpflichtung treffe, den **Mieter** vor **Störungen des vertragsgemäßen Gebrauchs** zu **schützen**, müsse der Vermieter bei der Vermietung von weiteren Räumlichkeiten in derselben Gewerbeeinheit dafür Sorge tragen, dass der Mieter durch die Geschäftstätigkeit der Mitmieter nicht mehr als nur unerheblich in der Nutzung der von ihm angemieteten Gewerberäume beeinträchtigt wird (BGH, BeckRS 2012, 21865; s.a. Rz. 368; 379).

ll) Verstoß gegen den Konkurrenzschutz

372 Nach Auffassung des BGH (BGH, NJW 2013, 44) und des OLG Hamm (OLG Hamm, NZM 2016, 202) stellt der Verstoß gegen Konkurrenzschutzverpflichtungen einen Mangel der Mietsache dar.

mm) Weitere Mängel

373 Folgt der Mieter dem **unberechtigten Rückgabeverlangen** des **Vermieters** bezüglich Teilflächen, liegt insoweit ein Mangel vor (OLG Düsseldorf, ZMR 2011, 867).

374 Die ständige **Nutzung** von exklusiv vermieteten **Parkplätzen** durch **Dritte**/Kunden eines benachbarten Getränkemarkts stellt nach einem Urteil des OLG Düsseldorf (OLG Düsseldorf, NJOZ 2010, 1960) einen **Mangel** der Mietsache dar.

375 Ein weiterer oft vorhandener Mangel liegt in dem **Fehlen** der **statischen Voraussetzungen** für die einzubringenden Gewichte bzgl. der Deckenlasten.

376 Durch **Scratching** großflächig verkratzte Fensterscheiben stellen nach Auffassung des KG (KG, NZM 2009, 199) einen Mangel der als Supermarkt vermieteten Mietsache dar.

377 Der **Wegfall einer Bushaltestelle** und in der Nähe der als Blumengeschäft vermieteten Mietsache gelegenen **öffentlichen Parkplätzen** sind nach Auffassung des OLG Düsseldorf (OLG Düsseldorf, GuT 2008, 36) kein Mangel der Mietsache.

378 Entsprechendes gilt auch nach einer Entscheidung des OLG Düsseldorf (OLG Düsseldorf, BeckRS 2011, 11737) für eine **sonstige Umfeldverschlechterung** der Mietsache.

379 Auch wenn die Vertragsparteien bei Abschluss eines Mietvertrags für Geschäftsräume zum Betrieb eines Cafés von einer **Nutzung der restlichen vier Etagen** im Haus als Büro ausgegangen sind, soll bei einer späteren Vermietung als Wohnraum der Mieter nach einer Entscheidung des BGH (BGH, GuT 2010, 100) keine Ansprüche gegen den Vermieter besitzen.

380 Die fehlende **Barrierefreiheit** stellt nach Auffassung des OLG Brandenburg (OLG Brandenburg, BeckRS 2012, 14955) einen Mangel der Mietsache dar, wenn der **Mietzweck** (z.B. physiotherapeutische Praxis) sie erforderlich macht.

Eine **Gesundheitsgefährdung durch Schimmel** in der Mietsache ist nach Auffassung des OLG Düsseldorf (OLG Düsseldorf, BeckRS 2013, 16503) auch in der Gewerberaummiete vom Mieter **konkret darzulegen** und ggf. zu **beweisen**.

nn) Maßgeblicher Beurteilungszeitpunkt

381 Bei der Beurteilung der Frage, ob ein Mangel vorliegt, ist mit **Ausnahme von Gesundheitsbeeinträchtigungen** (vgl. insoweit OLG Hamm, NZM 2003, 395 L.S.) der **Zeitpunkt des Vertragsabschlusses** maßgeblich (BGH, NZM 2006, 582, 583; 626 f), so dass **nachträglich gesteigerte Anforderungen**, zum Beispiel im Hinblick auf die Einbruchssicherheit, nicht zu einem Mangel führen (OLG Düsseldorf, ZMR 2002, 819, 821).

Fehlt zur **Beschaffenheit der Mietsache** eine ausdrückliche Parteiabrede, so soll nach Auffassung des OLG Brandenburg (OLG Brandenburg, BeckRS 2012, 21759) jedenfalls die Einhaltung der maßgeblichen **technischen Normen** geschuldet werden. Dabei sei nach der **Verkehrsanschauung** grundsätzlich der bei der **Errichtung** des **Gebäudes** geltende Maßstab anzulegen. 382

oo) Keine allgemeine Untersuchungspflicht des Mieters, Anzeige des Mangels

Der **Mieter** ist **nicht verpflichtet**, im Wege einer besonderen **Nachschau** die Mietsache vor Vertragsabschluss zu untersuchen, um seine Gewährleistungsrechte nicht zu verlieren (BGH, NZM 2006, 626, 627). 383

Eine Schadensersatzhaftung des Vermieters für einen nach Überlassung der Mietsache an den Mieter eingetretenen Mangel kommt nach Auffassung des OLG Düsseldorf (OLG Düsseldorf, MDR 2008, 1330) nicht in Betracht, wenn und solange der Mieter den Mangel nicht **angezeigt** hat. Denn den Vermieter treffe ohne besonderen Anlass keine Pflicht, die zum ausschließlichen Gebrauch vermieteten Räume auf Mängel zu untersuchen.

b) Zugesicherte Eigenschaften

Einem Mangel steht es gleich, wenn eine **zugesicherte Eigenschaft** im Sinne des § 536 Abs. 2 BGB fehlt. 384

Eigenschaft ist jede **Beschaffenheit** der Mietsache selbst und jedes **tatsächliche** oder **rechtliche Verhältnis**, das für **die Brauchbarkeit** oder den **Wert** der **Mietsache** von Bedeutung ist und seinen **Grund in der Beschaffenheit der Mietsache** selbst hat, von ihr ausgeht, ihr für gewisse Dauer anhaftet und nicht durch äußere Umstände der Mietsache in Erscheinung tritt (BGH, NZM 2006, 54, 56). Zugesicherte Eigenschaften können z. B. die Tragfähigkeit einer Decke (BGH, LM § 537 Nr. 12/13), die Genehmigungsfähigkeit der Mietsache als Gaststätte (KG, NJW-RR 2000, 819) etc. sein. 385

Eine **Zusicherung** liegt vor, wenn der Vermieter durch eine ausdrückliche oder stillschweigende **Erklärung**, die Vertragsinhalt geworden ist, dem Mieter zu erkennen gibt, dass er für den **Bestand** der betreffenden Eigenschaften und die Folgen Ihres Fehlens **einstehen will** (BGH, NZM 2005, 54; OLG Düsseldorf, BeckRS 2012, 16345; Palandt/Weidenkaff, Rz. 25 zu § 536 BGB). Sie liegt nicht in der **bloßen Beschreibung** der 386

Mietsache (BGH, NJW 2000, 1714; OLG Düsseldorf, BeckRS 2011, 9025), der **Angabe** eines **Mietzwecks** und regelmäßig auch nicht in der **Angabe einer Quadratmeterzahl** (OLG Dresden, NZM 1998, 184; KG, BeckRS 2002, 04032; OLG Düsseldorf, BeckRS 2012, 05818). Etwas anderes soll nach Auffassung des OLG Köln (OLG Köln, GuT 2004, 55 f.) und des OLG Düsseldorf (OLG Düsseldorf, BeckRS 2012, 05818) gelten, wenn die **Miete nach Quadratmetern berechnet** wird. Die Angabe einer Umsatzgröße ist insbesondere dann keine zugesicherte Eigenschaft, wenn eine ca. Angabe vorliegt (Palandt, a.a.O.).

c) Rechte Dritter/Rechtsmängel

387 Einem Sachmangel stehen **private** Rechte Dritter gleich, durch die dem Mieter der **vertragsgemäße Gebrauch entzogen** wird. Hierin liegt ein Rechtsmangel (OLG Brandenburg, BeckRS 2010, 14995). Klassischer Fall für ein derartiges Rechtsverhältnis ist die **Doppelvermietung**, für denjenigen Mieter, der die Mietsache nicht überlassen bekommt. In Betracht kommen auch **beschränkt persönliche Dienstbarkeiten** oder ähnliche Rechte (insbesondere bei Teileigentum), die im Grundbuch eingetragen sind und eine vertragsgemäße Nutzung ausschließen. Zum Eingreifen des § 536 Abs. 3 BGB muss es hierdurch zu einer **Gebrauchsentziehung kommen**. Der Dritte muss also sein Recht geltend machen (OLG Düsseldorf, ZMR 2011, 863) und z.B. Räumung verlangen (KG, ZMR 2006, 283) oder eine höhere Miete verlangen (BGH, NZM 2008, 644). Rechte im Sinne des § 536 Abs. 3 BGB sind nur **private Rechte Dritter**, die auch gegen den Mieter wirken. Dementsprechend werden – wie oben dargestellt – **öffentlich-rechtliche Beschränkungshindernisse** zu den **Sachmängeln** gezählt.

388 **Schadensersatzansprüche** stehen in einschlägigen Fällen nach Auffassung des OLG Düsseldorf (OLG Düsseldorf, ZMR 2011, 863) grundsätzlich erst nach Ablauf einer vom Mieter gesetzten, angemessenen Frist zu.

d) Minderung

aa) Gesetzliche Konzeption

389 Ist die Mietsache mangelhaft, ist die Miete **kraft Gesetzes gemindert** (BGH, NZM 2011, 153). Sie greift daher auch dann ein, wenn der **Mieter** das Objekt **nicht mehr** oder nicht mehr zum vertraglich vorgesehenen Zweck **nutzt** (OLG Düsseldorf, ZMR 2002, 739; KG, NZM 2011, 588).

Tritt ein **Mangel periodisch** (z.B. Aufheizung der Räume bei Sonneneinstrahlung im Sommer) auf, ist die Miete **nur zu diesen Zeiten gemindert** (BGH, NZM 2011, 153). Behält der Mieter in derartigen Fällen die **vorschüssig zu zahlende Miete** von vornherein in einem Umfang ein, der – insbesondere nach den Erfahrungen aus vorangegangenen Mietzeiträumen – der vorhersehbaren Beeinträchtigung der Gebrauchstauglichkeit entspricht, soll ein solcher vorläufiger Einbehalt ein **verzugsbegründendes Verschulden** des Mieters nach Auffassung des BGH (BGH, NZM 2011, 153) **ausschließen**. 390

Eine **Minderung scheidet aus**, wenn der Mangel leicht erkennbar ist und schnell mit geringen Kosten beseitigt werden kann (BGH, ZMR 2005, 101, 103; OLG Düsseldorf, NJOZ 2009, 3744; s.o. Rz. 350). Das KG (KG, NJOZ 2014, 1688) hat zu erkennen gegeben, nicht von einer Minderung der Miete auf null auszugehen zu wollen, wenn die Miete trotz vollständigem Entfall der Nutzungsmöglichkeit zum vertragsgemäßen Gebrauch anderweit vom Mieter genutzt wurde. Gleiches gilt auch nach Auffassung des KG (KG, NZM 2014, 909), solange der **Mieter die Mängelbeseitigung**, etwa durch Zutrittsverweigerung **verhindert**. 391

Ist der Vermieter auf Grund **unterbliebener Anzeige des Mangels** nicht in der Lage, einen ordnungsgemäßen Zustand der Mietsache herzustellen, kann der Mieter die Rechte nach § 536 BGB, insbesondere Minderung, nicht geltend machen (§ 536c BGB). Wie das KG (KG, GuT 2011, 153) betont, kann der Mieter in derartigen Fällen **nach Anzeige** jedoch für die Zukunft **mindern**. 392

Der BGH (BGH, NJW 2012, 3173) geht bei **Minderflächen** davon aus, dass bei unterschiedlichen **Qualitäten** der vermieteten Flächen die Miete nicht linear im Verhältnis zu der geringeren Fläche gemindert werden kann, wenn die Minderfläche auf die qualitativ geringwertigeren Flächen (Keller eines Imbisses) entfallen. 393

Im Prozess hat der Mieter die **Mängelsymptome** so genau zu beschreiben, dass das Gericht hinreichende Anhaltspunkte für die Berechnung der Minderung hat (KG, BeckRS 2013, 06082). Die **Minderung erfasst** nach auf Auffassung des OLG Hamm (OLG Hamm, NZM 2016, 202) **auch die Nebenkostenvorauszahlung**.

bb) Verwirkung

Nimmt der **Vermieter** längere Zeit eine vom Mieter ausgebrachte Minderung rügelos hin, ist er aufgrund von **Verwirkung** daran gehindert, rück- 394 ständige Mieten zu verlangen, wenn neben dem Zeitmoment auch das Umstandsmoment erfüllt ist. An das Umstandsmoment sind bei lang andauernder Minderung geringere Anforderungen zu stellen (BGH, NZM 2006, 58).

395 **Zahlt** der **Mieter** in **Kenntnis des Mangels vorbehaltslos** längere Zeit, kann er auf Grund **Verwirkung** an einer zukünftigen Minderung gehindert sein. Maßgeblich sind die Umstände des Einzelfalls, denn auch die vorbehaltslose Zahlung der vollständigen Miete führt **nicht in jeden Fall** zur **Verwirkung**. Denn häufig fehlt es gleichwohl an der Erfüllung des Umstandsmoments, da der Mieter in (aus der Korrespondenz hervorgehend) erkennbarer Weise auf die **baldige Mangelbeseitigung** auch nach Verschiebung durch den Vermieter **vertraut** (BGH, NJW 1997, 2674, 2675) oder der Vermieter die Mangelbeseitigung zugesagt (BGH, NJW 1997, 2674, 2675; Sternel, Mietrecht aktuell, VIII. Rz. 411) hat.

cc) Vorbehaltserfordernis?

396 **Zeigt** der Mieter dem Vermieter einen **Mangel an**, **ohne** sich die **Minderung vorzubehalten**, so ist eine (teilweise) **Rückforderung** der ungeschmälert gezahlten Miete nach Auffassung des KG (KG, BeckRS 2013, 06082) gemäß **§ 814 BGB ausgeschlossen**. Denn die mit einem Mangel einhergehende Minderung sei den entsprechenden Verkehrskreisen bekannt. Das OLG Köln (OLG Köln, GuT 2002, 45) ist der Auffassung, eine vom Mieter **vorgenommene Minderung** habe für den Vermieter hinreichende Warnfunktion, so dass der Mieter bezüglich des gezahlten Teils der Miete **nicht** noch einen **Vorbehalt der Zurückforderung** machen müsse. Denn im Einzelfall sei die tatsächlich berechtigte Minderung schwer abzuschätzen und der Mieter müsse bei einer höheren Minderung mit einer Kündigung des Vermieters wegen Zahlungsverzugs rechnen. Je nach Lage des Einzelfalls, wird gleichwohl eine Begrenzung auf die ausgebrachte Minderung für möglich gehalten, wenn kein Vorbehalt erfolgt (Sternel, Mietrecht aktuell, VIII. Rz. 271). Zahlt der Mieter vorbehaltslos die Miete in Kenntnis eines Mangels, soll die nachträgliche **Rückforderung gemäß § 814 BGB** ausgeschlossen sein (OLG Koblenz, NZM 2008, 405).

397 **Übt** der Mieter in Kenntnis eines Mangels eine vertraglich vorgesehene **Option zur Verlängerung der Mietzeit aus** ohne sich die **Minderung vorzubehalten**, war er nach Auffassung des OLG Rostock (OLG Rostock, NJOZ 2007, 4178) und des OLG Koblenz (OLG Koblenz, BeckRS 2014, 15913;16017) gemäß **§ 536b BGB nicht** mehr zur **Min-**

derung berechtigt. Dies ist **mittlerweile überholt**, da nach einer **Entscheidung des BGH** (BGH, NJW 2015, 402) führt die vorbehaltslose Ausübung einer Verlängerungsoption in Kenntnis von Mängeln **nicht** zu einer **entsprechenden Anwendung** des § 536b BGB.

dd) Vertragliche Einschränkungen der Minderung

398

Formularvertragliche Regelungen verstoßen gegen § 307 BGB und sind **unwirksam**, wenn sie dem Mieter bei bestehenden Mängeln die Minderung **endgültig abschneiden** (BGH, NZM 2008, 522; OLG Düsseldorf, NJOZ 2011, 1479; teilweise abweichend: OLG Koblenz, BeckRS 2014, 15913; 16017). Auch das OLG Köln (OLG Köln, ZMR 2012, 946) geht von der Wirksamkeit von formularvertraglichen Minderungsausschlussklauseln aus, wenn diese dem Mieter das Recht vorbehalten, beim tatsächlichen Vorhandensein von Mängeln zu viel gezahlte Miete zurück zu fordern. Das Rückforderungsrecht muss nach Auffassung des OLG Köln (OLG Köln, BeckRS 2013, 21123) **nicht ausdrücklich** in der Klausel vorbehalten werden. Ein formularvertraglicher Minderungsausschluss soll nach Beendigung des Mietverhältnisses nicht entfallen (OLG Düsseldorf, NZM 2010, 582). Das OLG Celle (OLG Celle, Urt. v. 22.03. 2012 - 2 U 127/11) geht von der Wirksamkeit der formularvertraglichen Klausel,

„Pachtminderungen und Aufrechnung gegenüber dem Pachtanspruch des Verpächters sind ausgeschlossen, soweit die Forderungen des Pächters nicht rechtskräftig festgestellt oder unbestritten sind."

aus und grenzt hierbei das Mietrecht bezüglich **Aufrechnungsverboten** von der abweichenden Rechtsprechung des BGH (BGH, ZMR 2011, 541) zum Werkvertragsrecht ab (Vgl. a. OLG Köln, BeckRS 2012, 21095; a.A.: Niebling, ZMR 2011, 620; Lützenkirchen, ZMR 2012, 946).

Nach Auffassung des KG (KG, BeckRS 2013, 18788) ist die Klausel,

„Macht ein Mieter Minderungsrechte geltend, so ist er verpflichtet, den Betrag auf ein Notaranderkonto oder bei der Vermieterin zu hinterlegen.“

wirksam.

Das KG (KG, NZM 2014, 909) hält AGB-Klauseln für wirksam, nach denen eine Minderung nur bei vom Vermieter anerkannten oder rechtskräftig festgestellten Mängeln möglich ist.

Ist im Mietvertrag eine **unwirksame Klausel** bezüglich des Ausschlusses der Mietminderung durch Abzug von den laufenden Mietzahlungen enthalten, ist nach einer Entscheidung des KG (KG, NZM 2014,909) die **Rückforderung** aufgrund von Mängeln überzahlter Miete nach **§ 814 BGB nur ausgeschlossen**, wenn der Mieter die Unwirksamkeit der Klausel **positiv kannte**. Die Darlegungs- und Beweislast trage insoweit der Klauselverwender.

Der BGH (BGH, NZM 2016, 585) hält die Klausel,

„Der Mieter kann gegen die Miete weder aufrechnen noch ein Zurückbehaltungsrecht ausüben oder die Miete mindern. Hiervon ausgenommen sind Forderungen des Mieters wegen Schadenersatz für Nichterfüllung oder Aufwendungsersatz in Folge eines anfänglichen oder nachträglichen Mangels der Mietsache, den der Vermieter wegen Vorsatz oder grober Fahrlässigkeit zu vertreten hat und andere Forderungen aus dem Mietverhältnis, soweit sie unbestritten, rechtskräftig festgestellt oder entscheidungsreif sind.“,

wegen Verstoßes gegen § 307 BGB für unwirksam.

ee) Berechnung der Minderung

399 Von **welchem Betrag die Minderung zu berechnen** ist, wurde/wird unterschiedlich beurteilt. Das OLG Koblenz ging davon aus, dass grundsätzlich von der Kaltmiete auszugehen ist (OLG Koblenz, ZMR 2002, 744). Nach Auffassung des BGH (NZM 2005, 455) und des Kammergerichts (KG, NZM 2004, 70) ist von der **Warmmiete auszugehen**. Diese Auffassung führt zu erheblichen praktischen Schwierigkeiten, da die Warmmiete erst nach Vorliegen der Betriebskostenabrechnung (vgl. insoweit BGH, NZM 2011, 453 zur Wohnraummiete) vollumfänglich feststeht und wird daher in der Literatur kritisiert (Kretzer, ZMR 2005, 516; Leo/Heider NZM 2005, 167, 170; s. a. Schumann GuT 2005, 201 f). Das OLG Dresden (OLG Dresden, GuT 2008, 35) differenziert im offenen Widerspruch zur BGH-Rechtsprechung und geht z.B. bei einer 30%-igen Minderung der Kaltmiete bei auf die **Heizung** bezogenen 20% der Minderung auch nur von einer Kürzung der Heizkosten in Höhe von 20% aus.

Das OLG Brandenburg (OLG Brandenburg, BeckRS 2008, 10205) geht bei einem auf einen **abgegrenzten Teilbereich** der Mietsache **beschränkten Mangel** von einer Minderung im Rahmen der Betriebskosten nur für diesen Teilbereich aus.

Im Prozess hat der Mieter das **Maß der Gebrauchsbeeinträchtigung nicht darzulegen** und zu beweisen (KG, BeckRS 2014, 22912). Es reicht aus, wenn er die für eine Schätzung nach § 287 ZPO erforderlichen Tatsachen darlegt und gegebenenfalls beweist.

e) Mangelbeseitigungsanspruch

400 Ist die Mietsache mangelhaft, steht dem Mieter ein Anspruch auf Mangel**beseitigung** zu. Der Mangelbeseitigungsanspruch bleibt auch dann erhalten, wenn die Geltendmachung der **Minderung verwirkt** ist (BGH; NZM 2003, 355, 366; OLG Naumburg, ZMR 2001, 617).

401 Grundsätzlich ist der Vermieter in seiner Entscheidung frei, in welcher Weise er einen Mangel beseitigt (KG, BeckRS 2013, 06082). Der Mieter soll sich jedoch nicht mit Flickwerk zufriedengeben müssen, wenn eine umfassende Sanierung, z.B. bei einem Flachdach, erforderlich ist (OLG Düsseldorf, NZM 2009, 281 = GuT 2007, 363). Der Vermieter ist vielmehr verpflichtet, eine **dauerhafte Beseitigung** des **Mangels** vorzunehmen und soweit erforderlich grundlegend zu sanieren und nicht nur an den jeweils auftretenden Schadensstellen zu flicken, da der Mieter eine dauerhafte Sanierung verlangen kann.

402 Nach Auffassung des OLG Dresden (OLG Dresden, BeckRS 2012, 25019) liegt auch bei extrem **hohen Mangelbeseitigungskosten** im Verhältnis zur Miete bei einem langfristigen Mietverhältnis kein **Wegfall der Geschäftsgrundlage** vor, wenn eine seit Jahrzehnten nicht sanierte Mietsache langfristig vermietet wird.

403 Das KG (KG, BeckRS 2010, 18952) gesteht jedoch dem Vermieter ein **Leistungsverweigerungsrecht** gemäß § 275 BGB zu, wenn ein **krasses Missverhältnis** zwischen dem **Reparaturaufwand** einerseits und dem **Nutzen der Reparatur** für den Mieter sowie dem Wert des Mietobjekts und den aus ihm zu ziehenden Einnahmen andererseits besteht.

f) Zurückbehaltungsrecht

404 Unabhängig von der Minderung steht dem Mieter bei Mangelhaftigkeit der Mietsache ein **Zurückbehaltungsrecht** im Sinne des **§ 320 BGB** an der Miete zu. Dies gilt selbst dann, wenn eine **Minderung** aufgrund Kenntnis des Mangels bei Vertragsschluss bzw. aufgrund vorbehaltsloser Annahme der Mietsache in Kenntnis des Mangels (§ 536 b BGB) **ausgeschlossen** ist (BGH, NZM 2007, 484, 485). Da das **Zurückbehaltungsrecht** an die **Verpflichtung zur Mangelbeseitigung anknüpft**,

kann es auch beim **Ausschluss der Minderung** geltend gemacht werden (BGH, NJW 1997, 2674). Solange der **Vermieter keine Kenntnis** vom Mangel hat, kann ein **Zurückbehaltungsrecht** jedoch **nicht geltend** gemacht werden (BGH, ZMR 2011, 275 zur Wohnraummiete).

405 **Kein Zurückbehaltungsrecht** nach Maßgabe des § 320 BGB besteht jedoch (mehr), wenn der **Mieter** das **Interesse an** der **Erfüllung** der Mangelbeseitigungspflicht **verloren** hat, weil z.B. die Mietsache in keinem Fall mehr nutzen möchte (BGH, NJW 1989, 3222, 3224 zum Leasing; 1997, 2674, 2675). Dies gilt auch, wenn der Mieter das Mietverhältnis wegen der Mängel außerordentlich **gekündigt** hat und **ausgezogen** ist (BGH, NJW 1982, 874). Denn aus diesem Verhalten ergebe sich, dass der Mieter für die Zukunft nicht mehr zur Erfüllung bereit ist und vom Vermieter die Erfüllung des Mietvertrages für die Zukunft nicht mehr erwartet. Für einen solchen Fall sei die Einrede aus § 320 BGB nicht bestimmt. Sie habe nur „verzögerlichen Charakter" und diene dazu, den anderen Teil zur Erfüllung des mit der Einrede geltend gemachten Anspruchs, hier die Mietsache in einem zu dem vertragsgemäßen Gebrauch geeigneten Zustand zur Verfügung zu stellen, anzuhalten. Hierauf lege aber der nach Kündigung ausgezogene Mieter, der die Mietsache nicht mehr nutzen will, keinen Wert mehr (BGH, NJW 1982, 874).

406 Das **Zurückbehaltungsrecht entfällt** gegenüber dem bisherigen Vermieter auch, wenn der **Vermieter** die **Mietsache veräußert** (OLG Düsseldorf BeckRS 2011, 07147 = ZMR 2011, 795).

407 Die **Einrede** des nicht erfüllten Vertrags muss vom Mieter **nicht ausdrücklich** erhoben werden. **Erforderlich** ist aber, dass der **Wille**, die eigene Leistung im Hinblick auf das Ausbleiben der Gegenleistung zurückzuhalten, **eindeutig erkennbar** ist (BGH, NJW 1999, 53; 2006, 2839; NZM 2008, 522).

408 Die in einem **Formularvertrag** enthaltende Beschränkung des Zurückbehaltungsrechts, dass es nur wegen **unstreitiger oder rechtskräftig festgestellter Forderungen** geltend gemacht werden darf, **verstößt** bei Verwendung gegenüber einem Unternehmer nach Auffassung des BGH (BGH, NZM 2011, 153) **nicht** gegen **§ 307 BGB**.

g) Schadensersatz

409 Das OLG Düsseldorf (OLG Düsseldorf, NJW-RR 2000, 531) und das OLG Saarbrücken (OLG Saarbrücken, BeckRS 2011, 00103) haben entgegen einer in der Literatur teilweise vertretenen Auffassung (vgl. etwa:

Staudinger-Emmerich, § 554 BGB, Rz. 12, 51) entschieden, dass der Vermieter **nicht** schon auf Grund **Durchführung von Modernisierungsmaßnahmen** dem Mieter zum **Schadensersatz verpflichtet** ist.

Eine **bloße Mangelanzeige** begründet nach Auffassung des OLG Karlsruhe (OLG Karlsruhe, ZMR 2014, 878) **keinen Verzug** des Vermieters mit der Mangelbeseitigung, der ggf. Voraussetzung für einen Schadensersatzanspruch des Mieters ist.

410 Folgt man dem OLG Köln (OLG Köln, NZM 2005, 179 f.) steht der **Vermieter** für **Schäden** des **Mieters** nicht ein, wenn die mangelhafte Schlauchverbindung im **Bereich** eines **anderen Mieters** bereits bei Vertragsschluss vorhanden war. Denn die von einem anderen Mieter installierte Schlauchinstallation sei weder Bestandteil der Mietsache im Sinne der §§ 536, 536 a BGB, noch müsse sich der **Vermieter** das schuldhafte **Verhalten** des **anderen Mieters zurechnen** lassen.

h) Mängelbeseitigung durch den Mieter

411 Gerät der Vermieter mit der Mangelbeseitigung in **Verzug** oder **ist Gefahr im Verzug**, ist der Mieter gemäß § 536a Abs. 2 BGB berechtigt, den Mangel selbst zu beseitigen und vom Vermieter Aufwendungsersatz zu fordern. Eine **Mahnung** ist **nicht entbehrlich**, wenn der Vermieter lediglich **behauptet**, die Mietsache sei **ordnungsgemäß**. Denn dies beinhaltet noch keine ernsthafte und endgültige Erfüllungsverweigerung im Sinne von § 286 Abs. 2 Nr. 3 BGB (OLG Brandenburg, BeckRS 2009, 07165).

412 Im Zusammenhang mit **Aufwendungsersatzansprüchen** des **Mieters** hat das OLG Düsseldorf (OLG Düsseldorf, BeckRS 2010, 27739) nochmals darauf hingewiesen, dass nach der Wertung und dem Zweck des § 536a Abs. 2 BGB grundsätzlich dem **Vermieter der Vorrang** bei der **Beseitigung** eines **Mangels** zukommen. Dieser Vorrang diene seinem Schutz, weil er dadurch die Minderung der Miete nach § 536 BGB oder auch Schadenersatzansprüche des Mieters nach § 536a Abs. 1 BGB abwenden kann. Außerdem soll es ihm – ohne vom Mieter vor vollendete Tatsachen gestellt zu werden – vorrangig ermöglicht werden, die **Mietsache** darauf zu **überprüfen**, ob der behauptete **Mangel besteht**, auf welcher Ursache er beruht sowie ob und auf welche Weise er beseitigt werden kann, und hierzu gegebenenfalls **Beweise** zu sichern. Den Interessen des Mieters wird dagegen dadurch Rechnung getragen, dass er entweder bei Verzug des Vermieters oder bei notwendigem umgehenden

Beseitigungsbedürfnis zur Selbsthilfe schreiten und seine dafür erforderlichen Aufwendungen von seinem Vermieter ersetzt verlangen kann.

413 Liegen die Voraussetzungen des § 536a Abs. 2 BGB vor, steht dem Aufwendungsersatzanspruch des Mieters eine **mangelhafte Ausführung** von **Beseitigungsarbeiten** nicht entgegen. Vielmehr ist der Mieter lediglich verpflichtet, dem Vermieter die **Gewährleistungsansprüche Zug um Zug** gegen den Ausgleich der von ihm getätigten Aufwendungen **abzutreten** (OLG Brandenburg ZMR 2003, 909, 914). Ein Ersatz von Kosten der Mängelbeseitigung unterfällt nach Auffassung des KG (KG, GuT 2010, 431, 433) nicht den Aufwendungsersatzansprüchen im Sinne des § 539 BGB.

414 Zu einer **Mangelbeseitigung** ist der **Mieter** auch im Gewerberaummietrecht grundsätzlich **nicht verpflichtet** (OLG Düsseldorf WuM 2003, 386). Nur ausnahmsweise muss er sich bei leicht zu beseitigenden Mängeln eine unterbliebene Schadensbeseitigung als Mitverschulden anrechnen lassen.

i) Kündigungsrecht des Mieters

aa) Kündigung gemäß § 543 Abs. 2 Nr. 1, Abs. 3 BGB

415 Im Rahmen der Behandlung von Sachmängeln ist immer die Regelung des **§ 543 Abs. 1, 2 Nr. 1 BGB** zu beachten. Denn in der **Mangelhaftigkeit der Mietsache** wird nach herrschender Meinung auch ein **Teilentzug der Sache** gesehen, der nach **Fristsetzung und Ablauf der Frist** zur **außerordentlichen Kündigung** berechtigt (BGH, NZM 2006, 929 Rn. 10; OLG Düsseldorf, GuT 2006, 133; 2007, 438; BeckRS 2012, 13790; 16346). Auch ein vom Vermieter **unverschuldeter Mangel** kann zum **Kündigungsrecht** nach Maßgabe des § 543 Abs. 2 Nr. 1 BGB führen (OLG Düsseldorf, BeckRS 2011, 11737; 2012, 13790; 16346). Das **Kündigungsrecht** setzt **keine Unzumutbarkeit** der **Fortführung** des Vertrags, sondern **nur** eine **gewisse Erheblichkeit der Mängel** voraus (BGH, NZM 2006, 929 Rn. 10; OLG Karlsruhe, BeckRS 2013, 02473; OLG Düsseldorf, BeckRS 2012, 16346; 13790). Die **Beweislast** für die Unerheblichkeit des Mangels trifft (OLG Karlsruhe, BeckRS 2013, 02473; OLG Düsseldorf, BeckRS 2012, 16346) den **Vermieter**. In diesem Zusammenhang ist zu beachten, dass bei einem **unzureichenden Mängelbeseitigungsversuch keine erneute** Frist zu setzen ist, da der Erfolg der Mängelbeseitigungsmaßnahme in die Risikosphäre des Vermieters fällt (OLG Düsseldorf, GuT 2006, 133, 134; BeckRS 2012, 16346). Hat

der Vermieter nach einer Fristsetzung zur Mangelbeseitigung im Sinne des § 543 Abs. 3 BGB Bemühungen zu **Mangelbeseitigung** unternommen und ist der Mangel auf ein **unerhebliches Maß reduziert** worden, kann der Mieter nach Auffassung des OLG Düsseldorf (OLG Düsseldorf, BeckRS 2012, 05968) nicht kündigen. Die **Darlegungs- und Beweislast** für die **Beseitigung** des Mangels innerhalb der Frist trägt nach Auffassung des OLG Karlsruhe (OLG Karlsruhe, BeckRS 2013, 02473; s.a. BGH, NJW 1976, 796) der **Vermieter**.

416 Die **Fristsetzung** im Sinne des § 543 Abs. 3 BGB muss auch nach Auffassung des OLG Karlsruhe (OLG Karlsruhe, BeckRS 2013, 02473) und des OLG Düsseldorf (OLG Düsseldorf, BeckRS 2012, 13790) **nicht** mit einer **Kündigungsandrohung** verbunden sein.

417 **Bloße Mängelanzeigen** ohne Fristsetzung reichen nicht aus, um das Kündigungsrecht im Sinne des § 543 Abs. 2 Nr. 1, Abs. 3 BGB herbeizuführen (OLG Düsseldorf, BeckRS 2012, 13790).

418 In der jüngeren Rechtsprechung sind folgende Mängel gegebenenfalls nach fruchtlosem Ablauf einer zur Beseitigung gesetzten Frist (vgl. insoweit BGH, NZM 2007, 439, Wohnraummiete) als **Kündigungsgründe** anerkannt worden:

419 **Fehlende Funktion von Brandschutzeinrichtungen** verbunden mit der Gefahr, dass sich relativ kleine Brände zu einem Großbrand ausweiten können (KG, ZMR 2004, 259).

420 **Schimmelpilzbildung**, wenn es zu einer konkreten und erheblichen **Gesundheitsgefährdung** kommt (KG, ZMR 2004, 513).

421 **Gravierende Durchfeuchtung** einer Dachunterkonstruktion nebst fehlender Verfugung einer Gaube, durch die Wasser in die Wand der Mietsache eindringt (OLG Düsseldorf GuT 2006, 133).

422 Auf in der **Fristsetzung nicht genannte Mängel**, kann eine Kündigung nicht mit Erfolg gestützt werden (OLG Düsseldorf, BeckRS 2012, 13790).

423 Eine **Abmahnung** im Sinne des § 543 Abs. 3 BGB ist nach Auffassung des OLG Düsseldorf (OLG Düsseldorf, BeckRS 2012, 13790) **nicht geeignet**, eine Kündigungsmöglichkeit im Zusammenhang mit einem Mangel der Mietsache zu eröffnen. Denn eine Abmahnung ist nach Auffassung des OLG Düsseldorf nur dann geeignet eine Kündigungsmöglich-

keit nach Maßgabe des § 543 BGB zu eröffnen, wenn das Unterlassen eines vertragswidrigen Verhaltens herbeigeführt werden soll.

424 Auch wenn der **Vermieter** die **Mängelbeseitigung angeboten** hat, entfällt die Erforderlichkeit einer Fristsetzung nicht (OLG Düsseldorf, BeckRS 2012, 13790). **Ausnahmsweise** kann die **Fristsetzung entbehrlich** sein, wenn die Abhilfe mit **unzumutbaren Belastungen**, z.B. bei unverhältnismäßigem Zeitaufwand oder umfangreichen Bauarbeiten, verbunden ist oder, wenn der Mieter schon wiederholt erfolglos zur Mängelbeseitigung aufgefordert hat (OLG Düsseldorf, BeckRS 2012, 13790).

bb) Ausschluss des Kündigungsrechts

425 Das OLG Hamm (OLG Hamm, NZM 2011, 277) hält eine **Kündigung** nach Maßgabe des 543 Abs. 2 Nr. 1 BGB für **unwirksam**, wenn der **Mieter** oder Pächter die **Mietsache nicht gebrauchen** will. Es verstoße gegen das **Verbot widersprüchlichen Verhaltens**, wenn trotz fehlender Nutzungsabsicht der Vermieter zur Herstellung des vertragsgemäßen Zustandes der Mietsache aufgefordert wird, um sich sodann unter Hinweis auf die nicht erfolgte Mangelbeseitigung aus dem Vertrag zu lösen.

Das OLG Brandenburg (OLG Brandenburg, NZM 2013, 151) hat darauf hingewiesen, dass ein **Kündigungsrecht wegen eines Mangels** der Mietsache nach Maßgabe des § 543 Abs.2 Nr. 1 BGB nicht mehr in Betracht kommt, wenn sich das Mietverhältnis auf Grund einer **mietvertraglichen Regelung verlängert hat** und der Mieter sich seine Rechte in Bezug auf den Mangel **nicht vorbehalten** hat.

426 Gegen das Kündigungsrecht des § 543 Abs. 2 Nr. 1 BGB kann der Vermieter sich **nach erfolgter Kündigung** nach Auffassung des OLG Düsseldorf (OLG Düsseldorf, NJOZ 2011, 2006) nicht mit Erfolg auf ein auf Grund Nichtzahlung der Miete bestehendes **Zurückbehaltungsrecht** bezüglich der Mangelbeseitigung **berufen**.

j) Rücktritt vom Vertrag

427 Bringt der Vermieter die Räume nicht in den dem vertragsgemäßen Gebrauch entsprechenden Zustand, kann der Mieter entsprechend einer Entscheidung des OLG Brandenburg (OLG Brandenburg, BeckRS 2012, 14955) nach einer Nachfristsetzung vom Mietvertrag zurücktreten.

k) Verweigerung der Übernahme der Mietsache

428 Ist die Mietsache bei Vertragsbeginn nicht in einem vertragsgemäßen Zustand, kann der Mieter die **Übernahme verweigern**, wenn die **Sach- oder Rechtsmängel nicht** nur **geringfügig** sind (BGH, ZMR 2007, 444, 445).

l) Darlegungs- und Beweislast

429 Die Mietminderung ist ihrer rechtlichen Natur nach, anders als beim Kauf das Recht zur Minderung des Kaufpreises, kein Anspruch, sondern bewirkt **kraft Gesetzes** eine Änderung der Vertragspflichten (BGH, NJW 1987, 432; NJW-RR 1991, 779; OLG Brandenburg, BeckRS 2008, 10205). Liegt ein Mangel vor, dann tritt die teilweise oder vollständige Befreiung von der Mietpflicht ein, solange die Gebrauchstauglichkeit der Sache herabgesetzt oder aufgehoben ist, ohne, dass sich der Mieter darauf berufen muss.

430 Das bedeutet für die **Darlegungslast des Mieters**, der sich gegenüber dem Zahlungsanspruch des Vermieters auf einen Mangel der Mietsache beruft und daraus eine Minderung des Mietzinses herleitet, dass er nur **konkrete Sachmängel** darzulegen braucht, die die **Tauglichkeit der Mietsache** zum vertragsgemäßen Gebrauch beeinträchtigen. Hingegen fällt das **Maß der Gebrauchsbeeinträchtigung** durch den Mangel **nicht** in die **Darlegungslast des Mieters**. Denn die Mietzinsminderung tritt automatisch in dem Umfang ein, in dem die Gebrauchstauglichkeit herabgesetzt ist. Liegt der behauptete Mangel vor, so ist, gegebenenfalls unter **Heranziehung** eines **Sachverständigen**, der Umfang der Gebrauchsbeeinträchtigung zu klären. Daraus folgt sodann ohne Weiteres das Maß, in dem die Miete gemindert ist (BGH, NJW-RR 1991, 779).

431 Bei einer **Beschädigung der Mietsache** muss zunächst der Vermieter beweisen, dass die **Schadensursache** nicht aus seinem **Gefahrenbereich** stammt (BGH, ZMR 2005, 120). Erst bei dem Gelingen des Beweises ist der Mieter mit dem Beweis belastet, dass die Schadensursache nicht aus seinem Verantwortungsbereich stammt. Diese Beweislastverteilung gilt nach Auffassung des OLG Düsseldorf (OLG Düsseldorf, GuT 2005, 18 f.) nicht, wenn feststeht, dass eine bewusste Manipulation zu einem Schaden am nicht vermieteten Eigentum des Vermieters (Heizungsraum) geführt hat. Insoweit müsse sich der Mieter auch ein eventuelles schadensverursachendes Handeln seines Untermieters nicht nach § 278 BGB zurechnen lassen.

m) Ausschluss von Rechten gemäß § 536b BGB

432 Gemäß § 536 b BGB stehen die Rechte nach Maßgabe der §§ 536, 536a BGB dem **Mieter** nicht zu, wenn er den **Mangel bei Vertragsschluss** kannte. Bei grob fahrlässiger Unkenntnis stehen sie ihm nur bei arglistigem Verschweigen des Vermieters zu. Eine **Kenntnis des Mieters** im Sinne des § 536b BGB erfordert nach Auffassung des OLG Düsseldorf (OLG Düsseldorf, BeckRS 2011, 09025) **nicht nur** das **Wissen** vom **äußeren Erscheinungsbild der Mietsache**, sondern auch das Wissen um die **konkreten Auswirkungen** des **Mangels** auf die **Gebrauchstauglichkeit** der Mietsache. Der aus § 535 BGB resultierende **Mangelbeseitigungsanspruch** bleibt auch bei **Kenntnis** eines Mangels auf jeden Fall **unberührt**. Eine **Untersuchungspflicht auf Mängel** vor Vertragsschluss trifft den Mieter regelmäßig nicht (BGH, NZM 2007, 484 Rn. 21). Etwas anderes gilt nur, wenn die Vertragsparteien den **schlechten Zustand** der Mietsache als **vertragsgemäß** vereinbart haben (BGH, NZM 2007, 484).

433 Kündigt der **Mieter** in **Kenntnis von Mängeln** in der Vergangenheit für diesen Zeitraum **vollständige Zahlung** der Mieten an, soll er nach Auffassung des OLG Düsseldorf (OLG Düsseldorf, ZMR 2010, 960) die **Minderung** und **Gegenrechte** verlieren.

n) Anzeigepflicht

434 Den Mieter trifft gemäß § 536c BGB die Pflicht, bekannt gewordene **Mängel anzuzeigen**. Dieser Pflicht hat er **regelmäßig** mit einer **einmaligen Anzeige** genügt. Eine erneute Anzeige – auch nach **fruchtlosen Mangelbeseitigungsversuchen** des Vermieters – soll nur nach Treu und Glauben ausnahmsweise erforderlich sein (OLG Düsseldorf, BeckRS 2012, 16346). Das OLG Düsseldorf (OLG Düsseldorf, OLGR 2008, 758) hat betont, dass den Mieter im Rahmen seiner **Anzeigepflicht** für Mängel (§ 536c BGB) **keine Untersuchungspflicht** in Bezug auf **versteckte Mängel** trifft. Vielmehr werde gegen die Anzeigepflicht erst verstoßen, wenn der Mieter einen Schaden im Objekt nicht anzeigt, den er kennt oder grob fahrlässig nicht kennt.

o) Schadensverursachung des Mieters

435 Im Falle der Beschädigung der Mietsache muss sich der Mieter auch das **Verhalten** von ihm **beauftragter Handwerker** als **Erfüllungsgehilfen** zurechnen lassen (KG, GuT 2010, 215). Das OLG München (OLG München, GuT 2005, 21) sieht den Mieter zum Ersatz des **Schadens** eines

weiteren Mieters verpflichtet, wenn sich eine unter Druck stehende Schlauchverbindung einer Schankanlage löst, die nach Betriebsschluss nicht abgedreht wurde und unbeaufsichtigt blieb.

p) Fürsorgepflicht des Vermieters

Den Vermieter trifft nach einem Urteil des BGH (BGH, NZM 2013, 191) neben der Hauptpflicht, dem Mieter den ungestörten Gebrauch der vermieteten Sache zu gewähren, die **vertragliche Nebenpflicht, Störungen des Mieters und Beschädigungen** der von diesem eingebrachten Sachen zu unterlassen. Aus dieser Fürsorgepflicht folge, dass der Vermieter keine zusätzliche Gefahrenquelle schaffen dürfe, die z.B. die Brandgefahr für die Mieträume erhöht. Die Verletzung dieser Fürsorgepflicht führe zu einem Schadensersatzanspruch des Mieters nach Maßgabe der §§ 535, 280, 278 BGB.

M. Werbegemeinschaften, Vertragsstrafen

1. Werbegemeinschaften

436 In nahezu sämtlichen größeren **Einkaufszentren** sind zwischenzeitlich **Werbegemeinschaften** installiert. Juristisch dogmatisch ist die Gesamtproblematik noch nicht einmal ansatzweise durchdrungen. Es liegen nur einige wenige einschlägige Entscheidungen vor.

437 Es ist nach Auffassung des BGH (BGH, NZM 2006, 775; 2016, 520) möglich, die **formularvertragliche Pflicht** zu statuieren, einer Werbegemeinschaft beizutreten (so bereits: OLG Hamm, GE 1999, 314; a. A. OLG Hamburg, ZMR 2004, 509). Zu Recht verweisen der BGH (BGH, NZM 2006, 775) und das OLG Hamburg darauf, dass jedoch der Beitritt zu einer Werbegemeinschaft in der **Rechtsform** der **Gesellschaft bürgerlichen Rechts** nicht formularvertraglich erzwungen werden kann. Denn die Haftung als GbR-Gesellschafter ist unzumutbar. Auf jeden Fall muss im Mietvertrag festgelegt werden, welche **Höchstgrenze die Beiträge** zur **Werbegemeinschaft** erreichen können (vgl. BGH, NZM 2006, 775; OLG Düsseldorf, ZMR 1993, 469; LG Berlin, NZM 2001, 338; KG, GE 1999, 313), wenn zum Zeitpunkt des Vertragsabschlusses noch keine aktuelle Beitragshöhe feststeht (BGH, NZM 2016, 520). Auch bei der Gestaltung von entsprechenden formularvertraglichen Klauseln in Mietverträgen ist große Sorgfalt auf die Erfüllung des **Transparenzgebotes** des § 307 Abs. 1 S. 2 BGB zu legen. Es sollte ein gesonderter Paragraph für die Verpflichtungen gewählt werden, der an passender Stelle eingefügt wird.

438 Das OLG Düsseldorf (OLG Düsseldorf, ZMR 1993, 469) hat die Auffassung vertreten, der Mieter könne nicht verpflichtet werden**, Beiträge zur Werbegemeinschaft** zu zahlen **ohne Mitglied zu sein**.

Ist der **Beitritt** eines Mieters von gewerblich genutzten Räumen in einem Einkaufszentrum zu einer in der Rechtsform einer Gesellschaft bürgerlichen Rechts geführten Werbegemeinschaft **unwirksam**, so finden die **Grundsätze über den fehlerhaften Beitritt** zu einer Gesellschaft Anwendung (BGH, NZM 2016, 683).

2. Vertragsstrafeversprechen

439 Der Bundesgerichtshof hat im Jahre 2003 (BGH, ZMR 2003, 647) ein Grundsatzurteil zu den Fragen der Zulässigkeit von **formularvertraglichen Vertragsstrafenversprechen** in Gewerberaummietverhältnissen gefällt. Formularvertragliche Vertragsstrafeversprechen sollen danach grundsätzlich zulässig sein (s.a. OLG Celle, NZM 2014, 751). Die vom BGH in der Entscheidung entwickelten Grundsätze **weichen** von denen zum **privaten Baurecht** erheblich **ab**. Der XII. Zivilsenat geht davon aus, dass eine **Höchstbegrenzung** von Vertragsstrafen grundsätzlich (zumindest im Zusammenhang mit einer verspäteten Übergabe der Mietsache) **nicht erforderlich** ist (OLG Celle, NZM 2014, 751; a.A. wohl: OLG Düsseldorf, MDR 2008, 136). Die Vertragsstrafe muss nach Auffassung des BGH lediglich in einem **angemessenen Verhältnis** zur **Schwere** des mit ihr geahndeten **Verstoßes** stehen (vgl. a. OLG Naumburg, NZM 2012, 808). Folgt man dem OLG Celle (OLG Celle, NZM 2014, 751), so ist es nicht erforderlich, dass das **Verschuldenserfordernis** in der Klausel ausdrücklich zum Ausdruck kommt.

440 Ein angemessenes Verhältnis von Strafe und Verstoß soll bei einer Vertragsstrafe von 2.500,- € bei jedwedem Verstoß gegen eine Bierbezugsverpflichtung (OLG Düsseldorf, MDR 2008, 136) und einer Vertragsstrafe von 10 % der monatlichen Miete für jeden Tag mit Verstoß gegen eine vertraglich vereinbarte Betriebspflicht (OLG Naumburg, NZM 2012, 808) nicht gegeben sein. Offen gelassen hat der BGH (BGH, ZMR 2003, 647), ob zeitlich gesehen bei jahrelang andauernden Vertragsstrafen eine Begrenzung einzuziehen ist. Er hat hieran jedoch gewisse Zweifel erkennen lassen, da es den Vertragsparteien im Regelfall offen stehe, **jederzeit zu vertragsgemäßem Handeln zurückzukehren**. Folgt man dem OLG Düsseldorf (OLG Düsseldorf, BeckRS 1996, 00592), kann sich der Vermieter formularvertraglich für den Fall der außerordentlichen Kündigung wegen Zahlungsverzugs eine Vertragsstrafe nicht wirksam ausbedingen.

441 Nach Auffassung des OLG Düsseldorf (GuT 2005, 155 f. = ZMR 2006, 35), ist bei einer für den Fall der **verspäteten Übergabe** ausbedungenen Vertragsstrafe § 341 Abs. 3 BGB mit der Folge anwendbar, dass der Berechtigte sich die Vertragsstrafe bei Übergabe **vorbehalten** muss, will er ihrer nicht verlustig gehen.

N. Modernisierung der Mietsache

Der BGH (BGH, NZM 2013, 122 Rn. 18) hat festgehalten, dass **§ 554 Abs. 4 BGB a.F. keine Anspruchsgrundlage** für Schäden im Zusammenhang mit einer Kündigung wegen Modernisierungsmaßnahmen darstellt. Vielmehr erfasse die Norm nur die Aufwendungen, die im Zusammenhang mit der Erfüllung der Duldungspflicht entstehen. Der Aufwendungsersatzanspruch knüpfe von seinem Sinn- und Regelungsgehalt her an die Fortsetzung des Mietverhältnisses an.

Nach Auffassung des KG (KG, BeckRS 2013, 04375) kann der Mieter bei **zu duldenden Modernisierungsmaßnahmen** des Vermieters über eine ggf. vorliegende Minderung der Miete hinaus **kein Zurückbehaltungsrecht** an einem weiteren Teil der Miete geltend machen.

Ist der Mieter nicht gemäß § 554 Abs. 1, 2 BGB a.F. zur Duldung der Modernisierungsmaßnahmen verpflichtet, liegt eine **zur außerordentlichen Kündigung berechtigende Teilentziehung der Mietsache** vor, die nach Maßgabe des § 543 Abs. 2 Nr. 1 BGB zur außerordentlichen Kündigung berechtigt (BGH, NZM 2013, 122 Rn. 21f). Kündigt der Mieter, stehen ihm nach Auffassung des BGH (BGH, NZM 2013, 122 Rn. 35), **Schadensersatzansprüche nach Maßgabe** des § 536a BGB zu.

O. Mietsicherheiten

1. Rechtliche Ausgangssituation

Eine mit **§ 551 BGB vergleichbare Regelung** für Mietsicherheiten **fehlt** für den Bereich der **Geschäftsraummiete**. Auch eine **entsprechende Anwendbarkeit** des § 551 BGB ist **nicht gegeben**. Eventuelle Mietsicherheiten sind daher in allen Einzelheiten zu vereinbaren. Hierbei soll es auch **formularvertraglich möglich** sein, Mietsicherheiten in einer Höhe von **mehr als drei Monatsmieten** zu vereinbaren (OLG Brandenburg, ZMR 2006, 853; OLG Düsseldorf, BeckRS 2009, 27752 [6 Monatsmieten]; ablehnend: Lindner-Figura/Oprée/Stellmann-Moeser, Kap. 12, Rz. 35) und die **Fälligkeit vor Mietbeginn** festzulegen (KG, NJOZ 2008, 3011). Nach Auffassung des OLG Brandenburg (OLG Brandenburg, Urt. v. 13.10.2010 - 3 U 4/10) sollen **Formularvertragsklauseln**, nach denen der Mieter **vor Übergabe** der Mietsache verpflichtet sein soll, die **Mietsicherheit** und die **erste Miete** zu leisten, nicht unangemessen benachteiligend und damit **wirksam** sein. 442

Zur Auswahl stehen **unterschiedliche Sicherungsinstrumente** wie **Barkaution**, **Bürgschaft, Verpfändung von Wertpapieren, -gegenständen** und **Patronatserklärung** etc. Ist eine Mietsicherheit vereinbart worden, kann sie auch noch **nach Beendigung** des **Mietverhältnisses** verlangt werden, wenn noch Ansprüche aus dem Mietverhältnis bestehen (BGH, NJW 1981, 976; OLG Düsseldorf, ZMR 2006, 686; KG, NJOZ 2008, 3011). 443

Mangels abweichender Bestimmung im Mietvertrag soll (OLG Düsseldorf, ZMR 2000, 452; OLG Karlsruhe, BeckRS 2006, 12988) die **Mietsicherheit** den Vermieter ohne Rücksicht auf einen Streit der Parteien über die Berechtigung von Gegenrechten des Mieters hinsichtlich seiner Vertragspflicht zur Zahlung der vereinbarten Miete vor einer Insolvenz des Mieters schützen und ihm während und nach Beendigung des Mietverhältnisses eine **erleichterte Durchsetzung** seiner berechtigten Ansprüche aus dem konkreten Mietverhältnis gegen den Mieter ermöglichen. 444

Verschärfen sich nach Abschluss des Mietvertrags die Bedingungen für die Erlangung einer Bankbürgschaft auf Grund der allgemeinen Wirtschafts- bzw. Bankenlage, liegt nach Auffassung des KG (KG, NZM 2013 124) **kein Wegfall der Geschäftsgrundlage** vor.

Kautionsabreden in gewerblichen Mietverträgen, nach denen sich der Vermieter wegen Ansprüchen aus dem Mietvertrag aus der Kaution befriedigen kann, wenn der Mieter seinen Verpflichtungen nicht oder nicht rechtzeitig nachkommt, sollen in Ermangelung konkreter Abreden nach Auffassung des OLG Düsseldorf (OLG Düsseldorf, BeckRS 2010, 21503) dahingehend auszulegen sein, dass sich der Vermieter während des laufenden Mietverhältnisses zur Befriedigung mietvertraglicher Forderungen nur dann aus der Kaution bedienen darf, wenn diese **Forderungen** entweder **rechtskräftig festgestellt** oder **unstreitig** oder jedenfalls so **offensichtlich begründet** sind, dass ein Bestreiten mutwillig erscheint.

445 Wie das OLG Hamm (OLG Hamm, BeckRS 2016, 3555) festgehalten hat, ist der Vermieter im laufenden Mietverhältnis nur im Fall des Verzugs mit unbestrittenen Zahlungspflichten des Mieters berechtigt, auf die von diesem geleistete Mietsicherheit zuzugreifen.

446 Ist die **Mietsache mangelhaft**, steht dem Mieter **kein Zurückbehaltungsrecht** bezüglich der Mietsicherheit zu (OLG Düsseldorf, ZMR 1998, 159; BGH, ZMR 2007, 444, 445).

447 **Leistet** der **Mieter** die vereinbarte Mietsicherheit **nicht**, soll dem Vermieter ggf. ein **Zurückbehaltungsrecht** an der Mietsache (OLG Düsseldorf, GuT 2006, 237, LS.) zustehen und der Mieter **gleichwohl** zur **Mietzahlung** verpflichtet sein (KG, NJOZ 2008, 3011).

448 Die **Nichterbringung** der Mietsicherheit kann im **Einzelfall** eine **außerordentliche Kündigung** nach Maßgabe des § 543 Abs. 1, 3 BGB rechtfertigen (BGH, NZM 2007, 400; 401; OLG Celle, ZMR 2002, 505; OLG München, NZM 2000, 908; OLG Koblenz, GuT 2011, 391). Folgt man der älteren Rechtsprechung des KG (KG, ZMR 2005, 946), soll eine Kündigung erst möglich sein, wenn der Sicherungsfall eingetreten ist und die Kaution in Anspruch genommen werden könnte bzw. wenn eine Fristsetzung nach Maßgabe des § 543 Abs. 3 BGB erfolgt ist (KG, GuT 2006, 245). Nunmehr steht auch das KG auf dem Standpunkt, dass die Mitteilung des Mieters, er werde die Mietsicherheit nicht erbringen können, zur **außerordentlichen Kündigung** berechtigt (KG, NZM 2013, 124).

449 Der **Anspruch** auf Gestellung der **Mietsicherheit** soll der **regelmäßigen Verjährung** von drei Jahren unterliegen, so dass nach Auffassung des KG (KG, GuT 2008, 126) bei entsprechender Laufzeit der Anspruch auf

Gestellung einer Mietsicherheit bereits **während** der **Vertragsdauer verjähren** kann.

450 Im Fall der **Insolvenz** des Mieters soll der Vermieter auch nach Eröffnung des Insolvenzverfahrens in der **Bestimmung** frei sein, auf welche Forderung die Mietsicherheit verrechnet wird, wenn man dem OLG Hamburg (OLG Hamburg, ZMR 2008, 714) folgt.

451 Der **BGH** (BGH, NZM 2012, 344) ist der Auffassung, die **Verpflichtung** zur **Rückgewähr** der vom Mieter geleisteten Barkaution gehe kraft Gesetzes auch dann auf den aus der **Zwangsversteigerung** erwerbenden **neuen Vermieter** über, wenn der **ursprüngliche, nunmehr insolvente, Vermieter** die **Kaution nicht getrennt** von seinem Vermögen angelegt hat. Ob und unter welchen Voraussetzungen der Ersteher seinerseits anschließend bei dem Voreigentümer Rückgriff nehmen kann, sei auf die Verpflichtung des Erstehers gegenüber dem Mieter ohne Belang.

§ 566a BGB findet keine Anwendung, wenn die Mietsache auf Grund eines vor dem 1.9.2001 abgeschlossenen schuldrechtlichen Vertrag beruht. Dies gilt auch, wenn der Eigentumserwerb durch Eintragung nach dem vorgenannten Stichtag erfolgt ist (BGH, GuT 2009, 187). Vielmehr soll § 572 BGB a.F. Anwendung finden.

452 Das OLG Düsseldorf (OLG Düsseldorf, BeckRS 2011, 29549) hat festgehalten, dass der Anspruch des Mieters auf Rückzahlung der Kaution jedoch **nicht** automatisch mit **Ablauf des Mietverhältnisses fällig** wird. Die **Mietsicherheit** ist nach Beendigung des Mietverhältnisses in jedem Fall **zurückzugeben**, wenn **feststeht**, dass **keine Ansprüche** mehr aus dem Mietverhältnis **bestehen**. Die **Frist**, binnen derer nach Beendigung des Mietverhältnisses über die Mietsicherheit abzurechnen ist, soll auch nach einem Urteil des KG (KG, BeckRS 2013, 18882) nicht starr, sondern **flexibel** anhand der Umstände des Einzelfalls zu bestimmen sein. Sie wird üblicherweise zwischen **3 und 6 Monaten** liegen (OLG Düsseldorf, NJOZ 2010, 2648 [6 Monate]; Fritz, Rz. 440). Im **Einzelfall** kann sie jedoch **verlängert** (OLG Düsseldorf, NJOZ 2010, 2648; KG, BeckRS 2013, 18882) oder aber bei Feststehen des Fehlens von Gegenansprüchen des Vermieters verkürzt werden (OLG Köln, WuM 1998, 154). Eine Verlängerung kommt vor allen Dingen in Betracht, wenn **umfangreiche Schadensbeseitigungsarbeiten** durchzuführen oder **Gutachten** einzuholen sind.

453 Hat der Vermieter bei **Vertragsende** die Barkaution noch **nicht** vom Mieter **erhalten**, so sind die Fristen ab Eingang der Kautionssumme zu berechnen (OLG Düsseldorf, NJW-RR 1997, 520).

454 **Vertragliche Kautionsabrechnungsfristen** legen in jedem Fall die absolute zeitliche Obergrenze fest. Mit **Ablauf** der **Überlegungsfrist** bzw. der vertraglich vereinbarten Frist beginnt die **Verjährung** des **Rückzahlungsanspruches** zu laufen (OLG Düsseldorf, NZM 2005, 783 f).

Bis zum **Ablauf** dieser **Frist** zur Zurückzahlung ist **jeglicher Zugriff** des **Mieters** auf die Kaution, insbesondere durch **Aufrechnung** gegen die Forderungen des Vermieters, **ausgeschlossen**.

455 Ist der Vermieter noch nicht in der Lage, innerhalb der oben genannten Fristen von 3 – 6 Monaten über die vom Vermieter geschuldeten **Nebenkosten abzurechnen**, wird ihm das Recht zugestanden, einen angemessenen Betrag weiterhin einzubehalten (OLG Hamburg, NJW-RR 1988, 651; zweifelnd: Schmidt-Futterer-Blank, § 551 BGB, Rz. 99). Macht er geltend, es sei noch mit **Nachzahlungen** aus einer noch nicht erteilten **Betriebskostenabrechnung** zu rechnen, hat er dies nach Auffassung des OLG Düsseldorf (OLG Düsseldorf, ZMR 2010, 356) **darzulegen** und ggf. zu **beweisen**.

Nach Beendigung des Mietverhältnisses soll der Mietsicherheit auch **Verwertungsfunktion** zukommen (KG, BeckRS 2013, 18882; OLG Hamm BeckRS 2016, 03555). Die Verwertung setze jedoch eine Abrechnung über die wechselseitigen Ansprüche voraus. Bemächtigt sich der Vermieter ohne Abrechnung der Kaution soll er **ungerechtfertigt bereichert** sein. Dem Anspruch des Mieters aus § 812 Abs. 1 BGB stünde jedoch **§ 390 BGB** entgegen, da dem Vermieter bis zur Abwicklung aller Forderungen ein Anspruch auf Auffüllung der Mietsicherheit zustehe (KG, BeckRS 2013, 18882).

Das OLG Düsseldorf (OLG Düsseldorf, BeckRS 2013, 15009) sieht in der **vorbehaltslosen Rückzahlung** der Mietsicherheit nach Vertragsende grundsätzlich **keinen Verzicht** auf weitere Forderungen gegen den Mieter. An die Feststellung eines Verzichtswillens, der nicht vermutet werden dürfe, seien strenge Anforderungen zu stellen. Wenn feststehe oder davon auszugehen sei, dass eine Forderung entstanden ist, verbiete dieser Umstand im Allgemeinen die Annahme, der Gläubiger habe sein Recht einfach wieder aufgegeben. Die Partei, die sich auf einen hiervon abweichenden Ausnahmefall beruft, müsse deshalb einen **nach-**

vollziehbaren Grund darlegen, warum der Forderungsinhaber bereit gewesen sein sollte, auf seine Forderung zu verzichten. Nicht jede Auszahlung der Kaution nach Ablauf einer angemessenen Prüfungs- und Überlegungsfrist rechtfertige bereits die Annahme, der Vermieter wolle keine weiteren Forderungen aus dem Mietverhältnis mehr erheben. Ein Verzicht oder Forderungserlass im Zusammenhang mit der Kautionsrückzahlung setze vielmehr grundsätzlich ein unzweideutiges Verhalten voraus. Sehr **viel früher nimmt** wohl das **OLG München** (OLG München, NJW-RR 1990, 20) einen entsprechenden **Verzicht an**.

456 Nach Auffassung des OLG Düsseldorf (OLG Düsseldorf, ZMR 2008, 47) kann eine Mietsicherheit, die als Sicherheit für sämtliche Ansprüche des Vermieters aus dem Vertrag und der **laufenden Geschäftsbeziehung** gewährt wurde, nicht zur Erfüllung von Ansprüchen herangezogen werden, die durch **Abtretung** erlangt wurden.

457 Besteht die Mieterseite aus einer **Personenmehrheit**, kann die Rückgabe der Mietsicherheit nach einer Entscheidung des KG (KG, BeckRS 2012, 06991) nur von allen **gemeinsam gefordert** werden. Dies gelte auch dann, wenn die Sicherheit von einem Mieter gegeben worden ist. Eine derartige Zahlung stellt nämlich eine Leistung aller Mieter zur Erfüllung der Sicherheitsabrede dar.

458 In der Gewerberaummiete kann die Mietsicherheit die **Betriebskostenvorauszahlung** und die **Mehrwertsteuer** ebenfalls absichern/mit **umfassen** (Fritz, Rz. 141). Die **Genehmigung** von **Mietereinbauten oder -umbauten** kann von einer **Erhöhung der Kaution** abhängig gemacht werden (BGH, NJW 1963, 1539).

459 Bei langfristigen Mietverträgen ist zu überlegen, ob eine Regelung vereinbart wird, nach der die **Kautionsleistung** von Zeit zu Zeit, etwa bei Mieterhöhung, **anzupassen** ist. **Ohne** entsprechende **vertragliche Regelung** ist eine solche Anpassungsmöglichkeit **nicht gegeben**.

2. Barkaution/Verpfändung von Sparbüchern

460 Die **Barkaution** ist auch im Gewerberaummietrecht als **offen ausgewiesenes Treuhandgeld** – wie im Wohnraummietrecht – getrennt vom Vermietervermögen **anzulegen** (KG, NZM 1999, 376; BeckRS 2013, 18882; OLG Nürnberg, GuT 2006, 230), wenn **vertraglich keine abweichende Regelung** getroffen wurde. Kommt der Vermieter dieser Verpflichtung nicht nach, steht dem Mieter für ausstehende Mietsicherheiten

ein **Zurückbehaltungsrecht** zu (OLG Nürnberg, GuT 2006, 230; s.a. BGH, NJW 2011, 59 zur Wohnraummiete). Nur, wenn eine entsprechende **positive Regelung** zur getrennten Anlage im **Mietvertrag** vorhanden ist, soll eine **strafrechtlich sanktionierte Vermögensbetreuungspflicht** des **Vermieters** entstehen (BGH, NJW 2008, 1827).

461 Um eine sofortige **Insolvenzsicherheit** der Kaution zu erreichen, ist es erforderlich, dass die Kautionssumme **unmittelbar** aus dem Vermögen des Mieters auf das offen ausgewiesene **Treuhandkonto** fließt (BayObLG, NJW 1988, 1796; Pape ZMR 2009, 885, 892; Eckert, ZMR 2010, 9; vgl. a. BGH, ZMR 2008, 280 [Wohnraummiete]). Hat der später in Insolvenz gefallene Vermieter die Barkaution vertragswidrig nicht insolvenzfest angelegt, kann der Mieter seinen Rückzahlungsanspruch nur zur **Insolvenztabelle** anmelden. Ein Zurückbehaltungsrecht kann er nicht mit Erfolg gegenüber dem Insolvenzverwalter geltend machen (BGH, NZM 2013, 145, Rn. 10). Anderes gilt gegenüber dem **Zwangsverwalter**, der die Kaution ggf. auszukehren bzw. insolvenzfest selbst dann anzulegen hat, wenn er die Mietsicherheit vom Vermieter nicht erhalten hat (BGH, NZM 2013, 145, Rz. 15).

462 Ist nichts Abweichendes vereinbart, ist die **Kaution** auch im Gewerberaummietrecht zu **verzinsen** (BGH, NJW 1994, 3287, OLG Nürnberg, GuT 2006, 230). Die **Zinsen erhöhen** die **Mietsicherheit**, stehen jedoch gegebenenfalls dem Mieter bei **Vertragsende** zu. Ob die **Verzinsungspflicht formularvertraglich abbedungen werden** kann, ist strittig (verneinend: Sternel, III Rz. 232 m.w.N. bejahend: Heintzmann, WiB 1995, 569, 572 f.).

463 Der Vermieter ist im Zusammenhang mit dem **Rückforderungsanspruch** des Mieters bezüglich der Kautionssumme berechtigt, mit Forderungen aus und im Zusammenhang mit dem Mietvertrag **aufzurechnen**. Die zur Aufrechnung gestellte Forderung ist nach **Grund und Höhe** zu **benennen**, so dass allzu pauschale Angaben, wie zum Beispiel „Anspruch wegen unterlassener Schönheitsreparaturen", zumindest im Einzelfall nicht ausreichen. Das Erlöschen der Forderungen erfolgt in der **Reihenfolge der Aufrechnungserklärungen** (Bamberger/Roth- Ehlert, § 551 BGB, Rz. 43).

Die **Aufrechnung** ist auch **möglich**, wenn die Forderung gegen den Mieter bereits **verjährt** ist, wenn der mittlerweile verjährte Anspruch des Vermieters und der Rückzahlungsanspruch in **unverjährter Zeit** sich **aufrechenbar gegenüberstanden** (OLG Düsseldorf, BeckRS 2012,

05970). Hierbei ist es ausreichend, dass der **Rückzahlungsanspruch erfüllbar** war, was ab Rückgabe der Mietsache der Fall sein soll (Schmidt-Futterer-Blank, § 551 BGB, Rz. 71). Die **Fälligkeit des Kautionsrückzahlungsanspruches** ist für die Aufrechnungslage dementsprechend nicht entscheidend (BGH, NJW 1987, 2372; OLG Düsseldorf, ZMR 2002, 658 f.).

464 Für **verjährte** und **nicht** im vorherstehenden Sinn **aufrechenbare Forderungen** wird in der **Literatur** jedoch zusätzlich noch ein **Zurückbehaltungsrecht** nach Maßgabe der **§§ 273, 215 BGB** angenommen, so dass der Rückforderungsanspruch des Mieters insgesamt scheitert (Wolf/ Eckert/Ball, 9.Aufl., Rn. 1148, 1151).

465 **Schuldner** des **Rückzahlungsanspruches** ist nach einer Veräußerung der Mietsache nach deren Überlassung an den Mieter der Erwerber (§§ 578, 566 a BGB). Der **ursprüngliche Vermieter** ist jedoch zur Zurückgewähr **verpflichtet**, wenn der neue Eigentümer nicht mit Erfolg auf Rückzahlung in Anspruch genommen werden kann. Die ehemalige Rechtsprechung, nach der eine solche Inanspruchnahme nicht möglich sein soll, wenn die Kaution mit Billigung des Mieters auf den Erwerber übertragen wurde (OLG Düsseldorf, WuM 2002, 556), dürfte durch die Neufassung des Mietrechts überholt sein. Entsprechende **formularvertragliche Haftungsausschlüsse** werden als unwirksam angesehen (Schmidt-Futterer-Gather, § 566a BGB, Rz. 49). Nach Auffassung des OLG Frankfurt (OLG Frankfurt, BeckRS 2011, 10901), kann der **Veräußerer auch nach Eigentumsübergang** bezüglich der Mietsache auf den Erwerber mit der bei ihm noch vorhandenen Barkaution **aufrechnen**.

Der **Rückzahlungsanspruch** unterliegt der **dreijährigen Regelverjährung** (BGH, NJW 2012, 3633, Rz. 19). In der Aufrechnung des Vermieters kann eine die Verjährung unterbrechendes Anerkenntnis liegen (BGH, NJW 2012, 3633, Rz. 29 f). Eine **negative Feststellungsklage** des Vermieters hemmt die Verjährung dagegen nicht (BGH, NJW 2012, 3633, Rz. 24).

466 Im **Prozess** hat der **Mieter** zu **beweisen**, dass er eine **Kaution erbracht** hat. **Vor Ablauf** der **Abrechnungsfrist** ist eine **Rückzahlungsklage unzulässig** (BGH, NJW 1999, 1857). Sofern der Vermieter über die Kaution nicht rechtzeitig abrechnet, erscheint es überlegungswert, ihn im Wege der **Stufenklage** zunächst auf Abrechnung und alsdann auf Auszahlung des Saldos zu verklagen (Wolf/Eckert/Ball Rz. 1240). Auf diese Weise wird das **Kostenrisiko** bei einer Rückzahlungsklage mit anschlie-

ßender Aufrechnung entsprechend des Vermieters **minimiert**. Sind mehrere Personen Mieter, müssten sie die Rückzahlungsklage grundsätzlich gemeinsam geltend machen (OLG Düsseldorf, GuT 2003, 18; KG, BeckRS 2012, 06991). Eine Geltendmachung des Rückzahlungsanspruches im Wege der **Urkundsklage scheidet** regelmäßig **aus**, da der Wegfall des Sicherungsbedürfnisses des Vermieters nicht durch Urkunden belegt werden kann (Bamberger/Roth-Ehlert, § 551 BGB, Rz. 48).

467 Für das **Erlöschen** des **Rückforderungsanspruches** durch Aufrechnung hat der **Vermieter** die **Beweislast** (Ehlert a.a.O.).

468 Selbst wenn der **Mieter** auf den **Kaution**sbetrag **dringend angewiesen** ist, scheidet regelmäßig eine einstweilige Verfügung auf Auszahlung der Kaution aus (Schmidt- Futterer-Blank § 551, Rz. 76). Wurde ein Sparbuch übergeben/verpfändet, ist die Klage auf Rück- und Pfandfreigabe zu richten (Lützenkirchen-Horst, K, Rz. 468).

469 Wurde ein **Sparbuch verpfändet**, kann der Mieter gegenüber Forderungen des Vermieters nach Beendigung und Fälligkeit des Rückgabeanspruchs bezüglich der Mietsicherheit **nicht aufrechnen**, da sein Anspruch auf Herausgabe des Sparbuchs bzw. Pfandfreigabe gerichtet ist (KG, BeckSR 2010, 18919; ZMR 2011, 858;). § 216 BGB soll nach Abs. 3 der Vorschrift keine Anwendung finden (KG, ZMR 2011, 858).

3. Mietbürgschaft

470 Die **Barkaution** stellt im Bereich der **Gewerberaummiete** die **Ausnahme** dar. Sehr häufig werden **Bürgschaften** als Mietsicherheiten geleistet. Die Mietsicherheit durch Bürgschaftserklärung steht und fällt mit der Bonität des Bürgen, auf die in jedem Falle zu achten ist.

471 Aus Vermietersicht ist darauf zu achten, dass die Sicherheit nicht als **Mietausfallbürgschaft** vereinbart wird. Denn bei einer solchen Bürgschaft soll der Bürge nur auf das haften, was der Vermieter trotz Anwendung gehöriger Sorgfalt vom Mieter nicht erlangen konnte. Dies führt im Ergebnis dazu, dass der Vermieter den Bürgen erst nach erfolgloser Zwangsvollstreckung und Verwertung anderer Sicherheiten in Anspruch nehmen kann (Lützenkirchen-Leo A Rz. 456).

472 Aus Sicht des Vermieters sollte eine Bürgschaft als selbstschuldnerische Bürgschaft **auf erstes Anfordern individualvertraglich** vereinbart werden. Bei letzterer ist zu beachten, dass diese bei formularvertraglicher

Gestaltung nur von Kreditinstituten (Banken, Sparkassen oder Versicherungen) gegeben werden dürfen (vgl. Lützenkirchen-Leo Rz. 457). Die Verpflichtung zur Bestellung einer **Bürgschaft auf erstes Anfordern** soll auch formularvertraglich möglich sein (vgl. OLG Karlsruhe, NZM 2004, 742; Fritz Rz. 144; a. A. Fischer, NZM 2003, 497; vgl. a. Lindner-Figura/ Oprée/Stellmann, Kapitel 12, Rn. 120; a.A. Leo/ Ghassemi-Tabar, II, R. 297 f).

473 Hat sich ein Bürge **entgegen den Bürgschaftsauftrag** des Mieters dem Vermieter gegenüber **auf erstes Anfordern verbürgt**, ist er so lange nicht berechtigt, den Mieter in Rückgriff nach Leistung auf erstes Anfordern in Anspruch zu nehmen, bis feststeht, ob der Anspruch des Vermieters gegen den Mieter tatsächlich besteht (OLG Köln, NZM 2003, 518). **Der insolvente Vermieter** handelt **treuwidrig**, wenn er eine gegebene **Bankbürgschaft auf erstes Anfordern** in Anspruch nimmt (OLG Brandenburg, MDR 2002, 960; Fritz, Rz. 144).

474 Nach Auffassung des BGH (BGH, NZM 2010, 198, Rz. 33 f) ist der **Vermieter** grundsätzlich **nicht verpflichtet**, den künftigen **Bürgen** ungefragt über den Umfang seines Risikos oder die Vermögensverhältnisse des Mieters **zu unterrichten**. Weil das Risiko, aus einer Bürgschaft ohne Gegenleistung des Gläubigers in Anspruch genommen zu werden, allgemein bekannt und zudem durch die Schriftform offengelegt sei, könne der Vermieter davon ausgehen, dass der Bürge sich über die Wahrscheinlichkeit, in Anspruch genommen zu werden, ausreichend informiert hat. Eine Ausnahme von diesem Grundsatz sei nur für den Fall anzunehmen, dass der Vermieter durch sein Verhalten erkennbar einen Irrtum des Bürgen über dessen erhöhtes Risiko veranlasst hat.

475 Nach Auffassung des 24. Zivilsenats des OLG Düsseldorf (OLG Düsseldorf, ZMR 2016, 615) soll eine Bürgschaft lediglich für die **Grundlaufzeit eines Mietvertrags** und **nicht** für vertraglich vorgesehene **Verlängerungsoptionszeiten** gelten. Bei der Formulierung der Bürgschaftsverpflichtung beziehungsweise des Bürgschaftsvertrages ist genau zu definieren, für **welche Forderungen** die **Bürgenhaftung** bestehen soll (Fritz, Rz. 144). Im Vertrag sollte dementsprechend vorgesehen werden, dass diese selbstschuldnerisch, unbefristet und unter Verzicht auf die Einreden der Anfechtbarkeit, der Aufrechenbarkeit mit Ausnahme unstreitiger oder rechtskräftig festgestellter Forderungen, der Vorausklage und der Hinterlegung gewährt werden muss. Weiterhin sollte aufgenommen werden, dass die Bürgschaft sämtliche Ansprüche aus dem Mietverhältnis, seiner Beendigung wie zum Beispiel Miete, Nebenkosten ein-

schließlich späterer Mieterhöhungen auch bei Vermögensverschlechterung des Mieters abdeckt. Die **Einrede der Aufrechenbarkeit** wird man **formularvertraglich nicht** für **unstreitige** oder **rechtskräftig festgestellte Gegenforderungen** ausschließen können (KG, ZMR 2006, 524)

476 Regelmäßig deckt eine **Bürgschaft keine Forderungen** ab, die aus einer **Verlängerung** des **Mietvertrages** nach Maßgabe des § 545 BGB entsteht (vgl. Wolf/Eckert/Ball Rz. 801; Lützenkirchen-Leo, A, Rz. 457). Entsprechendes gilt, wenn der **Mietvertrag** nach Zustandekommen des Bürgschaftsvertrages in **wesentlichen Punkten** (z.B. Mietfläche, Miethöhe, Vertragslaufzeit) ohne Beteiligung des Bürgen **geändert wird** (OLG Düsseldorf, ZMR 2005, 784). Das OLG Düsseldorf (OLG Düsseldorf, ZMR 2016, 615) hat Zweifel erkennen lassen, ob die Unterschrift auf einem Mietvertrag über dem Text, „selbstschuldnerischer Bürge“ für eine wirksame Bürgschaftsverpflichtung einer Privatperson ausreicht. Der **Bürgschaftsvertrag** soll auch **vor Abschluss** des **Mietvertrags** wirksam zustande kommen können (KG, ZMR 2007, 961).

Dies gilt erst recht, wenn sich die Vertragsparteien **nach Beendigung** des **Mietverhältnisses** z.B. durch fristlose Kündigung auf die **„Fortsetzung“** des Mietverhältnisses **einigen**. Denn nach der Rechtsprechung des BGH (BGH, NJW 1998, 2664, 2666; s.a. OLG Düsseldorf, ZMR 2013, 628) liegt in der Einigung der Abschluss eines neuen Mietvertrages. Für die Forderungen aus diesem Verhältnis hat sich jedoch der Bürge nicht verpflichtet (OLG Düsseldorf, ZMR 2013, 628).

477 Im Vergleich zur Barkaution weist die **Bürgschaft** den großen **Nachteil** auf, dass mit **verjährten Forderungen nicht aufgerechnet** werden kann (BGH, NZM 1998, 224), da sich insoweit keine gleichartigen Forderungen gegenüberstehen. Zu Recht wird daher in der Literatur darauf verwiesen, dass Bürgschaftsverpflichtungen dahingehend formuliert werden sollten, dass eine Inanspruchnahme der Bürgschaft für verjährte Forderungen dann möglich ist, wenn bei Stellung einer Barkaution diese nach Maßgabe des § 215 BGB in Anspruch genommen werden könnte (vgl. Durst, NZM 1999, 64, 66; Geldmacher, NZM 2003, 502, 504). Ein weiterer Nachteil der Bürgschaft besteht darin, dass die **Klage gegen** den **Bürgen** auf Zahlung **nicht** zur **Hemmung** der **Verjährung** im Verhältnis zum **Mieter** führt, so dass dieser gegebenenfalls parallel zu verklagen ist (OLG Düsseldorf, GuT 2011, 270 = BeckRS 2010, 04607). Dies gilt auch dann, wenn die Auflösung einer mietenden GmbH bereits im Handelsregister eingetragen, die Löschung der GmbH jedoch noch nicht erfolgt ist (KG, ZMR 2007, 961). Tritt Verjährung erst nach Verurtei-

lung des Bürgen zur Zahlung ein, kann der Bürge dies im Wege der **Vollstreckungsgegenklage** geltend machen (Geldmacher NZM 2003, 502, 503). Im Ergebnis ist der **Vermieter** daher **gezwungen**, sowohl gegen den **Mieter** als auch gegen den **Bürgen** vorzugehen.

478 Während der vereinbarten **Festlaufzeit** eines Mietvertrags soll eine **Bürgschaft** auch **nicht** aufgrund des Eintritts besonderer Umstände **kündbar** sein (KG, ZMR 2007, 961; BeckRS 2012, 06992). Bei einem **unbefristeten Mietverhältnis** soll der **Bürge berechtigt** sein, die Bürgschaft für die Zukunft zu **kündigen**. Der Bürge habe jedoch auf die berechtigten Interessen des Vermieters und des Mieters Rücksicht zu nehmen und eine angemessene Frist einzuhalten, damit sich diese auf die veränderte Lage einstellen können. Der Mietbürge habe sich daher bei der Kündigungsfrist daran zu orientieren, innerhalb welcher Fristen der Vermieter seinerseits das Mietverhältnis beenden kann (KG, BeckRS 2012, 06992).

479 Eine die Bürgenstellung im Sinne des § 776 S.1 BGB beeinträchtigende Aufgabe einer **Sicherheit** durch den Bürgschaftsgläubiger (hier: Abtretung eines erstrangigen Teils einer vom Schuldner gestellten Sicherungsgrundschuld) begründet im Umfang des Verlusts des Sicherungsrechts entsprechend einer Entscheidung des OLG Bamberg (OLG Bamberg, BeckRS 2011, 28787 [Darlehnsrecht]) nicht lediglich ein Leistungsverweigerungsrecht des Bürgen, sondern zieht den **Wegfall**, nämlich das unmittelbar eintretende Erlöschen der **Bürgschaftsforderung** im entsprechenden Umfang nach sich.

480 Im Falle der unterbleibenden Herausgabe hat der Mieter darauf zu achten, dass der **Antrag** auf **Herausgabe** der Bürgschaftsurkunde **an den Bürgen** zu lauten hat (BGH, NJW 2004, 3553; OLG Celle, ZMR 2002, 812; a.A. für den Bereich des § 17 VOB/B: OLG München, IBR 2007, 557).

481 Aus **Vermietersicht** sollte dem Mieter ein **Wahlrecht** zwischen der Gestellung der Mietsicherheit durch **Bankbürgschaft und Barkaution** gewährt werden. Dies mit der Maßgabe, dass es bei der Barkaution verbleibt, wenn die Bürgschaft in ordnungsgemäßer Form binnen einer vertraglich vorgesehenen **Frist** vorgelegt wird. Wird lediglich eine vertragliche Vereinbarung einer Bürgschaft vorgesehen, ist gegebenenfalls auf Gestellung einer Bürgschaft zu klagen. Ein solcher Titel ist in der Vollstreckung nicht unproblematisch.

482 Bei **Bürgschaften** von **Privatpersonen**, auch bei **Geschäftsführern** und **Vorständen** von GmbHs beziehungsweise Aktiengesellschaften etc. ist darauf zu achten, dass die **Schriftform** einzuhalten ist, da § 350 HGB insoweit nicht eingreift (Fritz, Rz. 145). Die **elektronische Form** reicht hier **nicht** aus. Entsprechendes gilt für Telegramm und Telefax (Fritz a.a.O.).

483 Die **Verjährung** von Ansprüchen gegen einen selbstschuldnerischen Bürgen **entspricht** nach Auffassung des OLG Düsseldorf (OLG Düsseldorf, BeckRS 2010, 4607) derjenigen der **Hauptschuld**. Für **Klagen** aus einer **Mietbürgschaft** gilt der ausschließliche Gerichtsstand des **§ 29 a ZPO nicht** (BGH, NZM 2004, 299).

484 Nach einer Entscheidung des OLG Düsseldorf (OLG Düsseldorf, NJOZ 2011, 1934) ist die rechtsgeschäftliche **Auswechselung des Vermieters ohne Auswirkung** auf das Fortbestehen der vom Mieter als Mietsicherheit gestellten **Bürgschaft** einen Dritten. Auf Grund der Akzessorität sichere die Bürgschaft nunmehr die Forderungen des neuen Vermieters.

485 Eine **isolierte Abtretung** der **Bürgschaftsforderung** ohne gleichzeitige Abtretung der zugrunde liegenden Forderung ist auch nach Auffassung des KG (KG, BeckRS 2012, 06992) unwirksam.

4. Patronatserklärungen

486 Insbesondere bei **konzernangehörigen Unternehmen** als Mieter wird häufig als Sicherheit eine **Patronatserklärung** angeboten. Sofern man eine solche Erklärung auf Vermieterseite akzeptieren möchte, ist darauf zu achten, dass es sich um eine so genannte **„harte“ Patronatserklärung** handelt. Denn nur bei einer solchen Erklärung haftet der Patron im Gegensatz zu nahezu unverbindlichen **weichen Patronatserklärungen** im Falle der Insolvenz neben dem Mieter (vgl. Lützenkirchen-Leo, A, Rz. 461). Die Formulierung, nach der ein Dritter verspricht, dass eine mietende Gesellschaft ihre Mietzinsverpflichtungen gegenüber dem Vermieter erfüllt, ist im Zweifel nach Auffassung des OLG Brandenburg (OLG Brandenburg, BeckRS 2008, 00837) als „weiche“ Patronatserklärung anzusehen. Eine solche verpflichtet den Patron im Fall der Insolvenz nicht zur Zahlung von Mieten.

487 Die Patronatserklärung soll sich nach Auffassung des KG (KG, BeckRS 2012, 06992) auch auf **Forderungen** beziehen, die sich **aus** dem **beendeten Mietverhältnis**, insbesondere **Nutzungsentschädigungsansprü-**

che ergeben. Nach einem Urteil des KG (KG, BeckRS 2012, 06992) ist der Vermieter bei Gestellung einer Patronatserklärung als Mietsicherheit im Sicherungsfall berechtigt, den Patron auf **Zahlung** unmittelbar an sich in Anspruch zu nehmen.

5. Schuldbeitritt

488

Es ist grundsätzlich möglich, durch formlose Erklärung der Schuld des Mieters beizutreten. Soll jedoch den Verpflichtungen eines Mieters aus einem **langfristigen** gemäß §§ 578, 550, 126 BGB unterfallenden **Vertrag** beigetreten werden, so soll nach Auffassung des OLG Naumburg (GuT 2005, 209) der **Beitritt** der **Schriftform** unterliegen. Wird sie nicht eingehalten, ist der Beitritt nach der Entscheidung des Senats **unwirksam**. Nach Auffassung des OLG Düsseldorf (GuT 2007, 291) ist ein in ein laufendes Mietverhältnis **eintretender Mitmieter**, der erklärt, er hafte für Verbindlichkeiten aus dem Mietverhältnis gesamtschuldnerisch, aufgrund dieses Schuldbeitritts verpflichtet, auch **Altverbindlichkeiten** aus der Zeit vor seinem Eintritt in den Mietvertrag auszugleichen.

Der BGH (BGH, NZM 2011, 709; s.a. OLG Brandenburg, BeckRS 2009, 10124) sieht den **Geschäftsführer** einer GmbH, mit dem eine „Schuldübernahme“ für die Forderungen aus dem Mietvertrag vereinbart wurde, auch dann nicht zur **Kündigung** der „Schuldübernahme“ berechtigt an, wenn er aus der Geschäftsführung ausscheidet und die Gesellschaft insolvent zu werden droht.

6. Abtretung von Untermietansprüchen

489

Es soll auch **formularvertraglich** für den Vermieter möglich sein, sich im Hauptmietvertrag zukünftige Ansprüche gegen Untermieter **abtreten** zu lassen (OLG Düsseldorf, GuT 2008, 208 = OLGR 2008, 582 = NZM 2009, 360). Erfolgt dies begrenzt auf die **jeweilige Höhe** der Ansprüche des Vermieters gegen den Hauptmieter, soll dies jedoch **unwirksam** sein, da es an der notwendigen Bestimmbarkeit des Umfangs der abgetretenen Forderungen mangele (OLG Hamburg, NJW- RR 1999, 1316).

7. Vermieterpfandrecht

490 Das Vermieterpfandrecht umfasst nach der Rechtsprechung des BGH (BGH, NZM 2014, 904 Rn.19) auch Gegenstände des Mieters, die dieser **bei Vertragsschluss** bereits in die Mietsache **eingebracht** hatte.

Das Vermieterpfandrecht erstreckt sich nach Auffassung des OLG Rostock (OLG Rostock, BeckRS 2013, 07306) auch auf **Schadensersatzansprüche wegen Schlechterfüllung** der **Rückgabepflicht**.

Wie das OLG Hamm (OLG Hamm, BeckRS 2013, 00150) festgehalten hat, behält der **Veräußerer** der Mietsache sein **Vermieterpfandrecht** für die in seiner Person begründeten Forderungen und der Erwerber erlangt das Pfandrecht nur an Sachen, die dem Mieter zum Zeitpunkt des Beginns des Mietverhältnisses noch gehören.

Das OLG Frankfurt (OLG Frankfurt, NJW-RR 2007, 230) geht bei der strittigen Frage, ob durch die bestimmungsmäßige vorübergehende Entfernung eingebrachter Sachen das **Vermieterpfandrecht erlischt** (vgl. hierzu insgesamt: LG Neuruppin, NZM 2000, 962; OLG Karlsruhe, NJW 1974, 624; OLG Hamm, ZIP 1981, 165) von einem **fortbestehenden Vermieterpfandrecht** aus, wenn Fahrzeuge, die sich zum Zeitpunkt der später erfolgten Sicherungsübereignung auf/in der Mietsache befanden, später vom Grundstück entfernt werden.

Das OLG Bremen (OLG Bremen, BeckRS 2013, 15707) geht von einem **Erlöschen** des **Vermieterpfandrechts** aus, wenn die dem Pfandrecht unterliegenden Gegenstände in den Mietbereich eines anderen Mieters auf demselben Grundstück verbracht werden.

Ein **gutgläubiger Erwerb** des Vermieterpfandrechts ist nach einer Entscheidung des BGH (BGH, NZM 2014, 904 Rn. 14) nicht möglich.

491 Der Mieter ist auf entsprechende Anfrage des Vermieters nach Auffassung des OLG Frankfurt (OLG Frankfurt, BeckRS 2012, 16598) zur **Auskunft** darüber verpflichtet, welche der in die Mietsache eingebrachten Sachen in seinem Eigentum stehen.

Wie das OLG Rostock (OLG Rostock, NZM 2005, 440) und das OLG Brandenburg (OLG Brandenburg, GuT 2007, 302) entschieden haben, kann der Vermieter vom Mieter im Wege der einstweiligen Verfügung als **Stufenklage** zunächst Auskunft über die aus der Mietsache weggeschafften, in Eigentum des Mieters oder an Dritte sicherungsübereignete

Gegenstände, verlangen. Eine Zurückschaffung soll im einstweiligen Rechtsschutzverfahren nicht verlangt werden können, allenfalls eine **Herausgabe** an einen **Sequester** (OLG Brandenburg, GuT 2007, 302).

492 Häufig übersehen wird im Zusammenhang mit dem Vermieterpfandrecht, dass die **Unpfändbarkeit** nach Maßgabe des **§ 811 Nr. 5 ZPO** grundsätzlich für juristische Personen und Handelsgesellschaften **nicht in Betracht kommt** und nur ausnahmsweise ein entsprechender Schutz bestehen kann. Dies etwa dann, wenn der alleinige Gesellschafter und Geschäftsführer einer GmbH überwiegend aus persönlicher Arbeit in der GmbH seinen Unterhalt erzielt (Zöller-Stöber, § 811 ZPO, Rz. 26 m.w.N.). § 811 Nr. 5 ZPO soll zu Gunsten des Mieters nur eingreifen, wenn eine **konkrete Aussicht** auf baldige **Realisierung** einer entsprechenden Berufsausübung besteht. Eine **vorübergehende Verhinderung** auf Grund von Krankheit oder Haft etc. soll jedoch unschädlich sein (OLG Stuttgart, GuT 2008, 127).

493 Hat der Vermieter sein Vermieterpfandrecht ausgeübt, ist er berechtigt, den Pfandgegenstand im Wege der Versteigerung zu verwerten und dadurch seine Forderung zu befriedigen. Er ist nach einer Entscheidung des OLG Rostock (OLG Rostock, BeckRS 2013, 07306) jedoch **nicht befugt**, die **Pfandgegenstände selbst zu nutzen oder zu vermieten**. Ein Vermieter, der Nutzungen aus den dem Vermieterpfandrecht unterliegenden Gegenständen zieht, ohne durch ein Nutzungspfand hierzu berechtigt zu sein, hat das daraus Erlangte nach Auffassung des BGH (BGH, NZM 2014, 865) an den Mieter nach den Vorschriften über die **Geschäftsführung ohne Auftrag** herauszugeben.

Zur **unverzüglichen Verwertung** des Pfandes soll der Vermieter nicht verpflichtet sein (OLG Stuttgart, GuT 2008, 127; a.A. Staudinger-Emmerich, § 562 BGB, Rz. 7). Die **Ausübung** des **Vermieterpfandrechts hemmt** die kurze **Verjährungsfrist** (§ 548 BGB) für Ansprüche des Mieters auf Gestattung der Wegnahme von Einrichtungen **nicht** (OLG Düsseldorf, ZMR 2006, 923; OLG Stuttgart, GuT 2008, 127). Will der Mieter diesem Risiko entgehen, kann er u.a. gemäß **§ 1217 BGB** vorgehen und den Vermieter abmahnen und anschließend Herausgabe an einen **gerichtlich bestellten Verwahrer** verlangen (OLG Stuttgart, GuT 2008, 127).

494 Hat der Vermieter die dem Vermieterpfandrecht unterliegenden Sachen in Besitz, so hat er diese gemäß **§§ 1257, 1215 BGB sorgfältig aufzubewahren** (BGH NZM 2006, 149 = NJW 2006, 848).

Reicht der Erlös aus Pfandverwertung nicht aus, um sämtliche Forderungen zu befriedigen, richtet sich die **Reihenfolge der Befriedigung** nach § 336 Abs. 2 BGB, es sei denn, der Mieter hat eine **abweichende Tilgungsbestimmung** getroffen (OLG Rostock, BeckRS 2013, 07306). Gleiches soll gelten, wenn der Vermieter statt der Verwertung durch Versteigerung anderweitig Erlöse aus dem Pfandrecht zieht. Auch dann findet § 366 BGB nach Auffassung des OLG Rostock (OLG Rostock, BeckRS 2013, 07306) Anwendung.

495 Das OLG Dresden (OLG Dresden, NZM 2012, 84) hält die **Einbringung von Sachen** bei Vorliegen der einschlägigen Voraussetzungen im Fall der **Insolvenz** des Mieters für eine **anfechtbare Handlung** mit der Folge, dass im Umfang der Anfechtung das Vermieterpfandrecht nicht ausgenutzt werden kann.

Nach Auffassung des OLG Karlsruhe (OLG Karlsruhe ZMR 2014, 881) steht dem **Insolvenzverwalter** des Mieters bei der Verwertung von dem Vermieterpfandrecht unterliegenden Gegenständen **kein Leistungsbestimmungsrecht** zu. Die Verrechnung habe zunächst auf die durch das Absonderungsrecht gesicherten Insolvenzforderungen und erst dann auf Masseverbindlichkeiten zu erfolgen.

P. Betriebspflichten, Sortimentsbindungen

1. Definition

Unter **Betriebspflicht** wird die Verpflichtung des Mieters verstanden, die **Mietsache während festgelegter Öffnungszeiten** bzw. zumindest während bestimmbarer Zeiten **geöffnet** zu halten und entsprechend den vertraglichen Vereinbarungen zu **nutzen** und ein nach dem **Vertragszweck angemessenes Waren- und Leistungsangebot** zu **präsentieren** (vgl. OLG Dresden, GuT 2007, 296 = NZM 2008, 131; s.a. mit Musterformulierung Leo, MietRB 2004, 21). Die Vereinbarung von Betriebspflichten ist in gewerblichen Mietverträgen, insbesondere bei Ladenlokalen häufig anzutreffen. Sie ist – wie dargestellt – im Falle der Vereinbarung einer **Umsatzmiete** dringend geboten. Bei vielen Immobilien ist es sinnvoll, eine Betriebspflicht zu vereinbaren, um den Wert des Objekts zu erhalten. Hierbei ist der Umfang ggf. genau zu regeln, da z.B. eine Verpflichtung des Mieters zur **Öffnung mehrerer Zugänge** zur Mietsache nur gegeben ist, wenn dies ausdrücklich vereinbart ist (OLG Dresden, NZM 2008, 131). 496

2. Gesetzliche Regelung

Es entspricht allgemeiner Meinung, dass der **Mieter** ohne eine gesonderte Vereinbarung **lediglich** ein **Nutzungsrecht**, jedoch bezogen auf die Mietsache **keine Nutzungspflicht** hat (BGH, ZMR 1979, 238; Schmidt-Futterer/Eisenschmid, § 535 BGB, Rz. 218). 497

3. Vertragliche Gestaltungsmöglichkeiten

Stillschweigend vereinbarte Betriebspflichten werden nur in extremen Ausnahmefällen anerkannt. Die diesbezügliche Rechtsprechung (LG Hannover, ZMR 1993, 280; a.A. LG Köln, ZMR 2008, 457; vgl. a. Sasserath, ZMR 2008, 459), die sich auf das „Zugpferd“ eines Einkaufszentrums bezog, ist zu Recht zumindest bisher vereinzelt geblieben (vgl. a. OLG Dresden, NZM 2008, 131). 498

Formularvertragliche Vereinbarungen zur Betriebspflicht sind nach der Rechtsprechung des **BGH möglich** (BGH, NJW-RR 1992, 1032; GuT 2010, 97 = NZM 2010, 361; OLG Rostock, NZM 2004, 460; OLG Karls- 499 ruhe, GuT 2007, 16; OLG Dresden, GuT 2007, 296; OLG Naumburg, NZM 2012, 808; KG BeckRS 2013, 05303; 2015, 07490).

500 An eine entsprechende Betriebspflicht soll der Mieter grundsätzlich gebunden sein. Dies gilt auch dann, wenn der **Mieter** z.B. durch **Krankheit** nicht mehr in der Lage ist, die Pflicht in eigener Person zu erfüllen. Unabhängig von der Frage, ob dies **wirtschaftlich sinnvoll** ist, muss er dann mit angestelltem Personal die Pflicht erfüllen (OLG Celle, GuT 2007, 298 m.w.N.). Auch das Erleiden von **Verlusten** im Übrigen führt nicht zum Entfall der Betriebspflicht (OLG Frankfurt, ZMR 2009, 446).

501 Viele **Einzelfragen** der Betriebspflicht sind bisher höchstrichterlich noch **nicht geklärt**:

502 Teilweise wird verlangt, dass die Betriebspflichtklausel in **Allgemeinen Geschäftsbedingungen** den berechtigten Interessen des Mieters an einer **zeitweiligen Betriebsunterbrechung** bei **Betriebsferien, Ruhetagen, Inventur** und von ihm nach dem Vertrag geschuldeten **Schönheitsreparaturen** Rechnung tragen muss. Etwas anderes soll nur gelten, wenn der Mietzins gerade auch an der ununterbrochenen Betriebsführung durch den Mieter gemessen worden ist (Hamann ZMR 2001, 581 f.) oder der Mieter z.B. als Lebensmitteldiscounter hierauf nicht angewiesen ist (OLG Naumburg, NZM 2008, 772). In diesem Zusammenhang ist der BGH (BGH, GuT 2010, 97 = NZM 2010, 361) erstaunlicher Weise nicht wie sonst von der sog. „**kundenfeindlichsten Auslegung**" (vgl. BGH, NZM 2008, 522, Rz. 17; vgl. a. KG, BeckRS 2013, 05303) bei der Kontrolle **mehrdeutiger formularvertraglicher** Bestimmungen ausgegangen. Dementsprechend hat er die im Vertrag lediglich für Inventuren und Betriebsversammlungen vorgesehenen Ausnahmetatbestände entgegen dem Wortlaut der Vertragsbestimmung als nur beispielhaft angesehen und andere Ausnahmen von der Betriebspflicht im Rahmen der Auslegung für vertraglich vorgesehen erachtet.

503 Soll die **Festlegung** der konkreten **Öffnungszeiten** durch den Vermieter oder Dritte (Werbegemeinschaft etc.) durchgeführt werden, müssen im **Vertrag Kriterien** festgelegt sein, nach denen die Bestimmung zu erfolgen hat. Ansonsten wird eine Unwirksamkeit von entsprechenden AGB im Hinblick auf das **Transparenzgebot** des § 307 Abs. 1 S. 2 BGB angenommen (Hamann ZMR 2001 581 f.; Leo MietRB 2004, 21).

504 Ist in einem Formularmietvertrag, der **vor Liberalisierung** der Öffnungszeiten abgeschlossen und vom Vermieter gestellt wurde, die Verpflich-

tung des Mieters enthalten, das Geschäft **im Rahmen der gesetzlichen Bestimmungen** über die Ladenschlusszeiten offen zu halten, ist nach Auffassung des BGH (BGH, GuT 2007, 15) das Vertragsformular **nunmehr unklar**. Diese Unklarheit geht zu Lasten des Verwenders (§ 305c Abs. 2 BGB). Daher kann in derartigen Fällen kein Betrieb zu Zeiten verlangt werden, während deren zum Zeitpunkt des Vertragsabschlusses ein Betrieb unzulässig war.

505 Nach einer weiteren Entscheidung des XII. Zivilsenats (BGH, ZMR 2007, 846) verstößt eine Formularvertragsklausel gegen das **Transparenzgebot** und ist daher unwirksam, wenn durch die Formulierungen im Vertrag der Eindruck erweckt wird, die Betriebspflichtzeiten könnten durch eine Mehrheitsentscheidung der Mieter verändert werden, jedoch der Vermieter aufgrund von Vereinbarungen in den Verträgen mit den anderen Mietern tatsächlich das Bestimmungsrecht allein ausübt.

506 Im Hinblick auf die einschneidenden Wirkungen einer Betriebspflicht und der in der jüngsten Vergangenheit verschärften Anforderungen an das **Transparenzgebot** sollten formularvertragliche Regelungen zur Betriebspflicht in einem **gesonderten Paragraphen** an systematisch passender Stelle vereinbart werden.

507 **Stillschweigend** soll **unmittelbar vor Vertragsbeendigung** eine **Einschränkung** der **Betriebspflicht** gegeben sein. Im Wege einer ergänzenden Vertragsauslegung wird dies als vereinbart angesehen, damit dem Mieter genügend Zeit für die Räumung und Instandsetzung der Mietsache bleibt (OLG Düsseldorf, NJW-RR 1999, 305).

508 Die **Betriebspflicht endet**, wenn der **Mieter zahlungsunfähig** ist (OLG Karlsruhe, BeckRS, 2006, 13578 = GuT 2007, 16; KG, BeckRS 2013, 05303; LG Köln, NZM 2005, 621).

509 Der BGH (NZM 2007, 127) hat Zweifel erkennen lassen, ob eine im Hauptmietvertrag vereinbarte Betriebspflicht im Fall der **Untervermietung** gegenüber dem Mieter fortbesteht.

Verstöße gegen die **Betriebspflicht** sollen unter **§ 280 BGB** fallen (OLG Frankfurt, Urt. v. 17.10.2014 - 2 U 43/14). Das OLG Frankfurt (OLG Frankfurt, Urt. v. 17.10.2014 - 2 U 43/14) ist der Meinung, Ansprüche wegen Verletzung der Betriebspflicht unterlägen der **kurzen Verjährung** des **§ 548 BGB**.

4. Klauselkombinationen

510 Umstritten ist die Frage, ob bei einer **formularvertraglichen Klauselkombination** von **Betriebspflicht** einerseits und **Konkurrenzschutzausschluss** nebst **Sortimentsbindung** andererseits zumindest die Betriebspflicht unwirksam ist. Das OLG Schleswig (OLG Schleswig, NZM 2000, 1008) hat dies ebenso wie das OLG Brandenburg (OLG Brandenburg, BeckRS 2014, 22674) angenommen. Das OLG Hamburg sieht hingegen keinerlei Verbindung zwischen den beiden Klauseln (OLG Hamburg, ZMR 2003, 254; so auch OLG Rostock, NZM 2004, 460; KG, NZM 2005, 620; OLG Naumburg, NZM 2008, 772; KG, BeckRS 2015, 07490). Der **BGH** (BGH, GuT 2010, 97) hat die Frage bisher **offen gelassen**.

Das KG hat die Kombination mit einem Ausschluss des Konkurrenzschutzes jedenfalls für wirksam erachtet (KG, BeckRS 2013, 05303).

5. Vertragsstrafen

511 Die Verletzung der **Betriebspflicht** sollte aus **Vermietersicht** vorsorglich mit einer **Vertragsstrafenregelung kombiniert** werden. Die Rechtsprechung (OLG Rostock, NZM 2004, 460) hat eine Vertragsstrafe in Höhe von **125%** der auf einen Tag entfallenden Miete pro Tag des Verstoßes gegen die Betriebspflicht nicht beanstandet. Der Verstoß gegen die vertraglich vereinbarte Betriebspflicht stellt laut OLG Celle (OLG Celle, ZMR 2011 948) nach vorangegangener Abmahnung einen zur **außerordentlichen Kündigung** berechtigenden Umstand dar.

6. Betriebspflicht nach Beendigung des Mietverhältnisses

512 Räumt der Mieter nach **Vertragsende** nicht, soll er nach Auffassung des OLG Düsseldorf (OLG Düsseldorf, ZMR 2001, 181) zur Einhaltung der **Betriebspflicht nicht mehr verpflichtet** sein, da zu diesem Zeitpunkt die vertragliche Beziehung zwischen den Parteien und damit auch die Betriebspflicht beendet sei. Der Senat hat ausdrücklich offen gelassen, ob eine entsprechende nachvertragliche Verpflichtung formularvertraglich statuiert werden kann.

7. Prozessuales

513 Prozessual ist zu beachten, dass in der jüngeren Vergangenheit einige Oberlandesgerichte **einstweilige Verfügungen** im Hinblick auf die Einhaltung der Betriebspflicht erlassen haben (OLG Düsseldorf, GuT 2004, 17; OLG Karlsruhe, GuT 2007, 16; KG; NZM 2005, 620 f.; OLG Hamburg, GuT 2003, 231 f.; OLG Celle GuT 2007, 298; OLG Frankfurt, ZMR 2009, 446; verneinend: OLG Naumburg, NZM 1998, 575; KG, BeckRS 2013, 05303). Als Mieteranwalt wird man insoweit gegebenenfalls **Schutzschriften** zu hinterlegen haben, um sich vor einer solchen einstweiligen Verfügung zu schützen. Das OLG Celle (GuT 2007, 298) hält den Erlass einer einstweiligen Verfügung auch dann für zulässig, wenn es aufgrund der **finanziellen Situation** des **Mieters unsicher** erscheint, ob er die Betriebspflicht erfüllen kann.

Erklärt der Mieter im einstweiligen Verfügungsverfahren, er werde der Betriebspflicht bis zur rechtskräftigen Entscheidung nachkommen, **entfällt** nach Auffassung des KG (KG, BeckRS 2015, 07490) der **Verfügungsgrund**. Der Vermieter müsse alsdann zur Vermeidung einer Kostentragungspflicht die Hauptsache für erledigt erklären.

Die **Vollstreckung** des Anspruchs auf Erfüllung einer Betriebspflicht soll sich nach **§ 888 ZPO** richten (OLG Hamburg, NZM 2014, 273).

8. Sortimentsbindung

514 Nach der Rechtsprechung des BGH (BGH, GuT 2010, 97) soll eine **Sortimentsbindung** des Mieters auch **formularvertraglich** vereinbart werden können. Er sieht in einer Bestimmung, “T-Discount einschließlich der dazugehörigen Rand- und Nebensortimenten“, keine enge Sortimentsbindung, da diese zu diffus sei.

Q. Konkurrenzschutz/ Wettbewerbsverbote

1. Gesetzliche Konzeption/Entwicklung der Rechtsprechung

515 Die **Rechtsprechung** (vgl. BGH NJW 1979, 1404; KG GuT 2005, 252 m.w.N.; OLG Düsseldorf, GuT 2010, 207) hat in den vergangenen Jahrzehnten die Verpflichtung des Vermieters aus dem Mietvertrag abgeleitet, einen so genannten **„vertragsimmanenten" Konkurrenzschutz** zu gewähren, wenn im Mietvertrag keine Regelung zu diesem Themenkomplex vorhanden ist. Das OLG Brandenburg (OLG Brandenburg NZM 2010, 43) geht wohl von einer stillschweigend vereinbarten Verpflichtung aus. Der Vermieter darf aufgrund des vertragsimmanenten Konkurrenzschutzes weder auf dem **selben Grundstück**, auf dem die Mietsache gelegen ist, noch auf einem **unmittelbar angrenzenden Nachbargrundstück** (KG, MDR 1999, 1375), das im Eigentum des Vermieters steht, an einen **Wettbewerber des Mieters** vermieten oder in sonstiger Weise Räume überlassen oder dort selbst ein entsprechendes Unternehmen betreiben. Für ein nicht unmittelbar angrenzendes, jedoch nahe gelegenes Grundstück (Entfernung 30 m bei Innenstadtlage) soll der **vertragsimmanente Konkurrenzschutz nicht** mehr greifen (OLG Rostock, NZM 2006, 295). Wie das OLG Hamm (OLG Hamm, 2016, 202) festgestellt hat, erfasst der Konkurrenzschutz auch Tätigkeiten einer GbR, die aus Gesellschaftern der vermietenden Gesellschaft besteht und das unmittelbare Nachbargrundstück innehat, wenn die vermietende Gesellschaft Einfluss auf das Handeln der GbR hat. Der BGH hat diese vertragsimmanente Konkurrenzschutzverpflichtung letztlich aus § 242 BGB abgeleitet (BGH NJW 1979, 1404).

516 Konkurrenzschutz soll ohne ausdrückliche Abbedingung auch in einem **Einkaufscenter** zu gewähren sein, wenn unmittelbar benachbarte Flächen betroffen sind (KG, GuT 2005, 252; nunmehr weitergehend allgemein KG, NZM 2008, 248). Anderer Auffassung ist insoweit das OLG Dresden (OLG Dresden, MDR 1998, 211), das aus dem Charakter eines Einkaufscenters den Ausschluss des Konkurrenzschutzes folgert. Nach einer Entscheidung des OLG Brandenburg (OLG Brandenburg, BeckRS 2014, 22674) schuldet der **Betreiber eines Supermarkts** seinen Untermietern/Konzessionären vertragsimmanenten Konkurrenzschutz.

517 Der **vertragsimmanente Konkurrenzschutz** soll sich nach einer Entscheidung des OLG Köln (OLG Köln, GuT 2005, 157 f.) nicht auf **bei**

Vertragsabschluss bereits im Objekt tätige **Mieter** beziehen. Dies auch dann nicht, wenn diese ihren Gebrauch in zulässiger Weise ausweiten und es erst hierdurch zur Konkurrenzsituation kommt (Ausweitung eines RA – Büro von Strafrecht auf Familien- und Arbeitsrecht). Dies soll nach Auffassung des BGH (BGH, NZM 2012,196) auch dann gelten, wenn mit der späteren Konkurrenzsituation auf Grund der bei Mietvertragsabschluss geltenden Gesetzeslage **nicht zu rechnen** war. Im Übrigen ist der vertragsimmanente Konkurrenzschutz nur **ausnahmsweise ausgeschlossen**. Dies immer dann, wenn nach dem konkreten Zuschnitt des Betriebs des Mieters eine **Konkurrenzsituation nicht zu befürchten** ist. Dies wird für **Industriebetriebe und Produktionsstätten** mit keinem oder nur geringem Kundenverkehr angenommen (OLG Karlsruhe, NJW-RR 1987, 848; OLG Koblenz, NJW-RR 1995, 1352).

518 Der vertragsimmanente Konkurrenzschutz bietet nicht Schutz vor jedweder Konkurrenz. Vielmehr ist lediglich das so genannte **Hauptsortiment** geschützt. Nebenartikel werden von dem Hauptsortiment dadurch abgegrenzt, dass diese einen Umsatz erbringen, der kleiner als 5% (Fritz, Rz. 76a) ist. Ausnahmen werden insoweit für **Supermärkte** angenommen, da diese im Einzelfall das gesamte Sortiment eines anderen Geschäftes im Objekt abdecken können (OLG Celle, ZMR 1992, 448). Zu der Frage, wann eine Konkurrenzschutzverletzung vorliegt, hat sich eine **umfangreiche Kasuistik** herausgebildet, die kaum noch überschaubar ist (vgl. die Nachweise bei Fritz, Rz. 76e). Zu Gunsten einer Bäckerei soll gegenüber einem Subway-Restaurant kein Konkurrenzschutz bestehen (OLG Düsseldorf, GuT 2010, 207).

519 Eine **Verletzung** des **Konkurrenzschutzes** soll nach einem Teil der Rechtsprechung einen **Sachmangel** darstellen (BGH, NJW 2013, 44; KG, GuT 2007, 212; OLG Koblenz, NZM 2008, 405, OLG Brandenburg, ZMR 2009, 909). Hierbei soll der Mieter nicht darlegen müssen, dass die Konkurrenz zu einer Umsatzeinbuße geführt hat (KG, NJOZ 2007, 3410; OLG Düsseldorf, BeckRS 2013, 07450). Die Gerichte gehen zur Feststellung der Minderungsquote teilweise im Wege der „freien Schätzung“ unter Berufung auf § 287 ZPO vor (OLG Koblenz, NZM 2008, 405). Anderer Auffassung war das OLG Dresden (OLG Dresden, NZM 2010, 818; vgl. a.: Wolf/Eckert/Ball, Rz. 729; Leo/Ghassemi-Tabar, NZM 2009, 337, 342), das einen **Pflichtenverstoß** des **Vermieters** annimmt (s.a.: BGH, BB 1954, 177).

520 Nach Auffassung des OLG Frankfurt (OLG Frankfurt, BeckRS 2012, 06906) resultiert aus einem **Verstoß** gegen die Konkurrenzschutzver-

pflichtung die Pflicht des Vermieters, im Rahmen des ihm **rechtlich und tatsächlich Möglichen** auf den Konkurrenten einzuwirken, in seinen Mieträumen den Konkurrenzbetrieb zu unterlassen, und diesen zu unterbinden. Der **bewusste Verstoß** gegen die Konkurrenzschutzverpflichtung stellt nach einer Entscheidung des OLG Frankfurt (OLG Frankfurt, BeckRS 2012, 06906) einen Fall des **§ 826 BGB** dar.

521 Bei **drohendem Verstoß** des Vermieters gegen seine Konkurrenzschutzverpflichtung kann eine **Regelungsverfügung** im **einstweiligen Rechtsschutz** ergehen, da nur so nach einer Entscheidung des KG (KG, GuT 2008, 111) effektiver Rechtsschutz möglich ist. Lässt sich der in erster Instanz unterlegene Verfügungskläger seine Berufungsbegründungsfrist um einen Monat verlängern und nutzt er diese Frist nahezu vollständig aus, kann nach Auffassung des KG (KG, GuT 2009, 209) eine „Selbstwiderlegung" der Dringlichkeit des Verfügungsgrunds vorliegen, die zur Zurückweisung der Berufung führt.

Der **Verstoß gegen den Konkurrenzschutz** berechtigt den Mieter nach Auffassung des OLG Düsseldorf (OLG Düsseldorf, BeckRS 2013, 07450) zur **außerordentlichen Kündigung** gemäß § 543 Abs. 2 Nr. 1 BGB auch ohne Abmahnung, wenn der Vermieter nicht gewillt ist, Abhilfe zu schaffen.

522 Dagegen kann der **Konkurrenzschutz nicht** unmittelbar dem **Mitmieter** und Konkurrenten gegenüber **geltend gemacht** werden. Die Verletzung der Konkurrenzschutzverpflichtung enthält regelmäßig keinen Verstoß gegen § 1 UWG (Fritz, Rz. 76d).

2. Vertragliche Regelungen

523 Es soll **formularvertraglich** möglich sein, den **Konkurrenzschutz abzubedingen** (OLG Hamburg, ZMR 1987, 94 f) oder einzuschränken (KG, MDR 2008, 19). Mit der ausdrücklichen Vereinbarung eines Konkurrenzschutzes soll auch nach Auffassung des OLG Naumburg (OLG Naumburg, BeckRS 2010, 850) ein **Ausschluss** des ggf. **vertragsimmanenten Konkurrenzschutzes** (st. Rspr. vgl.: BGH NJW 1979, 1404; OLG Rostock, NZM 2006, 295; OLG Brandenburg, ZMR 2009, 909) einhergehen.

524 Vereinbaren die Parteien den **Wegfall** eines im **Mietvertrag vorgesehenen Konkurrenzschutzes**, so **lebt** nach Auffassung des KG (KG, GuT 2005, 54 f.) der von der Rechtsprechung entwickelte **vertragsimmanen-**

te Konkurrenzschutz auf. Der vollständige Entfall des Schutzes ist daher gegebenenfalls ausdrücklich zu regeln.

3. Wettbewerbsverbote

525 Insbesondere in Verträgen für **Einkaufscenter** finden sich Regelungen, mit denen der Mieter sich verpflichtet, in einem gewissen, im Vertrag bestimmten räumlichen **Bereich** keine **gleichartigen Geschäfte** zu betreiben. Derartige Vereinbarungen sollen grundsätzlich zulässig sein (vgl. Lindner-Figura/Oprée/Stellmann, Kap. 14, Rz. 174f m.w.N.).

526 Es erscheint jedoch fraglich, ob dies **formularvertraglich** möglich ist oder ob es sich um eine **überraschende Klausel** handelt, die in jedem Fall individualvertraglich verhandelt werden muss. Eine Bestimmung in einem 25-seitigen Formularvertrag unter **„Sonstiges“**, mit der dem Mieter während der Vertragslaufzeit untersagt wird, im räumlichen Umfeld der in der Innenstadt gelegenen Mietsache ein Konkurrenzgeschäft zu betreiben, soll wegen Verstoßes gegen das **Transparenzgebot** unwirksam sein und wegen der mit der Einschränkung einhergehenden Folgen eine unangemessene Benachteiligung darstellen (OLG Dresden, GuT 2006, 86, LS).

R. Untermiete

1. Gesetzliche und vertragliche Regelungen

527 Im Rahmen von gewerblichen Mietverhältnissen ergibt sich mitunter in erheblichem Umfange das Bedürfnis nach einer Untervermietung. Auch im gewerblichen Mietrecht ist dies gemäß § 540 BGB nur mit **Erlaubnis** des **Vermieters zulässig**. Einen **Anspruch** auf Zustimmung zur Untervermietung besitzt der Mieter entsprechend eines Urteils des KG (KG, GuT 2011, 153) auch dann **nicht**, wenn er auf eine Zustimmung zwecks Erhaltung der Vorteile aus dem Mietverhältnis angewiesen ist. Der Vermieter ist grundsätzlich nicht verpflichtet, einer Untervermietung zuzustimmen (OLG Düsseldorf, ZMR 2010, 755). In der bloßen **Duldung** der Untervermietung liegt keine **Zustimmung** (OLG Düsseldorf, ZMR 2010, 755). Ein ohne Zustimmung des Vermieters abgeschlossener Untermietvertrag ist gleichwohl **wirksam** (BGH, NJW, 1996, 46, 47; NZM 2008, 167).

528 Sieht der **Mietvertrag** vor, dass die Zustimmung zur Untervermietung nur aus **wichtigem Grund** verweigert werden darf, liegt laut OLG Düsseldorf (OLG Düsseldorf, BeckRS 2010, 30362) in der Verweigerung ohne entsprechenden Grund ein zur **außerordentlichen Kündigung** berechtigendes Verhalten.

2. Kündigung nach Maßgabe des § 540 Abs. 1 S. 2 BGB

529 Häufig wird der Mieter über eine **außerordentliche Kündigung** nach Maßgabe des

§ 540 Abs. 1 S. 2 BGB nachdenken, wenn die **Zustimmung** zur Untervermietung **verweigert** wurde. Es stellt sich dabei jeweils die Frage, ob in der **Person des Dritten** ein **wichtiger Grund** vorlag, der zur Verweigerung der Zustimmung berechtigte. Der Vermieter ist nicht verpflichtet, seine Erlaubnis zu einer Untervermietung zu erteilen, die über den im **Hauptmietvertrag vorgesehenen Vertragszweck** hinausgeht (BGH, NJW 1984, 1031; OLG Köln, ZMR 1997, 299; OLG Hamburg, ZMR 2003, 180; OLG Düsseldorf, GuT 2008, 122). Insoweit liegt ein wichtiger Grund in der Person des Untermieters vor. Weitergehend hat das OLG Düsseldorf entschieden, dass die **einmalige Gestattung** einer Untervermietung zu einem im Hauptmietvertrag nicht vorgesehenen Vertragszweck weder zu einer entsprechenden stillschweigenden Vertragsänderung, noch zu einem Anspruch des Hauptmieters auf eine weitere vom Hauptmietvertrag abweichende Gestattung führt (OLG Düsseldorf, ZMR 2003, 349). Ein wichtiger Grund in der Person des Untermieters liegt ebenfalls vor, wenn die von diesem geplante Nutzung zu einem **Verstoß** gegen **Konkurrenzschutzpflichten des Vermieters** gegenüber Dritten führen würde (OLG Nürnberg, MDR 2007, 395). Sind Gewerberaumflächen „zur ausschließlichen Nutzung als Büroräume“ in einem gemischt für Wohn- und Gewerbezwecke genutzten Objekt vermietet, liegt ein wichtiger Grund im Sinne des § 540 Abs. 1 S. 2 BGB in Person des Untermieters, wenn dieser die Räume im Zweischichtbetrieb für einen Pflegedienst nutzen möchte (OLG Düsseldorf, BeckRS 2016, 09629).

530 Nach Auffassung des BGH (NZM 2007, 127), des KG (KG, ZMR 2008, 128) und des OLG Dresden (NZM 2004, 461), ist das Sonderkündigungsrecht des § 540 Abs. 1 S. 2 BGB bei einem Hauptmietverhältnis mit **Betriebspflicht** auch dann ausgeschlossen, wenn der Vermieter trotz entsprechender Nachfrage auf Grund **mangelnder Informationen** über die **Zuverlässigkeit** und **Bonität** des potentiellen Untermieters sowie die im Untermietvertrag vereinbarten Mietbedingungen (Laufzeit des Untermietvertrages, Untermiethöhe) nicht in der Lage ist, die Situation zu beurteilen.

Das Sonderkündigungsrecht des Mieters soll auch dann nicht entstehen, wenn der Mieter lediglich **generell** hinsichtlich einer **Untervermietungsmöglichkeit** anfragt und hierbei nicht zum Ausdruck bringt, dass es dem Vermieter vorbehalten bleiben soll, die Bonität des noch unbekannten Untermieters zu prüfen. Antwortet der Vermieter auf eine entsprechende Anfrage nicht, steht dem Mieter kein außerordentliches Kündigungsrecht zu (OLG Celle, ZMR 2003, 344, 346).

Entsprechendes gilt, wenn der Mieter ein **Schweigen des Vermieters** auf eine entsprechende Anfrage als Verweigerung der Erlaubnis der Untervermietung ansehen will und dies dem Vermieter nicht mitteilt (KG, ZMR 2008, 128).

Eine Untervermietung an einen **zahlungsunfähigen Untermieter** muss der Vermieter ebenfalls nicht dulden (OLG Düsseldorf, GuT 2004, 86 f.).

531 Das OLG Düsseldorf (OLG Düsseldorf, BeckRS 2012, 20551) sieht auch bei einem **Vermieterwechsel** den Mieter nicht zur Auskunft bezüglich eines bereits bestehenden Untermietverhältnisses verpflichtet.

532 Enthält der Mietvertrag eine Bestimmung, nach der eine Untervermietung nicht zu einem Zweck erfolgen darf, der den Interessen des Vermieters entgegensteht, ist nach einer Entscheidung des OLG Düsseldorf (OLG Düsseldorf, GuT 2005, 57 f.) die Untervermietung an einen weiteren **Mieter im Objekt**, der alsdann sein Hauptmietverhältnis mit dem Vermieter kündigen würde, ausgeschlossen.

533 Hinsichtlich der Frage, ob das **Sonderkündigungsrecht** des § 540 Abs. 1 S. 2 BGB **formularvertraglich** gänzlich **ausgeschlossen** werden kann, liegt – soweit ersichtlich – noch keine obergerichtliche Rechtsprechung vor. Das LG Bonn hat dies verneint (LG Bonn, NJW-RR 2002, 1234 f.). Der BGH hat jedoch entschieden, dass der **formularvertragliche Ausschluss** gegen § 307 BGB verstößt, wenn das Recht zur Untervermietung nicht ausgeschlossen ist (BGHZ 130, 50).

534 Die **Beweislast** für eine Verweigerung der Untermieterlaubnis trägt nach Auffassung des OLG Koblenz (OLG Koblenz, BeckRS 2012, 21083) der Mieter.

3. Einzelprobleme der Untervermietung

535 Bei jeder Untervermietung ist zu beachten, dass der Hauptmieter für alle **Verfehlungen des Untermieters** einzustehen hat (§ 540 Abs. 2 BGB). Dies kann im Einzelfall zu ganz erheblichen Belastungen führen. Etwa dann, wenn es aufgrund eines Verschuldens des Untermieters zu einer Zerstörung der Mietsache kommt. Auf entsprechende Risiken ist bei der Beratung von Untervermietern ausdrücklich hinzuweisen.

536 Bei Vertragsabschluss ist vom **Vermieter** darauf **hinzuweisen**, dass es sich bei dem Mietvertrag um ein **Untermietverhältnis handelt**. Denn der Schutz eines Mieters im Rahmen eines Untermietverhältnisses ist deutlich eingeschränkt. Insbesondere greift

§ 566 BGB bei Veräußerung des Mietobjektes nicht ein und bei Beendigung des Hauptmietverhältnisses ist der Untermieter dem Hauptvermieter/Eigentümer nicht zum Besitz berechtigt. Wird die Natur des Vertrages nicht offen gelegt, ist von einer **Vertragsverletzung** auszugehen, die gegebenenfalls auch zur außerordentlichen Kündigung des Untermietverhältnisses berechtigt.

537 Aus Mietersicht ist Vorsicht geboten, wenn im Mietvertrag Klauseln enthalten sind, nach denen die **Untermiete** die vertraglich vereinbarte **Miete**

nicht unterschreiten darf. Bei konjunkturellen Abschwüngen bzw. Schwankungen am Gewerberaummietmarkt wird damit das Objekt faktisch unvermietbar. **Mehrerlösklauseln**, nach denen eine Mehrmiete im Rahmen des Untermietvertrages im Verhältnis zum Hauptmietvertrag teilweise an den Vermieter abgeführt wird, erscheinen im Regelfall weniger problematisch. Zu beachten ist jedoch, ob und gegebenenfalls in welchem Umfange bei einer Untervermietung Investitionen des Hauptmieters oder aber die von ihm eröffnete Marktchance (insbesondere bei Teilflächenuntervermietung) mit im Rahmen der Untermiete abgegolten wird. Hieran sollte wirtschaftlich betrachtet der Hauptvermieter aus Sicht des Mieters nicht unbedingt partizipieren.

538 Das OLG Düsseldorf (OLG Düsseldorf, NJOZ 2011, 2004) hatte Gelegenheit, darauf hinzuweisen, dass mit **Ende** des **Hauptmietverhältnisses** vom Hauptmieter abgeschlossene **Untermietverträge fortbestehen** und nicht ohne Weiteres auf den Hauptvermieter/Eigentümer übergehen. Die ehemals umstrittene Fragen, ob im Prozess auf Herausgabe der Mietsache zwischen dem Hauptvermieter und dem Untermieter ein **Räumungstitel** des Hauptvermieters gegen den **Untervermieter Rechtskraft** gegenüber dem Untermieter entfaltet, hat der BGH (BGH, ZMR 2006, 763, 765) verneint.

539 Im Falle der Beendigung des Hauptmietverhältnisses und des **Abschlusses** eines **Mietvertrages** zwischen dem **Hauptvermieter** und dem **ehemaligen Untermieter** verliert der ehemalige Hauptmieter seinen Anspruch auf Zahlung von Miete im Untermietverhältnis (BGH, GuT 2007, 132).

540 Grundsätzlich kann auch in einem befristeten Untermietvertrag das Vertragsverhältnis unter die **auflösende Bedingung** der **Beendigung** des **Hauptmietvertrags** gestellt werden (OLG Bremen, ZMR 2007, 363). Der Untervermieter darf in einem solchen Fall nicht ohne jede Rücksicht auf das Interesse des Untermieters den Hauptmietvertrag beenden (BGH, NJW-RR 1986, 234).

541 In der **Erlaubnis** zur **Untervermietung** ist in aller Regel **keine Erlaubnis** zur **Unteruntervermietung** enthalten. Vielmehr kann diese zur Kündigung des Hauptmietverhältnisses durch den Hauptvermieter berechtigen (OLG Hamm, NJW-RR 1992, 783).

S. Nachmietergestellung/Vermieterwechsel/Eintritt nach UmwG

1. Nachmieter

542 In der gesetzlichen Regelung des **Mietrechts** ist eine **Nachmietergestellung nicht vorgesehen**. Für den Bereich des Wohnraummietrechtes ist bzw. war eine Nachmietergestellung jedoch in gewissen Fallkonstellationen anerkannt. Ob und in welchem Umfange dies auch für das Gewerberaummietrecht gilt, ist bisher noch nicht höchstrichterlich geklärt. Es wird jedoch angenommen, dass zumindest die gleichen Anforderungen erfüllt sein müssen, die für das Wohnraummietrecht galten. Dementsprechend muss der Mieter ein **Auflösungsinteresse** besitzen, dass das **Fortbestandsinteresse** des Vermieters **übersteigt**. Das Festhalten am Vertrag muss für den Mieter eine gewisse **Härte** bedeuten und der **Abschluss** des Mietvertrages mit dem **Nachmieter** muss für den Vermieter **zumutbar** sein. Der Grund, der zum **Auflösungsinteresse** des Mieters führt, soll nicht in seinen **Risikobereich** fallen dürfen. Da der **wirtschaftliche Misserfolg** des Mieters in den Räumlichkeiten allein in seine Risikosphäre fällt, kann hieraus keinesfalls die Berechtigung zur Gestellung eines Nachmieters abgeleitet werden (vgl. OLG Rostock, BeckRS 2010, 17374; Lützenkirchen-Leo, A, Rz. 412).

543 **Vertraglich** können die Parteien abweichende Regelungen vereinbaren. **Individualvertraglich** ist dies uneingeschränkt möglich. Ob und wieweit dies **formularvertraglich** möglich ist, ist höchstrichterlich noch nicht geklärt. Formularvertragliche Klauseln sollten daher nicht vereinbart werden.

544 Bei entsprechenden Vertragsklauseln ist zwischen so genannten **unechten** und **echten Nachmieterklauseln** zu unterscheiden: Bei einer so genannten **unechten Nachmieterklausel** besitzt der Mieter lediglich ein Recht zum vorzeitigen Ausscheiden aus dem Mietvertrag, wenn der Vermieter einen oder mehrere Nachmietinteressenten (je nach vertraglicher Vereinbarung) als vertragsgemäßen Nachmieter nicht akzeptiert hat. Es handelt sich bei dem Abschluss eines Vertrages mit dem Nachmietinteressenten somit lediglich um eine Obliegenheit des Vermieters.

545 Mitunter sind entsprechende Regelungen jedoch für den Mieter nicht interessengerecht. Dies insbesondere dann, wenn er beabsichtigt, sein in den Räumlichkeiten betriebenes Geschäft/Praxis an einen Nachfolger zu

verkaufen. Dies ist häufig bei Arztpraxen, Rechtsanwalts- und Steuerberatungskanzleien sowie bei Einzelhandelsgeschäften der Fall. Interessengerecht sind in derartigen Fällen für den Mieter so genannte **echte Nachmieterklauseln**, bei denen der Vermieter verpflichtet ist, mit einem akzeptablen Nachmieter einen Folgemietvertrag abzuschließen bzw. diesen in den bestehenden Mietvertrag einrücken zu lassen. Insoweit soll der Ursprungsmieter nach einer Entscheidung des OLG Düsseldorf (OLG Düsseldorf, MDR 1994, 162) auch **formularvertraglich** dazu verpflichtet werden können, bis zum **Ende** des **ursprünglichen Mietvertrages mit zu haften**. Kommt der **Vermieter** bei Vorliegen einer echten Nachmieterklausel seiner **Verpflichtung** zum Abschluss eines Mieteintrittsvertrages oder Neuabschluss eins Mietvertrages mit dem Nachmieter **nicht nach**, so macht er sich unter Umständen **schadenersatzpflichtig** (vgl. Lützenkirchen-Leo, A, Rz. 416). In jedem Fall muss er sich so behandeln lassen, wie er stünde, wenn der Vertrag mit dem Nachmieter abgeschlossen worden wäre (§ 162 BGB; OLG Koblenz, ZMR 2003, 344 f.). Er kann insbesondere in derartigen Fällen **keine Miete** mehr vom **ursprünglichen Mieter** verlangen.

546

Klauseln, die die **untervermietende Gesellschaft** berechtigen, den **Mietvertrag** auf eine dritte Gesellschaft **zu übertragen**, sollen nach einer Entscheidung des **BGH** (BGH, NZM 2010, 705) nicht unangemessen benachteiligend sein und daher auch **formularvertraglich** getroffen werden können. Ob dies auch für Fälle der **Vermietung** durch den **Eigentümer** gelten soll, bleibt abzuwarten (vgl. Leo/Ghassemi-Tabar, NJW 2010, 3710).

547

Nach Auffassung des **BGH** (BGH, NZM 2005, 340 f.) kommt der in einem langfristig abgeschlossenen Mietvertrag vorgesehene **Wechsel** des **Mieters nicht zustande**, wenn die Mietein- und -austrittsvereinbarung die **Schriftform** der §§ 578, 550, 126 BGB **nicht wahren** und die langfristige Bindung nicht auf den Erwerber übergeht. Es muss abgewartet werden, ob der BGH diese Entscheidung verfestigt. Hieran sind gewisse Zweifel angezeigt, da die Auffassung insbesondere dann, wenn der vermeintlich neue Mieter über lange Zeit die vertraglichen Pflichten erfüllt, zu praktisch kaum noch zu bewältigenden rechtlichen Schwierigkeiten führt.

548

Da eine **schwere Erkrankung** im Gegensatz zum Tod des Mieters nach der einschlägigen Rechtsprechung (OLG Düsseldorf, ZMR 2001, 106) nicht zu einer außerordentlichen Kündigung berechtigen soll, ist insbesondere bei Abschluss von **langfristigen Mietverträgen** auf Seiten des

Mieters auf die Vereinbarung einer **Nachmieterklausel** oder eines **Sonderkündigungsrechtes** zu achten, wenn es sich bei dem Mieter um eine Einzelperson handelt, die in der Mietsache einem freien Beruf oder ein Gewerbe allein betreiben will. Ansonsten droht mitunter erheblicher wirtschaftlicher Schaden, wenn der Gewerbetreibende/Freiberufler längerfristig ausfällt.

2. Eintritt nach UmwG

549 Nach Auffassung des OLG Karlsruhe (OLG Karlsruhe, ZMR 2009, 36) bedarf bei einem **Mietvertrag** mit einem **Einzelkaufmann** die **Ausgliederung** des einzelkaufmännischen Geschäfts in eine GmbH nach Maßgabe des **§ 152 UmwG** nicht der Zustimmung des Vermieters. Vielmehr gehe im Regelfall/im Fall eines unternehmensbezogenen Mietvertrags dieser kraft Gesetzes auf die GmbH über.

3. Vermieterwechsel

Das OLG Saarbrücken (OLG Saarbrücken, ZMR 2016, 371) ist der Auffassung, § 566 Abs. 1 BGB sei analog anzuwenden, wenn zwar keine Identität zwischen Eigentümer/Veräußerer des Grundstücks einerseits und dem Vermieter andererseits besteht, wenn der Vermieter „letztlich" für den Eigentümer gehandelt hat. Dies könne u.a. der Fall sein, wenn ein Hausverwalter, Treuhänder, einer von mehreren Miteigentümern etc. als Vermieter aufgetreten sei.

T. Beendigung des Mietvertrages

1. Unbefristetes Mietverhältnis

550

Ein **unbefristetes Mietverhältnis** endet ohne Weiteres nach entsprechender Kündigung durch eine der Vertragsparteien nach Ablauf der gesetzlichen Kündigungsfristen des

§ 580a BGB. Ein wie auch immer gearteter **Mieterschutz** wird ganz herrschend **nicht angenommen** (vgl. etwa: OLG Karlsruhe, BeckRS 2012, 22937). Vielmehr geht man beim Abschluss von Mietverträgen generalisierend betrachtend davon aus, dass Vermieter und Mieter sich als gleichwertige Vertragspartner gegenüberstehen. Eine **ordentliche Kündigung** eines Gewerberaummietvertrags kann nur im **Ausnahmefall treuwidrig** sein. Dies gilt auch dann, wenn der Vermieter sich mit einem **Mängelbeseitigungsverlangen** oder einem Minderungsanspruch des Mieters konfrontiert sieht, und alsdann kündigt. Hierin liegt nach Auffassung des OLG Düsseldorf (OLG Düsseldorf, BeckRS 2010, 20154) keine treuwidrige Herbeiführung der Kündigung.

2. Befristetes Mietverhältnis

551

Liegt ein **Zeitmietvertrag** vor und enthält dieser keine anderweitigen Regelungen, so endet das Mietverhältnis mit Ablauf der Zeit für die es eingegangen ist, ohne dass es einer weiteren Erklärung bedarf. Während der Laufzeit sind **ordentliche Kündigungen** ausgeschlossen (OLG Düsseldorf, ZMR 2013, 706).

552

Ein unter einer **auflösenden Bedingung geschlossener Mietvertrag** ist nach Auffassung des BGH (BGH, NZM 2009, 433) mit den gesetzlichen Fristen kündbar, sofern die Vertragsparteien nichts Abweichendes vereinbart haben. Eine solche Vereinbarung kann schon in der auflösenden Bedingung liegen. Die Beweislast trägt insoweit derjenige, der sich hierauf beruft.

553

Sieht der befristete Mietvertrag eine **Verlängerung** um einen bestimmten Zeitraum vor, wenn **keine Vertragspartei widerspricht**, ist noch nicht höchstrichterlich geklärt, ob dies bei Verlängerungen um **mehr als ein Jahr** dem **Schriftformerfordernis**, insbesondere unter dem Gesichtspunkt der Warnfunktion widerspricht. Das OLG Hamm hat dies in einer unveröffentlichten Entscheidung verneint. Sofern im Vertrag keine abweichende Regelung enthalten ist, kann der Widerspruch auch durch **schlüssiges Verhalten** erfolgen (OLG Düsseldorf, OLGR 2007, 507).

554 In einer **Kündigung** liegt nach einer Entscheidung des KG (KG, GuT 2010, 191) nicht zugleich ein **Widerruf** im Sinne des **§ 178 BGB**. Zwar sei der Widerruf formfrei, müsse jedoch erkennen lassen, dass der Vertrag wegen des Vertretungsmangels nicht gelten soll.

555 Das OLG Dresden (OLG Dresden, NZM 2012, 834) hat noch einmal festgehalten, dass eine **Teilkündigung einzelner Teilflächen** im Rahmen eines einheitlichen Mietvertrags nicht möglich und damit unwirksam ist.

556 Bei einer **vollständigen Zerstörung der Mietsache**, die von keiner der beiden Vertragsparteien zu vertreten ist, endet das Mietverhältnis auch nach Auffassung des OLG Köln (OLG Köln, NJOZ 2011, 1959) ohne Weiteres.

557 Die in einer **ungeteilten Erbengemeinschaft** befindlichen Erben können nach Auffassung des BGH (BGH, NZM 2010, 161) auf Grundlage eines **Mehrheitsbeschlusses** ein Mietverhältnis für ein zur Erbschaft zugehöriges Objekt kündigen, wenn sich die Kündigung als Maßnahme ordnungsgemäßer Nachlassverwaltung darstellt.

Wird ein **Teil** einer **Mietsache veräußert**, entsteht auch nach Auffassung des KG eine **Vermietergemeinschaft**, die den Mietvertrag grundsätzlich nur in Gänze kündigen kann. Abweichendes soll jedoch im Fall des Erwerbs im Rahmen der **Zwangsversteigerung** gelten. Hier soll der Ersteher gemäß § 57a ZVG die Teilfläche im Wege der **Teilkündigung** isoliert kündigen können (KG, BeckRS 2011, 01790). Wird nur eines von mehreren mit einem einheitlichen Mietvertrag vermieteten Grundstücken unter Zwangsverwaltung gestellt, kann der Zwangsverwalter nur gemeinsam mit den Vermietern der weiteren Grundstücke den Mietvertrag kündigen (OLG Hamm, NZM 2011, 710).

558 Der Zweck des **§ 1056 BGB** rechtfertigt es nach Auffassung des BGH (BGH, NZM 2011, 73), dem Grundstückseigentümer das außerordentliche Kündigungsrecht im Falle der **Beendigung** des **Nießbrauchs** dann zu verwehren, wenn er nicht nur im Wege des gesetzlichen Vertragsübergangs nach §§ 1056, 566 BGB in den Mietvertrag eingetreten, sondern darüber hinaus an dem Mietverhältnis persönlich beteiligt ist, weil er selbst vor Bestellung des Nießbrauchs das Mietverhältnis eingegangen oder er dem Mietvertrag zu einem späteren Zeitpunkt beigetreten ist. In diesen Fällen werde der Grundstückseigentümer nicht ohne sein Einver-

ständnis in einen zwischen dritten Personen abgeschlossenen Mietvertrag hineingedrängt. Er hat vielmehr durch seine eigene schuldrechtliche Beteiligung an dem Mietvertrag gegenüber dem Mieter den Eindruck erweckt, dass das Mietverhältnis unabhängig vom Bestand des Nießbrauchs fortbesteht.

559 Gleiches gelte, wenn der alleinige Grundstückseigentümer **Alleinerbe** des Nießbrauchers ist (BGH, NZM 2011, 73).

560 Die Ausübung eines vertraglich vorgesehenen **Rücktrittsrechts** bedarf grundsätzlich keiner Fristsetzung, Androhung etc., es sei denn, dies ergibt sich aus dem Vertrag (OLG Celle, ZMR 2010, 25) oder das Rücktrittsrecht ist an einen Vertragsverstoß des Vertragspartners geknüpft.

561 Aus der Stellung als **Mitarbeiter** einer vermietenden Grundstücksgesellschaft folgt nach Auffassung des KG (KG, GuT 2010, 250) nicht automatisch dessen **Vollmacht** zur Erklärung von Kündigungen, so dass mangels Vollmachtsvorlage die Kündigung zurückgewiesen werden kann. Eine **Zurückweisung** nach 8 – 10 Tagen kann im Einzelfall noch „unverzüglich“ im Sinne der §§ 174, 121 BGB sein. Soll eine von einem **Vertreter** abgegebene Kündigung wegen **Fehlens** der **Vollmacht**, muss dies der Zurückweisung **hinreichend deutlich** zu entnehmen sein. Ansonsten geht die Zurückweisung ins Leere (OLG Düsseldorf, BeckRS 2012, 05968).

562 Das befristete Mietvertragsverhältnis endet darüber hinaus, wenn es von einer Partei zu Recht außerordentlich gekündigt wird. Insoweit gelten zunächst die allgemeinen gesetzlichen Bestimmungen, die bereits aus dem Wohnraummietrecht bekannt sind. Das OLG Brandenburg (OLG Brandenburg, BeckRS 2011, 02106) hat noch einmal darauf hingewiesen, dass eine **außerordentliche Kündigung** in der Gewerberaummiete zu ihrer Wirksamkeit **keiner Begründung** bedarf.

563 Wie das Kammergericht (KG, BeckRS 2012, 07246) festgehalten hat, kann der Mieter sich nicht mit Erfolg auf einen nicht gegebenen, die Kündigung des Vermieters tragenden Mietzahlungsverzug berufen, wenn er in einem Vorprozess **rechtskräftig** zur Zahlung entsprechender Mieten verurteilt wurde. Eine Kündigung nach Maßgabe des § 543 Abs. 2 Nr. 3 a BGB ist bei Verzug mit einem Betrag in Höhe von einer Monatsmiete nur gegeben, wenn die Minderzahlung aus zwei aufeinanderfolgenden Mieten resultiert (BGH, NZM 2008, 770), ansonsten muss ein Verzug mit einem Betrag von mindestens zwei Monatsmieten (Kaltmiete

+ NK-Vorauszahlungen + Umsatzsteuer) gegeben sein. Hat sich der Mieter nach dem Mietvertrag am **Lastschriftverfahren** zu beteiligen, wandelt sich die Pflicht zur Zahlung des Mieters von einer Schickschuld zu einer **Holschuld** des **Vermieters**, wie das OLG Stuttgart (OLG Stuttgart, ZMR 2008, 967) festgestellt hat. Eine Kündigung wegen Zahlungsverzugs kommt daher nur in Betracht, wenn zuvor erfolglos die Abbuchung versucht wurde oder konkrete, dann vom Mieter auszuräumende, Anhaltspunkte vorliegen, dass das Konto zum Fälligkeitszeitpunkt keine ausreichende Deckung aufwies. Die fehlende Deckung in Vormonaten soll hierfür nicht ausreichen.

564 Die **ständig verspätet erfolgende Mietzahlung** berechtigt zumindest nach fruchtloser Abmahnung zur außerordentlichen Kündigung (OLG Düsseldorf, ZMR 2009, 196; OLG Frankfurt, BeckRS 2010, 28918).

565 Entsprechend eines Urteils des OLG Brandenburg (OLG Brandenburg, BeckRS 2012, 18812) kann eine außerordentliche Kündigung zumindest dann nicht auf die ausbleibende Zahlung **Betriebskostensaldoforderungen** gestützt werden, wenn der Mieter gegen die zugrunde liegende Betriebskostenabrechnung sachlich begründete Einwendungen erhebt.

566 Der **Verstoß** gegen die vertraglich vereinbarte **Betriebspflicht** stellt laut OLG Celle (OLG Celle, ZMR 2011 948) nach vorangegangener Abmahnung einen zur außerordentlichen Kündigung berechtigenden Umstand dar.

Die **Verweigerung der Einsichtnahme in die Geschäftsunterlagen** des Mieters bei Vereinbarung einer Umsatzmiete, kann nach einem Urteil des KG (KG, BeckRS 2011, 27308) eine außerordentliche Kündigung nach sich ziehen.

567 Der Vermieter soll nicht verpflichtet sein, ungefragt über (negative) Ereignisse im Zusammenhang mit Vormietern aufzuklären, so dass bei unterlassenem Hinweis kein außerordentliches Kündigungsrecht des Mieters besteht (OLG Düsseldorf, GuT 2006, 27).

Die **Weigerung des Vermieters** an einem für die Nutzung der Mietsache zum vertraglichen vorgesehenen Zweck erforderlichen **Genehmigungsverfahren** mitzuwirken, soll nach einer Entscheidung des BGH (BGH, GuT 2007, 434) den Mieter nicht in jedem Fall zu einer außerordentlichen Kündigung berechtigen. Vielmehr ist zu prüfen, ob und mit welchem zusätzlichen Aufwand der Mieter in der Lage ist, ohne die Mithilfe des Vermieters die Genehmigung herbeizuführen.

568 Der **Austausch der Schlösser der Mietsache** begründet nach Auffassung des KG (KG, NZM 2009, 820) kein außerordentliches Kündigungsrecht, wenn der Vermieter nach Belehrung durch die Polizei die ursprünglichen Schlösser wieder einbaut.

569 Die **verbale Bedrohung des Vermieters** mit körperlicher Gewalt soll diesen zur außerordentlichen Kündigung berechtigen (OLG Düsseldorf, NZM 2006, 295, LS). Eine **Strafanzeige oder die Anzeige einer Ordnungswidrigkeit** des Mieters gegen den Vermieter kann eine fristlose Kündigung rechtfertigen, wenn der Grundsatz der Verhältnismäßigkeit der Mittel nicht gewahrt wird. Bei der Beurteilung dieser Frage ist nach Auffassung des OLG Brandenburg (OLG Brandenburg, GuT 2007, 232) zu prüfen, ob die Anzeige im Rahmen der Wahrnehmung staatsbürgerlicher Rechte oder Pflichten oder zur Wahrung eigener Interessen erfolgt ist. Ist dies nicht der Fall und wird eine Strafanzeige aus Böswilligkeit, nichtigem Anlass erstattet oder agiert der Anzeigende ohne hinreichenden Anlass bei den Behörden, ist eine fristlose Kündigung des Vermieters berechtigt.

570 Eine **Abmahnung** ist vor einer außerordentlichen Kündigung nach Maßgabe des § 543 BGB **entbehrlich**, wenn durch das vorangegangene Verhalten des Kündigungsempfängers die Vertrauensgrundlage zerstört ist. Dies kann bei **rufschädigenden Äußerungen** über das vom Mieter in der Mietsache betriebenen Geschäfts gegenüber Dritten der Fall sein (BGH, NZM 2010, 901). Generell ist jedoch zu beachten, dass die Entbehrlichkeit der Abmahnung sehr zurückhaltend angenommen wird (vgl. OLG Düsseldorf, BeckRS 2010, 24326).

571 Zu keinem außerordentlichen Kündigungsrecht führt die Anbringung einer **Videokameraattrappe** im Hausflur, wenn der ausgezogene Mieter keine ernsthafte Nutzungsabsicht mehr besitzt (OLG Düsseldorf GuT 2006, 127 LS).

572 Behält der **Vermieter** ohne entsprechende Absprache einen **Schlüssel der Mietsache** ein und verschafft er sich hiermit **Zugang zu der Mietsache**, kann der Mieter außerordentlichen kündigen (OLG Celle, WuM 2007, 201). Verschafft sich der Vermieter einer Arztpraxis widerrechtlich **Patientendaten des Mieters**, ist dieser zur außerordentlichen Kündigung des Mietvertrags berechtigt (OLG Bremen, GuT 2008, 37). Das einmalige **unbefugte Betreten** von vermieteten Praxisräumen, in denen die Praxis nicht mehr betrieben wird, jedoch Patientenakten gelagert werden, durch den Vermieter stellt nach einem Urteil des OLG Düssel-

dorf (OLG Düsseldorf, ZMR 2013, 706) hingegen keinen Grund für eine außerordentliche Kündigung dar.

573 Das **Vortäuschen** eines vom Vermieter zu verantwortenden **Mangels** kann auch bei geringen wirtschaftlichen Folgen des Mangels entsprechend einer Entscheidung des OLG Düsseldorf (OLG Düsseldorf, NJOZ 2011, 1883) die Vertrauensgrundlage eines Mietverhältnisses im Einzelfall zerstören und eine außerordentliche Kündigung rechtfertigen.

574 Nach Auffassung des OLG Brandenburg (OLG Brandenburg, ZMR 2008, 780) ist § 580 BGB im Fall des **Todes eines der Gesellschafter** der mietenden GbR nicht entsprechend anzuwenden, so dass der entstehenden Abwicklungsgesellschaft kein außerordentliches Kündigungsrecht zur Seite steht. Entsprechendes gilt bei einer **schweren Krebserkrankung**, die nach einer Entscheidung des OLG Düsseldorf (OLG Düsseldorf, NZM 2008, 807) den Mieter nicht zur außerordentlichen Kündigung berechtigt.

575 Ein Kündigungsrecht besteht auch dann, wenn die Mietsache eine **gesundheitsgefährdende Beschaffenheit** aufweist. Ob eine solche Gefährdung vorliegt, ist nach dem jeweils **aktuellen Erkenntnisstand** allein anhand **objektiver Maßstäbe** zu beurteilen (OLG Brandenburg, BeckRS 2008, 14657). Der Gesetzgeber wollte mit § 569 Abs. 1 BGB - aus sozialpolitischen Gründen - eine zwingende Mieterschutzvorschrift schaffen, die bewusst über den sonst maßgeblichen subjektiven Fehlerbegriff hinausgeht (vgl. Jauernig/Teichmann, BGB, 14. Aufl., § 569, Rz. 2). Deshalb reicht es einerseits nicht aus, wenn sich eine Gesundheitsgefährdung – aufgrund spezieller Umstände wie etwa **gesundheitlicher Auffälligkeiten** – allein für Einzelpersonen wie den Mieter selbst, einzelne Angehörige, Mitarbeiter, Besucher oder Kunden ergibt. Anderseits ist es jedoch nicht erforderlich, dass Personen deutlich zu erkennen geben, sie fühlten sich durch den gesundheitsgefährdenden Umstand auch **subjektiv** beeinträchtigt (OLG Brandenburg, ZMR 2009, 190).

Eine **Fristsetzung** gemäß § 543 Abs. 3 BGB ist auch bei Gesundheitsgefährdung (§§ 578, 569 BGB) **nicht entbehrlich** (BGH, NZM 2007, 439 zur Wohnraummiete; OLG Brandenburg, BeckRS 2008, 14657; OLG Düsseldorf, NJOZ 2010, 2548). Eine Fristsetzung kann entbehrlich sein, wenn die Beseitigung des Mangels der Mietsache für den Mieter mit unzumutbaren Belastungen, etwa durch unverhältnismäßigen Zeitaufwand oder umfangreichen Bauarbeiten verbunden ist (OLG Düsseldorf, NJOZ 2010, 2548).

Da das **Kündigungsrecht** des § 569 BGB **nicht abdingbar** ist, scheidet es auch bei Kenntnis der Beschaffenheit seitens des Mieters bei Vertragsschluss bzw. bei Kündigung mit einer langen Auslauffrist nicht aus (OLG Brandenburg, BeckRS 2008, 14657).

576

Häufig übersehen wird, dass in einem **Mangel der Mietsache** ein Teilentzug der Mietsache im Sinne des **§ 543 Abs. 2 Nr. 1 BGB** liegt, der nach fruchtlosem Ablauf einer vom Mieter gesetzten, angemessenen Frist zur außerordentlichen Kündigung berechtigt (OLG Düsseldorf, BeckRS 2012, 16346; BGH, NZM 2007, 561 zur Wohnraummiete; s.o. Rz. 415). Eine Kündigungsandrohung muss mit der Fristsetzung nicht verbunden sein (OLG Brandenburg, BeckRS 2008, 14657). Eine **Unzumutbarkeit** der Fortsetzung des Mietverhältnisses muss **nicht gegeben sein**, lediglich eine unerhebliche Gebrauchsbeeinträchtigung bzw. Vorenthaltung soll das Kündigungsrecht nicht entstehen lassen (BGH, NZM 2006, 929; OLG Köln, BeckRS 2012, 19425; OLG Düsseldorf, GuT 2007, 438; BeckRS 2012, 05968; 16346). Auch ein Verschulden des Vermieters ist nicht Kündigungsvoraussetzung (OLG Düsseldorf, BeckRS 2012, 16346).

Das OLG Brandenburg (OLG Brandenburg, NZM 2013, 151) hat darauf hingewiesen, dass ein Kündigungsrecht wegen eines Mangels der Mietsache nach Maßgabe des

§ 543 Abs.2 Nr. 1 BGB nicht mehr in Betracht kommt, wenn sich das Mietverhältnis auf Grund einer mietvertraglichen Regelung verlängert hat und der **Mieter** sich seine **Rechte in Bezug auf den Mangel** nicht vorbehalten hat.

577

Ist der Mieter zur Leistung der **Mietsicherheit vor Übergabe** der Mietsache verpflichtet, kann er nach einer Entscheidung des OLG Brandenburg (OLG Brandenburg, Urt. v. 13.10.2010 - 3 U 4/10) bei verspäteter Übergabe und Vorliegen der Voraussetzungen des § 543 Abs. 2 Nr. 1 BGB außerordentlich kündigen, ohne zuvor die Mietsicherheit zu leisten.

578

In der Erhebung einer **Räumungs- und Herausgabeklage** soll nach Auffassung des OLG Düsseldorf (OLG Düsseldorf, ZMR 2009, 845) regelmäßig eine **erneute Kündigung des Mietverhältnisses** zu sehen sein. Das OLG Köln (OLG Köln, OLG-Report 2005, 55f) geht davon aus, dass nicht in jeder außerordentlichen Kündigung stillschweigend eine ordentliche Kündigung enthalten ist. Werde jedoch deutlich, dass der Kündigende das Mietverhältnis in jedem Fall beenden wolle, sei im Wege der

Auslegung der Erklärung auch der Ausspruch einer ordentlichen Kündigung enthalten.

Eine **außerordentliche Kündigung** ist nach Auffassung des BGH (BGH, NZM 2013, 759 Rz. 17) in eine hilfsweise erklärte **ordentliche Kündigung umzudeuten**, wenn der Kündigende erkennen lässt das Mietverhältnis in jedem Fall beenden zu wollen.

Aus der **Einstellung des Geschäftsbetriebs einer GmbH** und der **Nichtermittelbarkeit** des aktuellen Geschäftssitzes der mietenden Gesellschaft lässt sich nach Auffassung des KG (KG, GuT 2010, 224) keine stillschweigende Aufhebungsvereinbarung oder der Verzicht auf den Zugang einer Kündigungserklärung ableiten.

579 Bei der Frage, ob und inwieweit der **Kanon** der gesetzlich vorgesehenen **Kündigungsgründe erweitert** werden kann, ist der BGH seit jeher zurückhaltend. Insbesondere bei formularvertraglichen Erweiterungen hat der BGH größte Bedenken angemeldet (vgl. BGH, NJW 1987, 2506; 2001, 3480, 3482; s. a. OLG Düsseldorf, NZM 2002, 953, für eine Klausel, die eine Kündigungsmöglichkeit bei Rückstand mit einer Monatsmiete eröffnen sollte; vgl. zur Individualvertraglichen Vereinbarung: OLG Düsseldorf, WuM 1996, 411). Eine **formularvertragliche Regelung**, nach der der Vermieter zur fristlosen **Kündigung** berechtigt ist, wenn der Mieter **vertragliche Pflichten schuldhaft verletzt** und nicht binnen zwei Wochen nach Zugang einer schriftlichen Mahnung erfüllt, ist nach Auffassung des OLG Frankfurt (OLG Frankfurt, BeckRS 2012, 14829) auf Grund der starren Frist, die ggf. nicht ausreichend bemessen ist, **unwirksam**.

580 Auch die **Notwendigkeit** einer der Kündigung vorausgehenden **Fristsetzung** nach Maßgabe des § 543 Abs. 3 BGB soll **formularvertraglich nicht abdingbar** sein (KG, GuT 2006, 245).

581 Die weit verbreiteten Klauseln, nach denen im Falle der **Insolvenz des Mieters** der Vermieter zur außerordentlichen Kündigung berechtigt sein soll, verstoßen gegen das zwingende Recht des § 112 InsO und sind daher unwirksam (OLG Hamm, NZM 2002, 343; OLG Düsseldorf, GuT 2006, 248). Die bloße Insolvenz des Vermieters ohne weiteres Hinzutreten von belastenden Gesichtspunkten stellt nach Auffassung des BGH keinen wichtigen Grund dar, der zur Kündigung berechtigen würde (BGH, NZM 2002, 524). Dies gilt selbst dann, wenn die vermietende Ge-

sellschaft wegen vermeintlicher Vermögenslosigkeit **im Handelsregister gelöscht** wird (BGH, NZM 2002, 525).

Die Beschaffung des nach dem vertraglichen Vereinbarungen dem Vermieter **zur Sicherheit zu übereignenden/dem Vermieterpfandrecht unterliegenden Inventars** im Wege eines Leasings über bewegliche Sachen kann im Einzelfall nach einer Entscheidung des KG (KG, BeckRS 2013, 19894) eine außerordentliche Kündigung nach Maßgabe des § 543 BGB rechtfertigen.

582 Nach Urteilen des BGH (BeckRS 2013, 06635) und des OLG Hamburg (OLG Hamburg, BeckRS 2012, 11920) beendet eine vom **Insolvenzverwalter als Mitmieter** ausgesprochene **Kündigung** eines Mietverhältnisses dieses insgesamt und damit auch mit Wirkung für die Mitmieter.

583 **Formularvertragliche Klauseln**, nach denen der Vermieter zur fristlosen **Kündigung** berechtigt sein soll, wenn der Mieter **unrichtige Angaben** über seine **Eigentumsverhältnisse** an den ins Mietobjekt **eingebrachten Gegenständen** gemacht hat bzw. wenn er Pfändungen nicht unverzüglich anzeigt, sind gemäß § 307 BGB als **unwirksam** angesehen worden (Lützenkirchen-Leo, A, Rz. 477).

584 Eine **außerordentliche Kündigung** des Mietvertrages aus **wichtigem Grund** muss in **engem zeitlichen Zusammenhang** mit der **Kenntnis vom Kündigungsgrund** erfolgen. Ein **längeres Zuwarten** lässt erkennen, dass der Kündigende die Vertragsverletzung nicht als so schwer empfunden hat und ihm daher die **Fortsetzung** des Mietvertrages **zugemutet** werden kann (OLG Düsseldorf, ZMR 2003, 177; GuT 2006, 127 LS; BeckRS 2010, 20152; OLG Hamm, BeckRS 2011, 00540; KG, GuT 2006, 245; OLG Koblenz, GuT 2011, 391). **Wie lange** gewartet werden kann, ist eine **Frage** des **Einzelfalls** (OLG Düsseldorf, GuT 2007, 363; KG; ZMR 2011, 543). Zeiträume von bis zu vier Monaten sind noch für ausreichend erachtet worden (BGH, NZM 2007, 400), elf Monate sind jedoch als zu lang angesehen worden (OLG Düsseldorf, GuT 2007, 438, 441). **Abweichendes** soll bei einer **gesundheitsgefährdenden Beschaffenheit** der Mietsache gelten, bei der eine Kündigung bis zur Beseitigung des Mangels möglich sein soll (OLG Brandenburg, BeckRS 2009, 24687).

585 Die **Kündigungserklärung** muss zu einem **kalendermäßig** zumindest **bestimmbaren** Datum erfolgen. Sie **kann** mit einer **Auslauffrist** erfolgen, die die gesetzliche Kündigungsfrist umfassen darf (OLG Branden-

burg, BeckRS 2009, 24687). Eine Kündigung zu dem Zeitpunkt „in dem wir andere Räume beziehen können", ist unwirksam (BGH, NZM 2004, 66). Denn als einseitiges Gestaltungsrecht ist die **Kündigung bedingungs-** und **befristungsfeindlich**. Entsprechendes gilt für eine **fristlose Kündigung**, die sich lediglich auf eine **Teilfläche** beschränkt (KG, ZMR 2004, 259).

586 Ob das **Kündigungsrech**t im Falle des **Todes** des **Mieters formularvertraglich** abbedungen werden kann, ist umstritten (vgl. Sternel, I, Rz. 388; Lützenkirchen-Leo, A, Rz. 477 m.w.N.).

587 Ist im Mietvertrag das Recht des Mieters enthalten, bei **Minderumsätzen** von 15% im Vergleich zu einem Referenzjahr das befristete Mietverhältnis vorzeitig zu kündigen, bedarf es zur Wirksamkeit der Kündigung der **Angabe** der **Umsätze** im **Kündigungsschreiben** (OLG Düsseldorf, ZMR 2009, 844).

588 Sieht der Mietvertrag vor Ausspruch einer Kündigung die Setzung einer **Nachfrist** (für die Leistung der Mietsicherheit) vor, ist eine **vor Ablauf** der Nachfrist erklärte außerordentliche **Kündigung** nach Auffassung des OLG Nürnberg (OLG Nürnberg, ZMR 2010, 524) **unwirksam**.

589 Wie der BGH (BGH, ZMR 2012, 261) festgestellt hat, ist der **Zugang bei** einem **mitvertretungsberechtigten Gesellschafter** einer **GbR** für den wirksamen Zugang bei der GbR als Mietvertragspartei **ausreichend**.

590 **Formularvertragliche Klauseln**, nach denen sich mehrere Mieter **wechselseitig** zur Abgabe von (Willens-) Erklärungen **bevollmächtigen**, sind **unwirksam**, wenn sie **keine Einschränkung** im Hinblick auf die Abgabe von **Kündigungserklärungen** und den Abschluss von **Mietaufhebungsvereinbarungen** enthalten (KG, GuT 2004, 132; OLG Düsseldorf, GuT 2007, 293).

Die **Vollmacht** für einen Dritten zur Kündigung muss nach Auffassung des OLG Brandenburg (OLG Brandenburg, BeckRS 2012, 24712) bei einer GbR die Unterschriften aller Gesellschafter oder bei Unterschrift nur eines Gesellschafters die Vollmachten für diesen enthalten. Andernfalls könne die Kündigung zurückgewiesen werden.

591 Die **formularvertragliche Verpflichtung** zur Erklärung der **Kündigung** durch **Einschreiben/Rückschein** führt in der Regel nur dazu, dass für die Wirksamkeit der Kündigung die **gewillkürte Schriftform** eingehalten werden muss. Der Versand als Einschreiben/Rückschein ist hingegen

nicht Wirksamkeitsvoraussetzung (BGH, NZM 2004, 258; 2013, 271, Rz. 8; GuT 2007, 303, 304). Ein **Telefax genügt** daher auch bei einer entsprechenden Formularregelung zur wirksamen Kündigung (BGH, NZM 2004, 258).

Das OLG Celle (OLG Celle, ZMR 2014, 276) hat noch einmal festgehalten, dass der Vermieter als Verwender von AGB auch dann an das von ihm vertraglich vorgesehene **Procedere für eine außerordentliche Kündigung** wegen Zahlungsverzuges gebunden ist, wenn die **Klausel** einer Prüfung nach Maßgabe des **§ 307 BGB nicht standhält**. Im konkreten Fall sah die unwirksame Klausel vor einer Kündigung wegen Zahlungsverzugs eine schriftliche Mahnung des Mieters voraus.

592

Scheitert der **Zugang** einer **Kündigungserklärung**, muss der Kündigende nach Kenntnis **unverzüglich** einen **neuen Versuch** unternehmen, die Kündigung derart in den Machtbereich des Empfängers zu bringen, dass dieser ohne Weiteres von der Kündigung Kenntnis nehmen kann. Etwas **anderes** gilt nur bei **schwerwiegenden Treueverstößen** des Empfängers wie **grundloser Annahmeverweigerung** oder **arglistiger Zugangsvereitelung** (BGH, GuT 2007, 303, 304). Dementsprechend **genügt** der **Einwurf** eines **Benachrichtigungsscheins** in den Briefkasten, mit dem der Mieter auf die zur Abholung bei der Post bereitliegende Einschreiben/Rückscheinsendung, die eine Kündigungserklärung enthält, nach Auffassung des KG (KG, ZMR 2010, 954) **nicht** zum Zugang der Kündigung.

593

Da Mieterschutzvorschriften weitgehend nicht eingreifen, erhalten die **Sonderkündigungsrechte** nach **§§ 111 InsO** und **§ 57 a ZVG** im gewerblichen Mietrecht **besondere Bedeutung**. Diese Sonderkündigungsrechte können existenzbedrohende Auswirkungen erreichen, wenn der Mieter beispielsweise in erheblichem Umfange in das Mietobjekt investiert hat, die Investitionen finanziert wurden und sich noch nicht amortisiert haben. Entsprechendes gilt, wenn der erarbeitete Kundenstamm an den Standort gebunden ist. Zumindest für derartige Fälle sollte man in der Beratungspraxis **Vorsorge** treffen. Hier bietet sich unter anderem die Eintragung einer **beschränkt persönlichen Dienstbarkeit** für den Mieter an. Bei deren Eintragung ist jedoch darauf zu achten, dass sie **erstrangig** im Grundbuch eingetragen werden oder zumindest durch entsprechende Regelungen mit den vorrangig eingetragenen Gläubigern eine Absicherung erreicht wird.

Bei der vorstehenden Problematik handelt es sich um eine typische **Regressfalle** für den beratenden Anwalt.

594 Eine für den Mieter bestellte **beschränkt persönliche Dienstbarkeit** soll nach einer Entscheidung des OLG München (OLG München, BeckRS 2013, 04195) mit der mietvertraglich vereinbarten Gegenleistung = Mieten für die gesamte Laufzeit zu Kostenzwecken zu bewerten sein. Hieraus resultieren regelmäßig **erhebliche Eintragungskosten**.

595 Ein durch (fristlose) Kündigung **beendetes Mietverhältnis** kann **nicht** durch **Einigung** der ehemaligen Vertragsparteien über die **„Fortsetzung“** des Mietverhältnisses beseitigt werden (BGH, NZM 1998, 628; OLG Koblenz, ZMR 2012, 349). Vielmehr liegt in dieser Einigung der **Abschluss** eines **neuen Mietverhältnisses** zu den Bedingungen des ehemaligen. Ist das Mietverhältnis **mit Frist gekündigt**, können sich die Parteien **innerhalb** der **Kündigungsfrist** jedoch nach Auffassung des BGH (BGH, NZM 1998, 628) über die **Rechtsfolgen** der **Kündigung** mit der Folge **einigen**, dass **die Kündigung gegenstandslos** ist.

596 Wird die **Mietsache** aus einem von **keiner** der **Vertragsparteien** zu **vertretenden Grund zerstört**, **endet** auch nach Auffassung des OLG Köln (OLG Köln, BeckRS 2011, 21982) das **Mietverhältnis** ohne Weiteres. Grundsätzlich habe der Vermieter **keine Verpflichtung**, die ohne sein Verschulden zerstörte **Mietsache** wieder **herzustellen**, denn die Wiederaufbaupflicht sei Ausfluss der Pflicht zur Gebrauchsüberlassung. Entfällt diese gemäß § 275 Abs. 1 BGB, so besteht auch die Wiederaufbaupflicht nicht.

597 Das **Mietverhältnis erlischt** auch dann nach einer Entscheidung des OLG Stuttgart (OLG Stuttgart, GuT 2010, 221), wenn bei in Gebäudeteile gegliederten Mietsachen bei einer **Teilzerstörung** nur solche erhalten geblieben sind, die **allein** nicht mehr **wirtschaftlich** zum vertraglich vorgesehenen Zweck **genutzt** werden können. Dies gilt auch dann, wenn der Vermieter **Versicherungsleistungen** als Ersatz für das zerstörte Gebäude erhält. Er ist dann nicht zu Wiederaufbau verpflichtet. Etwas anderes kann gelten, wenn der Mieter nach dem Vertrag zur Tragung der Versicherungsbeiträge verpflichtet ist.

598 Der Vermieter soll nach Entscheidungen des BGH (BGH, NZM 2010, 786; 788) berechtigt sein, den Mietvertrag über ein Ladenlokal wegen arglistiger Täuschung **anzufechten**, wenn der Mieter nicht vor Vertragsschluss auf seine Absicht hingewiesen hat, in dem Geschäft vorwiegend

Waren von Marken zu verkaufen, die dem **rechtsradikalen Spektrum** zugewiesen werden. **Anderer Auffassung** ist das OLG Köln (OLG Köln, NZM 2011, 26) bei der Vermietung zum Betrieb einer Praxis für **Psychiatrie** und **Psychotherapie** auch dann, wenn der Mieter beabsichtigt dort im großen Umfang **Drogensubstitutionsbehandlungen** durchzuführen und hierauf im Vorfeld des Vertragsabschlusses nicht ungefragt hinweist.

599 Wird ein bereits **in Vollzug gesetztes Mietverhältnis** erfolgreich **angefochten**, ist es nach Auffassung des BGH (BGH, NZM 2008, 886) gemäß § 142 Abs. 1 BGB als **von Anfang an nichtig** anzusehen. Der Vermieter erhält im Rahmen der nach Bereicherungsrecht abzuwickelnden Rückgewähr des Erlangten den objektiven Wert der Mietnutzung, nicht jedoch einen eventuellen **Gewinn aus Untervermietung**.

600 Zu Recht hat das KG (KG, GuT 2007 25) darauf hingewiesen, dass mit der **Rücknahme** der **Schlüssel** zur Mietsache **kein konkludenter Mietaufhebungsvertrag** zustande kommt.

Eine **unwirksame Kündigungserklärung** kann nach einer Entscheidung des OLG Düsseldorf (OLG Düsseldorf, BeckRS 2013, 13414) grundsätzlich **nicht** in ein **Angebot zur Vertragsaufhebung umgedeutet** werden. Eine Umdeutung setze gemäß § 140 BGB voraus, dass sich der Erklärende bei Abgabe der Kündigung bewusst gewesen ist, dass sie als einseitige Erklärung nicht die von ihm gewünschte Rechtsfolge auslösen kann und in diesem Fall die vorzeitige Vertragsbeendigung von der Zustimmung des Erklärungsempfängers abhängt.

600a Das KG (KG, NJOZ 2014 1688) sieht den Vermieter ausnahmsweise unter dem Gesichtspunkt des **Wegfalls der Geschäftsgrundlage** zur Kündigung berechtigt. Dies, wenn das Risiko der Nutzbarkeit der Mietsache zum vertraglich vorgesehenen Zweck vermeintlich auf den Mieter abgewälzt wurde, sich die Klausel als unwirksam erweist und die Nutzung von den Behörden zu recht untersagt wird.

Stillschweigende Verlängerung des Mietverhältnisses gemäß § 545 BGB

601 Der **Widerspruch** gegen eine stillschweigende Verlängerung des Mietvertrags bei fortgesetzter Nutzung muss in einem relativ **engen zeitlichem Zusammenhang** mit der Beendigung des Mietverhältnisses erklärt werden, um der Rechtsfolge des § 545 BGB vorzubeugen. Ein Zeitraum von knapp **neun Monaten** ist nach Auffassung des OLG Rostock (OLG Rostock, ZMR 2007, 367) **zu lang**. Auch wenn im Mietvertrag

(formularvertraglich) vorgesehen ist, dass eine **Verlängerung der Mietzeit** nach Ablauf des Vertrags der **Schriftform** bedarf, kann eine derartige Regelung nach Auffassung des OLG Bremen (OLG Bremen, MDR 2007, 515) **mündlich** und **stillschweigend aufgehoben** werden.

602 Nach Auffassung des OLG Brandenburg (OLG Brandenburg, BeckRS 2011, 02106) liegt bereits in einem in einer außerordentlichen **Kündigung nebst Räumungsverlangen** ein Widerspruch im Sinne des § 545 BGB.

603 Trotz **Ausschlusses** des **§ 545 BGB** im Mietvertrag kommt es nach einer Entscheidung des OLG Düsseldorf (NJOZ 2010, 2645) zu einer **Fortsetzung** des Mietverhältnisses, wenn beide Vertragsparteien nach Beendigung des Mietverhältnisses ein Verhalten erkennen lassen, das auf den **Erklärungswillen** zur **Begründung** eines **Mietverhältnisses** schließen lässt. Dies soll bei **fortgesetzter Mietzahlung** und **Gebrauchsgewährung** der Fall sein.

604 Eine Anwendung des **§ 545 BGB** kommt nach Auffassung des OLG Karlsruhe (OLG Karlsruhe, BeckRS 2013, 02473) **nicht in Betracht**, wenn ein **Untermieter** die Mietsache **weiter nutzt.**

U. Abwicklung des beendeten Mietverhältnisses

1. Rückgabe der Mietsache nach der gesetzlichen Konzeption

605 Gemäß **§ 546 BGB** ist der **Mieter** nach Beendigung des Mietverhältnisses dem Vermieter zur **Rückgabe verpflichtet**. Gegebenenfalls steht dem Vermieter, der zugleich **Eigentümer** ist, zusätzlich ein **Herausgabeanspruch** nach **§ 985 BGB** zu. Denn mit der Beendigung des Mietverhältnisses endet auch das Besitzrecht des Mieters im Sinne des § 986 BGB. Wie der BGH (BGH, GuT 2010, 244 = NZM 2011, 75) festgestellt hat, geht der **Anspruch** des **§ 546 BGB weiter** als derjenige nach **§ 985 BGB**. Letzter ist nur auf Verschaffung des unmittelbaren Besitzes gerichtet, nicht jedoch auf Rückgabe im (miet)vertragsgemäßen Zustand.

606 Voraussetzung des Rückgabeanspruchs nach Maßgabe des § 546 BGB ist ein beendetes Mietverhältnis. Lag ein solches nicht vor, insbesondere bei **Nichtigkeit** des **Mietvertrages**, scheiden Ansprüche nach § 546 BGB aus.

607 Es ist nicht unumstritten, **wann** der **Mieter** die Mietsache **zurückzugeben** hat. Der **BGH** (BGH, NJW 1989, 451, 452) ist der Auffassung, dass die Mietsache am **letzten Tag** des Mietverhältnisses zurückzugeben ist. Teilweise wird – wie in einigen **Bundesländern** ausdrücklich **gesetzlich** geregelt (Bremen und Hamburg) – vertreten, dass die Rückgabe am Tag nach Beendigung des Mietverhältnisses zu erfolgen hat.

608 Fällt der Räumungstag auf einen **Sonn- oder Feiertag**, so greift **§ 192 BGB** mit der Folge ein, dass am darauf folgenden Tag zurückzugeben ist (vgl. Kinne/Schach/Bieber- Schach, § 546 BGB, Rz. 7).

609 Wird **nicht rechtzeitig** zurückgegeben, tritt gemäß § 286 Abs. 2 Nr. 2 BGB ohne Weiteres, insbesondere **ohne Mahnung Verzug** ein.

610 Streitig ist die Beantwortung der Frage, ob der **Mieter** zu einer **vorzeitigen Rückgabe berechtigt** ist (bejahend: Emmerich/Sonnenschein-Rolfs, § 546 BGB, Rz. 14; anderer Auffassung: KG, NZM 2000, 92; Fritz, Rz. 403). Zur Begründung der Ablehnung einer vorzeitigen Rückgabemöglichkeit wird darauf verwiesen, dass den Mieter eine **Obhutspflicht** treffe. Eine vermittelnde Meinung vertritt insoweit das OLG Dresden (OLG Dresden, NZM 2000, 827), das davon ausgeht, der Mieter sei in

engem zeitlichen Zusammenhang mit dem bevorstehenden Mietende (etwa 2 Wochen) zur vorzeitigen Rückgabe berechtigt. Sofern eine **Betriebspflicht** vereinbart ist, scheidet eine vorzeitige Rückgabe in jedem Fall aus.

611 Zur Rückgabe ist die **Übertragung** des **unmittelbaren Besitzes** an den Vermieter erforderlich. Dies unabhängig davon, ob der Vermieter Eigentümer der Mietsache oder auch nur zur Vermietung berechtigt war (vgl. Bub/Treier-Scheuer, IV, Rz. 7). Wird das Mietobjekt nach Vertragsbeendigung und **vor Rückgabe veräußert**, sieht der BGH (BGH, NJW 1978, 2148) den **neuen Eigentümer** auch als **Inhaber** des **Anspruchs** nach Maßgabe des **§ 546 BGB** an. Unabhängig hiervon steht ihm ein Herausgabeanspruch nach Maßgabe des **§ 985 BGB** zu. Letzterer ist im Gegensatz zu dem Anspruch aus § 546 BGB **nicht abtretbar** (OLG München, ZMR 1996, 375).

Sind **mehrere Personen Mieter** oder liegt ein Fall der **Untermiete** oder sonstigen Gebrauchsüberlassung an einen Dritten vor, so haften diese Personen als **Gesamtschuldner** (vgl. zum Herausgabeanspruch gegen den Hauptmieter: BGH, NZM 2009, 701). Nutzt von **zwei Untermietern** nur noch einer der beiden die Mietsache, bleiben nach Auffassung des OLG München (OLG München, BeckRS 2012, 10025) gleichwohl **beide** dem Vermieter gegenüber zur Rückgabe nach Maßgabe des § 546 Abs. 2 BGB verpflichtet.

612 Um die erforderliche **Rückgabe** im Sinne der Veränderung der Besitzverhältnisse herbeizuführen, ist es in aller Regel erforderlich, dass dem **Vermieter sämtliche Schlüssel** überlassen werden (OLG Hamm, NZM 2003, 26; s. a. OLG Koblenz NZM 2006, 181; OLG Düsseldorf, ZMR 2013, 706, 707). Die Einräumung eines **bloßen Mitbesitzes** in Gestalt der Übergabe eines oder mehrerer Schlüssel unter fortdauerndem Besitz des Mieters an weiteren Schlüsseln reicht grundsätzlich nicht aus, um die Rückgabepflicht zu erfüllen. Etwas anderes soll jedoch dann gelten, wenn der Mieter den **Besitz** gleichzeitig ausdrücklich oder unverkennbar **aufgibt** und der Vermieter mit dem ihm überlassenen Schlüssel ohne Weiteres über die Mietsache verfügen kann (OLG Brandenburg, NZM 2000, 463; OLG Düsseldorf, NJOZ 2008, 3410; OLG Düsseldorf, ZMR 2010, 356; OLG Hamburg, BeckRS 2011, 22905; KG, BeckRS 2012, 07246; nunmehr offengelassen von OLG Düsseldorf, ZMR 2013, 706, 707). Das bedeutet zum einen, dass der **Vermieter** in die Lage versetzt werden muss, sich durch Ausübung der unmittelbaren Sachherrschaft **ungestört** ein **umfassendes Bild** von den **Mängeln, Veränderungen**

und **Verschlechterungen** der Miet-/Pachtsache zu machen. Zum anderen ist eine vollständige und unzweideutige Besitzaufgabe des Mieters erforderlich, die dem Vermieter bekannt sein muss. Dass der Vermieter(vorübergehend) die Möglichkeit erhält, während des (auch nur mittelbaren) Besitzes des Mieters die Mieträume besichtigen zu lassen, genüge nicht (KG, BeckRS 2012, 07246). Eine Rückgabe soll auch dann erfolgt sein, wenn einvernehmlich der **Mieter** einen **Schlüssel** behält, um noch geschuldete **Arbeiten** in der Mietsache **auszuführen** (OLG Düsseldorf, NJOZ 2010, 141). Grundsätzlich ist der Mieter verpflichtet, auch von ihm **selbst beschaffte Schlüssel** zurückzugeben bzw. diese zu vernichten, wenn der Vermieter die Kosten für die hergestellten Schlüssel nicht übernimmt.

613 Eine **Abtretung des Herausgabeanspruchs** des **Mieters** gegen einen dritten Nutzer (Untermieter etc.), der nach wie vor im Besitz der Mieträume ist, **reicht** zur Erfüllung des Rückgabeanspruches **nicht aus** (BGHZ 56, 308; OLG Düsseldorf, NJW-RR 1987, 1370; OLG Hamburg, ZMR 2009, 603). Ein derartiger Herausgabeanspruch gegen den Dritten steht dem Vermieter bereits nach Maßgabe des § **546 Abs. 2 BGB** zu. Die **Rückgabe** an einen **Makler** oder einen **Hauswart**, die nicht rücknahmeberechtigt sind, **genügt** zur Erfüllung der Rückgabeverpflichtung ebenfalls **nicht**.

Zieht einer von mehreren **Mitmietern** aus und trifft der Vermieter alsdann Vereinbarungen mit dem verbleibenden Mieter, die diesen zum Verbleib in der Mietsache bringen, soll der ausgezogene Mieter nicht mehr zur Rückgabe nach Mietende verpflichtet sein (OLG Hamburg, ZMR 2009, 603).

614 Ganz überwiegend wird die Durchführung einer **Rückgabeverhandlung/eines Rückgabetermins** zur Erfüllung der Rückgabeverpflichtung für erforderlich erachtet (Sternel, Mietrecht aktuell, XIII, Rz. 30; Emmerich/Sonnenschein-Rolfs, § 546 BGB, Rz. 5, jeweils m.w.N.)

615 Zur Erfüllung der **Räumungsverpflichtung** ist der Mieter zunächst verpflichtet, sämtliche **beweglichen Gegenstände**, die er in das Mietobjekt eingebracht hat, zu **entfernen** (s.u. Rz. 635). Überlässt der Mieter dem Vermieter zwar den Besitz, entfernt er aber seine in den Räumlichkeiten befindlichen Gegenstände (ausgenommen in geringem Umfange) nicht, so gibt er die Mietsache nach Auffassung des KG (KG, BeckRS 2012, 7246) nicht zurück, sondern enthalte sie dem Vermieter vor. Der Vermieter kann dann die **Rücknahme verweigern**, ohne in Annahmeverzug zu

geraten. Die **Räumungsverpflichtung entfällt** temporär, wenn und soweit der Vermieter (wirksam) ein **Vermieterpfandrecht** geltend gemacht hat (OLG Düsseldorf, GuT 2006, 86, LS). Sie bleibt jedoch bestehen, wenn die **Einrichtung** z.B. durch Brand **zerstört** wird. Insoweit muss der Mieter die verbliebenen Reste räumen (OLG Düsseldorf, GuT 2006, 29).

616 Darüber hinaus hat der Mieter die Mietsache in einem Zustand zurückzugeben, die im Hinblick auf **Ein-** und **Umbauten** sowie **Einrichtungen** dem bei Vertragsbeginn entspricht (OLG Düsseldorf, ZMR 1990, 218; OLG Köln, NZM 1998, 767; KG, ZMR 2010, 956). Hierbei soll es sich zumindest im Einzelfall um eine **Hauptleistungspflicht** des Mieters handeln (OLG Düsseldorf, GuT 2009, 191). Die **Rückbauverpflichtung** besteht grundsätzlich auch für Maßnahmen, die mit **Zustimmung** des **Vermieters eingebracht** worden sind bzw. für mit Zustimmung des Vermieters errichtete **Bauten** (BGH, NJW 1981, 2564; OLG Düsseldorf, BeckRS 2010, 12225; ZMR 2012, 438; KG, GuT 2010, 250). Sie umfasst auch **Aufbauten** (OLG Düsseldorf, BeckRS 2012, 07344). Entsprechendes gilt für vom **Vormieter übernommene Ein-** und **Umbauten** oder **Einrichtungen** (OLG Hamburg, NJW-RR 1991, 11).

Die **formularvertragliche Verpflichtung** des Mieters, Ein- und Ausbauten zu entfernen, wenn durch sie eine weitere Vermietung erschwert sein sollte, ist nach Auffassung des OLG Düsseldorf (OLG Düsseldorf, GuT 2009, 181) wirksam.

Der Rückbaupflicht steht ein **Recht** des Mieters **zum Rückbau** gegenüber.

Eine **bauliche Maßnahme** soll vorliegen (OLG Düsseldorf, ZMR 2012, 438), wenn entweder bestehende Gebäude verändert oder ergänzt werden, wie etwa bei Wanddurchbrüchen, Zusatzwänden, -fenstern oder fest verklebten Bodenbelägen, oder wenn vom Mieter erstmals Gebäude oder Gebäudeteile errichtet werden. Dagegen sind **Einrichtungen** bewegliche Sachen, die mit der Mietsache vorübergehend verbunden werden, um ihrem wirtschaftlichen Zweck zu dienen. Ist die Verbindung allerdings nicht ohne Zerstörung der Mietsache wieder trennbar, liegt eine bauliche Änderung vor.

Nach Entscheidungen des OLG Düsseldorf (OLG Düsseldorf, ZMR 2010, 959; BeckRS 2011, 26397) steht dem Mieter bei Beendigung des Mietverhältnisses auch hinsichtlich solcher Einbauten ein **Wegnahmerecht** zu, die **wesentlicher Bestandteil** der Mietsache geworden sind.

Wird im Mietvertrag dem Mieter der **Umbau** der Mietsache **gestattet** und über einen **Wertausgleich bei Vertragsende** keine Regelung getroffen, soll der Mieter nach Auffassung des OLG Düsseldorf (OLG Düsseldorf, ZMR 2010, 679) auch nicht unter den Gesichtspunkten der **GoA** oder **ungerechtfertigten Bereicherung** Ansprüche gegen den Vermieter auf Wertersatz haben.

617 Lässt der Mieter Ein- oder Umbauten in der Mietsache vertragswidrig zurück, hat der **Vermieter** lediglich einen **Anspruch auf Beseitigung und Wiederherstellung** des ursprünglichen Zustands. **Reparaturen** an den Ein- oder Umbauten kann er **nicht verlangen** (OLG Düsseldorf, BeckRS 2010, 12225).

618 Im **Ausnahmefall** sollen Rückbauarbeiten nicht geschuldet sein, wenn die Maßnahmen **erforderlich** waren, um die Mieträume in einen **gebrauchsfähigen Zustand** zu versetzen (OLG Düsseldorf, ZMR 1990, 218; 2012, 438). Entsprechendes soll gelten, wenn der **Mieter** zur Herstellung der baulichen Änderung **vertraglich verpflichtet** war (Bub/Treier-Scheuer, V, Rz. 18) oder, wenn von einem Verzicht des Vermieters auf die Rückbauverpflichtung ausgegangen werden kann. Hierfür spricht keine grundsätzliche Vermutung. Bei auf Dauer angelegten, einvernehmlich vereinbarten, baulichen Veränderungen, die nicht besonders ungewöhnlich oder baurechtlich unzulässig sind, ist jedoch ein stillschweigender Verzicht mitunter angenommen worden (OLG Frankfurt, NJW-RR 1992, 396, 402).

619 Ausnahmen von der Rückbauverpflichtung gelten weiterhin in den **neuen Bundesländern** für bauliche Änderungen, die vor dem 03. Oktober 1990 erfolgt sind und nach dem ZGB der DDR zulässig waren (BGH, NZM 1999, 478).

620 Ein **Entfall** der **Rückbauverpflichtung** wird auch dann angenommen, wenn durch eine vom Vermieter im Anschluss an die Rückgabe geplante Umbaumaßnahme der durch den Rückbau geschaffene Zustand alsbald **wieder beseitigt** würde (Emmerich/Sonnenschein-Rolfs § 546 BGB, Rz. 12).

Einen **finanziellen Ausgleich** für die entfallene Rückbauverpflichtung kann der **Vermieter** ohne ausdrückliche vertragliche Regelung **nicht verlangen** (vgl. BGH, ZMR 1986, 48). Denn bei der Rückbauverpflichtung handelt es sich anders als bei auf den Mieter abgewälzten Schönheitsreparaturen nicht um ein Entgelt für die Überlassung der Mietsache.

Auch nach Auffassung des OLG Brandenburg (OLG Brandenburg, BeckRS 2013, 13588) liegt eine **Vorenthaltung** der Mietsache und damit ggf. ein Anspruch des Vermieters auf Nutzungsentschädigung bei einer **Rückgabe** der Mietsache **in nicht ordnungsgemäßen Zustand** nur im Ausnahmefall vor. Nur ausnahmsweise könne der Umstand, dass der Mieter Einrichtungen in der Mietsache nicht entfernt, der eine Vorenthaltung begründen, wenn wegen des Belassens der Einrichtungen nur eine teilweise Räumung des Mietobjektes anzunehmen ist. Einer Vorenthaltung der Mietsache stehe dies nur gleich, wenn hierdurch eine anschließende Nutzung durch den Vermieter vollständig verhindert wird.

621 War der **Mieter** nach Mietvertrag **verpflichtet**, die **Mietsache instand zu setzen** und sie fachgerecht zu renovieren, so ist im Falle der **Nichtleistung** nach Auffassung des OLG Koblenz (OLG Koblenz, GuT 2010, 197) nach Maßgabe des **§ 364 BGB** vorzugehen. Eine auf Schadensersatz gerichtete Klage soll unbegründet sein.

622 Eine **Rückgabe** der Mietsache, die lediglich **zur Abwendung** einer **Zwangsräumung** nach erstinstanzlichen Räumungsurteil erfolgt, **erledigt** nach Auffassung des OLG Düsseldorf (OLG Düsseldorf, BeckRS 2011, 11737) die **Hauptsache nicht**.

623 **Freiberufler** werden als berechtigt angesehen, für einen Zeitraum von **6 Monaten nach Beendigung** des Mietverhältnisses durch Anbringung eines **Schildes** an der ehemaligen Adresse auf den neuen Standort hinzuweisen (OLG Düsseldorf, NJW 1988, 2545). Ob ein entsprechendes Recht auch für **andere Gewerberaummieter** besteht, ist **umstritten** (dagegen Blank/Börstinghaus, § 546 BGB, Rz. 26; Staudinger-Rolfs, § 546 BGB, Rz. 21).

624 Besteht wegen des **Rückgabezustandes** ein **Schadensersatzanspruch** des Vermieters ist bei der **Veräußerung** der Mietsache auch während des Prozesses ggf. bis zur letzten mündlichen Verhandlung in den Tatsacheninstanzen eine **Klage** auf Kostenersatz auf den beim **Verkauf** erzielten **Mindererlös umzustellen** (OLG Brandenburg, ZMR 2007, 955). Geschieht dies nicht soll die Klage abzuweisen sein!

625 Das OLG Düsseldorf (OLG Düsseldorf, BeckRS 2012, 26397) hatte Gelegenheit darauf hinzuweisen, dass im Regelfall **Schadensersatz** für nicht durchgeführte **Rückbauarbeiten** gemäß §§ 280, 281 BGB nur nach vorheriger fruchtloser **Fristsetzung** in Betracht kommen.

Der **BGH** (BGH, GuT 2010, 119 = NZM 2010, 403; BeckRS 2014, 05527 Rn. 27) nimmt eine **endgültige Erfüllungsverweigerung** des Mieters im Sinne des § 281 Abs.2 BGB an, wenn der Mieter **ohne Vornahme** der **geschuldeten Instandsetzung auszieht** und auch keine Anstalten für die Vorbereitung oder Ausführung der erforderlichen Maßnahmen getroffen hat. In einem Auszug ohne Durchführung der vertraglich geschuldeten Schönheitsreparaturen liegt nach einer Entscheidung des KG (KG, ZMR 2008, 956) zumindest dann **keine** endgültige **Erfüllungsverweigerung**, wenn der **Vermieter angekündigt** hat, er werde die **Arbeiten** nach Rückgabe und Besichtigung der Mietsache **einfordern**.

Hat der Mieter vor Auszug **Arbeiten vorgenommen**, muss der Vermieter **genau darlegen**, welche Mängel/welche Arbeiten nach seiner Auffassung zu beseitigen bzw. durchzuführen sind.

Der **Anspruch auf Durchführung von Schönheitsreparaturen** geht nach einer Entscheidung des BGH (BGH, BeckRS 2014, 05527 Rn. 23) gemäß **§ 566 Abs.1 BGB auf den Erwerber** der Mietsache über. Er kann vom ausgezogenen ehemaligen Mieter die Ausführung der Arbeiten bzw. unter den Voraussetzungen des § 281 Abs. 4 BGB Schadensersatz verlangen.

Bei **Beschädigungen** der Mietsache bzw. bezüglich abhanden gekommener Teile der Mietsache ist ggf. ein **unmittelbarer Schadensersatzanspruch** nach Maßgabe des **§ 280 Abs. 1 BGB** gegeben. Einer Fristsetzung gemäß § 281 BGB bedarf es daher nicht (OLG Düsseldorf, ZMR 2013, 629).

626

Die **kurze Verjährungsfrist** des § 548 Abs.1 BGB greift nach der Rechtsprechung des BGH (BGH, NZM 2010, 621) auch dann ein, wenn im einem **Räumungsrechtstreit** ein **Vergleich** geschlossen wird, der zusätzlich die Räumungsverpflichtung bezüglich **nicht mitvermieteter Flächen** beinhaltet. Die kurze Verjährung soll nach Auffassung des OLG Stuttgart (OLG Stuttgart, BeckRS 2010, 22143) auch an den Vermieter **abgetretene Ansprüche** der **WEG-Eigentümergemeinschaft** wegen Beschädigungen des Gemeinschaftseigentums erfassen.

Nach Auffassung des OLG Düsseldorf (OLG Düsseldorf, GuT 2009, 180), soll die **Verjährungsfrist beginnen**, wenn der Vermieter zwar **nicht alle Schlüssel** zur Mietsache erhält, der Mieter jedoch den **Besitz aufgibt** und der Vermieter aufgrund eigener Sachherrschaft in die Lage versetzt wird, sich vom Zustand der Mietsache unbeeinträchtigt zu unterrichten (s.a. u. Rz. 637).

Die Frist des § 548 BGB wird auch dann in Lauf gesetzt, wenn der **bisherige Untermieter** nach Beendigung des Hauptmietverhältnisses in der Mietsache verbleibt und mit dem Vermieter einen **Hauptmietvertrag** abschließt.

Der Verjährungsbeginn bezieht sich auch auf zukünftig entstehende Schadensersatzansprüche wegen **entfallender Miete** während der Durchführung der Arbeiten des ehemaligen Mieters (OLG Saarbrücken, NZM 2009, 485).

627 Eine **einstweilige Verfügung** auf **Räumung** der Mietsache bei **Beendigung** des Mietverhältnisses und **Nichtzahlung** der Miete soll nach einer Entscheidung des OLG Düsseldorf (OLG Düsseldorf, NJW-RR 2009, 1461) selbst dann **nicht in Betracht** kommen, wenn der Vermieter durch Fortbestand der Situation in eine wirtschaftliche Notsituation gerät.

628 Die **Beweislast** für die Räumung, rechtzeitige **Rückgabe** der Mietsache trägt der **Mieter** (OLG Düsseldorf, GuT 2011, 517).

2. Vertragliche Vereinbarungen

629 Im Wege eines **Individualvertrages** können die Vertragsparteien eines Gewerberaummietvertrages die Verpflichtungen anlässlich der Rückgabe bis zur Grenze der Sittenwidrigkeit frei gestalten. Inwieweit **formularvertragliche** Regelungen vor allen Dingen im Hinblick auf die Durchführung von **Schönheitsreparaturen** bei Vertragsende möglich sind, ist noch nicht in allen Einzelheiten geklärt. Der **BGH** (BGH, NZM 2005, 504) hat die **Klauselkombination** von Verpflichtung zur Durchführung von **Schönheitsreparaturen während der Mietzeit** und **Endrenovierung** ohne Rücksicht auf den Zustand der Mietsache bei Vertragsende für **unzulässig** erklärt. Er ist hierbei davon ausgegangen, dass der **Gewerberaummieter** in nahezu **gleicher Weise schutzwürdig** sei wie ein **Wohnraummieter**. Es spricht gegenwärtig alles dafür, dass die Rechtsprechung insoweit insgesamt harmonisiert wird.

Nach der Rechtsprechung des BGH (BGH, NZM 2014, 306) kann der Mieter formularvertraglich dazu verpflichtet werden, die laufenden Schönheitsreparaturen in der Mietsache auszuführen und die Mietsache bei Vertragsende im **bezugsfertigen Zustand** zurückzugeben. Um die

Verpflichtung zur Rückgabe im bezugsfertigen Zustand zu erfüllen, müsse der Mieter die Mieträume, **nicht umfassend renovieren**. Ausreichend sei es vielmehr, wenn er die Mieträume in einem Erhaltungszustand zurückgibt, die es dem Vermieter ermöglichen, einem neuen Mieter die Räume in einem bezugsgeeigneten und vertragsgemäßen Zustand zu überlassen. Nur wenn die Räume diesen Anforderungen nicht genügen, etwa weil der Mieter während der Mietzeit keine Schönheitsreparaturen durchgeführt hat, die letzten Schönheitsreparaturen lange zurückliegen oder sich die Mieträume auf Grund übermäßig starker Abnutzung trotz durchgeführter Schönheitsreparaturen nicht in einem zur Weitervermietung geeigneten Zustand befinden, habe der Mieter bei seinem Auszug Renovierungsarbeiten zu erbringen. Dies folge jedoch bereits aus der Verpflichtung des Mieters, Schönheitsreparaturen durchzuführen, wenn es der Erhaltungszustand der Mieträume erfordert. Eine **zusätzliche Belastung** sei daher durch die Verpflichtung zur Rückgabe im bezugsfertigem Zustand zurückzugeben **nicht verbunden**.

Das OLG Frankfurt (OLG Frankfurt, BeckRS 2012, 20020) hat etwas überraschend eine formularvertragliche Verpflichtung des Mieters, bei Vertragsende eine sach- und fachgerechte Komplettrenovierung durchzuführen, für wirksam erachtet und den Mieter einer Werkstatt verpflichtet gesehen, abweichend von § 538 BGB einen Werkstattboden zu reinigen. Der BGH hat dies in der Revisionsentscheidung zumindest stark relativiert (BGH, BeckRS 2014, 05527).

Enthält der Mietvertrag **weiche Fristen** für die Durchführung der Schönheitsreparaturen, so soll bei Mietende den **Mieter** die **Beweislast** für die Nichterforderlichkeit nach Auffassung des OLG Düsseldorf (OLG Düsseldorf, OLGR 2009, 821) treffen, wenn die Fristen verstrichen sind.

630 Sieht ein Mietvertrag die Pflicht des Mieters vor, die Mietsache bei Vertragsende **„ordnungsgemäß gereinigt“** zurück zu geben, ist damit entsprechend dem OLG Düsseldorf (OLG Düsseldorf, OLGR 2009, 821) lediglich die Verpflichtung verbunden, den sich allmählich ansammelnden Schmutz etwa durch Staubsaugen zu entfernen.

631 Beabsichtigt der Vermieter einen **Umbau der Mietsache** nach Rückgabe und würden hierdurch vom Mieter geschuldete **Schönheitsreparaturen sinnlos**, geht die Rechtsprechung im Wege der ergänzenden Vertragsauslegung (BGH, ZMR 1985, 84 f; KG, ZMR 2009, 277; OLG Koblenz, BeckRS 2013, 07503) von einem **Zahlungsanspruch** des **Vermieters**

aus, da sich die Durchführung der Schönheitsreparaturen als **Entgelt** für die Überlassung der Mietsache erweist.

Der Zahlungspflicht soll sich der Mieter weder durch Durchführung der Arbeiten, noch durch das Angebot entsprechender Arbeiten nach Durchführung der Umbauten entziehen können (OLG Koblenz, BeckRS 2013, 07503).

Der BGH (BGH, NZM 2014, 270) hat darauf hingewiesen, dass dem Vermieter **kein Anspruch** auf **finanzielle Abgeltung** bezüglich vom Mieter nach dem Vertrag geschuldeten Schönheitsreparaturen zusteht, wenn der Vermieter zwar zunächst beabsichtigt, nach dem Auszug des Mieters die Mieträume umzubauen, in der Folgezeit ein **Umbau** aber **tatsächlich nicht erfolgt**.

632 **Entsprechendes** gilt für sinnlos werdende vom Mieter nach Vertragsende geschuldete **Instandsetzung- und Reparaturarbeiten** (BGH, NZM 2002, 655; OLG Koblenz, BeckRS 2013, 07503).

633 Hätte der **Mieter** die Arbeiten selbst und nicht durch eine **Fachfirma** ausgeführt, ist lediglich ein Bruchteil der Kosten der Ausführung der Durchführung der Arbeiten durch einen Fachbetrieb anzusetzen (KG, ZMR 2009, 277). Dies soll nicht gelten, wenn der Mieter die Durchführung der **Arbeiten abgelehnt** hat und damit nicht erfüllungsbereit war (OLG Koblenz, BeckRS 2013, 07503).

634 **Formularvertragliche** Bestimmungen, die im Falle der Rückgabe in einem **nicht ordnungsgemäßen Zustand** den Mieter zur **Weiterzahlung** der **Miete** verpflichten, sind **unwirksam**.

3. Teilrückgabe/Teilräumung

635 Eine **Teilrückgabe** oder eine **Teilräumung** ist zur Erfüllung der Rückgabeverpflichtung **nicht ausreichend**. Es handelt sich um eine **Teilleistung** im Sinne des **§ 266 BGB**, zu deren Entgegennahme der Vermieter grundsätzlich nicht verpflichtet ist (KG, BeckRS 2010, 18919). Entsprechendes gilt, wenn der Mieter die Sache zwar zurückgibt, jedoch **nicht räumt** (BGH, NZM 2006, 352).

Ausnahmen gelten nur, wenn wenige, **offensichtlich wertlose Gegenstände** oder Einrichtungen im Objekt zurückbleiben (BGH, NJW 1988, 2665 f.; OLG Düsseldorf, ZMR 2004, 27, 28; KG, BeckRS 2010, 18919;

s. a. OLG Koblenz, NZM 2006, 181), die geringen Raum einnehmen (OLG Düsseldorf, NJOZ 2012, 529). Insoweit ist der **Vermieter** zur Geltendmachung von **Schadensersatz** nach Maßgabe des § 280 BGB berechtigt (MüKo-Schilling, 4.Aufl., § 546, Rz. 9). Die Erfüllung der Räumungspflicht hat der Mieter darzulegen und zu beweisen (OLG Düsseldorf, NJOZ 2012, 529).

Die bloße Nichtdurchführung vom Mieter geschuldeter Schönheitsreparaturen soll zur Annahme einer Teilrückgabe nicht ausreichen (KG, ZMR 2007, 194).

636 Nur **ausnahmsweise** wird eine **Teilrückgabe** im geräumten Zustand als zulässig erachtet, wenn sie dem Vermieter bei Berücksichtigung seiner Interessen und im Hinblick auf die Lage des Mieters zumutbar ist (OLG Hamm, ZMR 1995, 25, 26 f). Dies soll etwa der Fall sein, wenn vertraglich die **Weitervermietung** von **Teilen** der **Mietsache** an unterschiedliche Personen vorgesehen war (Bub/Treier-Scheuer, V, Rz. 20) oder bei Rückgabe einer gesondert vermietbaren Teilfläche eines **unbebauten Grundstückes** (OLG Köln, GuT 2004, 232).

637 In diesem Zusammenhang ist die Rechtsprechung des OLG München (OLG München, GuT 2006, 234) zum **Beginn** der **Verjährungsfrist** des § 548 BGB für Ansprüche des Vermieters zu beachten. Der Senat ist der Auffassung, dass zum Beginn der kurzen Verjährung eine Rückgabe im Sinne des § 546 BGB nicht erforderlich sei. Vielmehr reiche es aus, wenn der Mieter den Besitz (trotz Teilräumung) aufgegeben hat und der Vermieter das Objekt uneingeschränkt besichtigen kann.

638 Eine **Rückgabe** ist auch in einem ansonsten **nicht vertragsgemäßen Zustand** möglich. Verweigert der Vermieter die Rücknahme wegen eines nicht vertragsgemäßen, nicht zur Weitervermietung geeigneten Zustands, gerät er in der Regel in Annahmeverzug (vgl. OLG Düsseldorf, GuT 2008, 208).

4. Verschlechterung der Mietsache durch vertragsgemäßen Gebrauch

639 Die herrschende Meinung geht unter Berufung auf § 538 BGB davon aus, dass durch den vertragsgemäßen Gebrauch entstandene **Verschlechterungen der Mietsache** mit der Miete abgegolten sind (OLG Düsseldorf, NJW-RR 1993, 712; ZMR 2012, 438; GuT 2008, 204; OLG Brandenburg, ZMR 1999, 166 f; OLG Hamm, BeckRS 2016, 08331).

Dies gelte auch, wenn hiermit erhebliche **Verunreinigungen** von Grund und Boden einhergehen (vgl. zu der Problematik insgesamt: Gaier, NZM 2005, 161 f.) und auch selbst dann, wenn eine erhebliche **Beeinträchtigung** der **Nachfolgenutzung** gegeben ist (OLG Düsseldorf, ZMR 2004, 573). Insoweit soll **§ 538 BGB** eine abschließende Regelung enthalten. Daher scheide auch eine Inanspruchnahme des Mieters aufgrund anderer Vorschriften aus. Dies gilt auch für den **Ausgleichsanspruch** nach Maßgabe des **§ 24 BBodSG** (BGH, NZM 2004, 914 f; OLG Hamm, BeckRS 2016, 08331) und wohl auch für denjenigen im Sinne des **§ 9 Abs. 2 USchadG**.

640 Dies sieht das OLG Bremen (OLG Bremen, NZM 2008, 85) für den Regelfall anders und verweist darauf, dass der BGH bei seiner Entscheidung einen Vertrag zu beurteilen hatte, der ausdrücklich auf die gesetzlichen Regelungen verwies und die Kontamination durch den Vermieter verursacht worden war. Darüber hinaus habe das BBodSchG einen anderen Ansatz als das Mietrecht. Auch daher sei ein Rückgriff auf den Mieter nicht ausgeschlossen. In dem Revisionsverfahren hat der BGH (BGH, NZM 2008, 933) eine wichtige **Differenzierung** seiner einschlägigen Rechtsprechung vorgenommen, indem er § 538 BGB bei Kontaminationen durch den Betrieb des Mieters nicht für anwendbar hält, wenn dem Mieter lediglich ein **unbebautes Grundstück** nach dem Mietvertrag zur Verfügung gestellt wurde und der Mieter die Aufbauten (eine Tankstelle nebst Tanks etc.) errichtet hat. In derartigen Fällen stelle der **Mietvertrag keine anderweitige Vereinbarung** im Sinne des **§ 24 Abs. 2 BBodSchG** dar. Vielmehr liege durch die Verursachung von Kontaminationen eine vertragswidrige Nutzung vor. Eine Anwendung des § 24 Abs. 2 BBodSchG kommt nach Auffassung des BGH (BGH, GuT 2010, 119) nicht in Betracht, wenn **§ 5 Abs. 1 BImSchG** als Spezialgesetz eingreift.

641 Der Ausgleichsanspruch des § 24 BBodSchG umfasst nicht die **Rechtsanwaltskosten** im Verwaltungsverfahren des zunächst in Anspruch Genommenen (BGH, NZM 2012, 862).

642 Wie der BGH (BGH, NZM 2012, 862) entschieden hat sind Maßnahmen i. S. des § 24 Abs. 2 S. 4 Alt. 2 BBodSchG erst beendet, wenn der nach dem BBodSchG geforderte Zustand hergestellt ist bzw. alle dem Verpflichteten abverlangten Maßnahmen zur Sanierung oder Vorsorge gegenüber schädlichen Bodenveränderungen durchgeführt sind. Erst dann soll die **Verjährung** des **Ausgleichsanspruchs** insgesamt beginnen.

In der Praxis empfiehlt es sich bei der Beratung von Vermietern entsprechende Risiken durch **vertragliche Regelungen** abzumildern und gegebenenfalls zumindest durch die **Versicherungspflichten** des Mieters Vorsorge zu betreiben. 643

Der BGH (BGH, NZM 2010, 442) hat darauf hingewiesen, dass sich der Mieter nicht unter Berufung auf **§ 251 Abs. 2 S. 1 BGB** durch Wertersatz für das Grundstück von seiner Verpflichtung befreien kann, die höheren Sanierungskosten für eine von ihm verursachte Kontamination der Mietsache zu übernehmen, wenn er bezüglich der Verunreinigung **vorsätzlich** gehandelt hat. 644

Der Mieter soll nach Auffassung des OLG Düsseldorf (OLG Düsseldorf, ZMR 2010, 356) nicht wegen übermäßiger Abnutzung zur **Erneuerung** eines **Teppichbodens** verpflichtet sein, wenn dieser nach Nutzung durch starke Raucher nach Ende des Mietverhältnisse **Qualmgeruch** aufweist. Vielmehr greife § 538 BGB ein. Das OLG Düsseldorf (OLG Düsseldorf, ZMR 2012, 438) sieht in der **Durchbohrung von Deckenplatten** zwecks Anbringung von Lampen in einem Sportgeschäft ebenfalls eine mit der Miete gemäß § 538 BGB abgegoltene Verschlechterung der Mietsache. 645

5. Zurückbehaltungsrecht des Mieters an der Mietsache

Gem. §§ 578 Abs. 2, 570 BGB ist der Mieter nicht berechtigt, dem **Herausgabeanspruch** des Vermieters **Zurückbehaltungsrechte** entgegen zu setzen. Insoweit ist jedoch zu beachten, dass dieser Ausschluss lediglich gegenüber dem Anspruch nach Maßgabe des § 546 BGB gilt. Der **Ausschluss ist umfassend** und gilt für sämtliche Ansprüche des Mieters, insbesondere für Ansprüche auf Rückzahlung der Kaution und Aufwendungsersatzansprüche unabhängig von deren Höhe (Schmidt-Futterer-Streyl, § 570 BGB, Rz. 6). Ein Zurückbehaltungsrecht an der Mietsache steht dem Mieter auch dann nicht zu, wenn er bezüglich des Zustandes der Mietsache ein **selbständiges Beweisverfahren** eingeleitet hat (OLG Düsseldorf, GuT 2008, 41). Lediglich in extremen Ausnahmefällen vorsätzlicher unerlaubter Handlung des Vermieters wird die Berufung auf den Ausschluss des Zurückbehaltungsrechts als treuwidrig und daher unbeachtlich angesehen (vgl. etwa RGZ 160, 88, 90). Liegt ein **nichtiger Mietvertrag** vor und ist **Rückgabe** ausschließlich nach Maßgabe des **§ 985 BGB** geschuldet, können Zurückbehaltungsrechte geltend gemacht werden. 646

6. Rückgabeprotokoll

647 Umstritten ist die Frage, ob die Vertragsparteien **ohne vertragliche Vereinbarung** zur Erstellung eines **Rückgabeprotokolls** bei Vertragsende verpflichtet sind. Zusätzlich stellt sich die Frage, ob ein solches Protokoll insbesondere für den **Vermieter sinnvoll** ist:

648 Einerseits wird vertreten, der Mieter habe bei Rückgabe im ordnungsgemäßen Zustand einen Anspruch auf eine **Quittung** im Sinne des § 368 BGB (Sternel II. Rz. 434). Demgegenüber wird eingewandt, § 368 BGB umfasse lediglich die Bestätigung des Erhalts einer Geldsumme oder von Sachen (Schmidt-Futterer-Gather, 9. Aufl., § 546 Rz. 103).

649 In Abhängigkeit vom Einzelfall werden einem **Rückgabeprotokoll** sehr **weitreichende Rechtswirkungen** zugeschrieben:

650 Nach der Rechtsprechung des BGH (BGH, NJW 1983, 446) liegt in einem beidseitig unterzeichneten Rückgabeprotokoll u. a. ein **negatives Schuldanerkenntnis** des Vermieters nach Maßgabe des § 397 Abs. 2 BGB im Hinblick auf im Protokoll nicht erfasster Schäden. Dies hat zur Folge, dass Ansprüche bezüglich Verschlechterungen des Mietobjektes, die im Protokoll nicht erfasst, nicht mehr mit Erfolg geltend gemacht werden können. Hierbei geht der BGH sehr weit, indem er auch **versteckte Verschlechterungen** von dem negativen Schuldanerkenntnis mit umfasst ansieht. Denn der Vermieter habe es in der Hand, sich bei der Rückgabe durch einen Fachmann bzw. einen Sachverständigen beraten zu lassen. In der Literatur wird für unstreitig vom Mieter verschuldete Mängel der Mietsache eine Ausnahme von dem vorgenannten Grundsatz angenommen (Bub/Treier-Scheuer, V, Rz. 192, 3. Aufl.).

651 Dementsprechend muss der Vermieter ausdrücklich einen **Vorbehalt** in ein Rückgabeprotokoll aufnehmen, wenn er bezüglich Ein-, Umbauten oder Einrichtungen des scheidenden Mieters zunächst einmal im Rahmen der Neuvermietung überprüfen will, ob ein neuer Mieter diese übernimmt (Scheuer a.a.O., Rz. 16).

652 **Bestätigt** der Mieter im **Rückgabeprotokoll Schäden** an der Mietsache bzw. die nicht ordnungsgemäße Ausführung der Schönheitsreparaturen soll lediglich ein der Beweiserleichterung dienendes bzw. zur **Umkehr der Beweislast** führendes **Schuldanerkenntnis** vorliegen (Scheuer a.a.O., Rz. 192). Ist jedoch die **ausdrückliche Verpflichtung** des Mieters zur **Durchführung** von **Arbeiten** enthalten, wird hierin ein **konstitu-**

tives Schuldanerkenntnis gesehen, dass eine eigene Anspruchsgrundlage darstellt (Scheuer a.a.O., Rz. 192; differenzierend Kinne/Schacht/Bieber-Schach, § 546 BGB, Rz. 5).

653 **Gleiche Rechtswirkungen** wie ein beidseitig unterzeichnetes Rückgabeprotokoll soll ein **kaufmännisches Bestätigungsschreiben** entfalten, dass im Anschluss an eine Rückgabeverhandlung übermittelt wird (OLG Düsseldorf, NZM 2004, 260).

7. Wegnahmerecht des Mieters

654 Das **Wegnahmerecht** des Mieters ist nach Auffassung des OLG Düsseldorf (OLG Düsseldorf, BeckRS 2012, 26397) nicht auf **Einrichtungen** beschränkt, sondern es erfasse auch Veränderungen in der baulichen Substanz ohne Rücksicht auf das Eigentum an den Einbauten.

Nach Auffassung des OLG Frankfurt (OLG Frankfurt, ZMR 2016 441) unterliegen auch die **Ansprüche Dritter**, deren Sachen als Einrichtungen in Mietsache eingebracht wurden, auf Duldung der Wegnahme der **kurzen Verjährungsfrist** den § 548 BGB.

8. Ansprüche der Arbeitnehmer des scheidenden Mieters (§ 613a BGB)

655 Ein in der Praxis vielfach nicht beachtetes bzw. unterschätztes Problem stellt sich, wenn im Anschluss an das beendete Mietverhältnis nebst Rückgabe der Mietsache eine Neuvermietung des Objektes zu dem gleichen oder einem ähnlichen Betrieb wie in der vorangegangenen Mietphase kommt. In diesen Fällen kommt ein so genannter **Betriebsübergang** nach Maßgabe des **§ 613a BGB** in Betracht. Ist dies der Fall, gehen gegebenenfalls die Verträge mit den Arbeitnehmern des scheidenden Mieters, die ehemals in der Mietsache beschäftigt waren, u.U. auf den Nachfolgemieter über (vgl. zur Gesamtproblematik: Matthey/Kluth/Fröndhoff, NZM 2005, 1 f).

656 Führt z.B. der **Zwangsverwalter** nach Kündigung eines Miet- oder Pachtverhältnisses den Betrieb weiter, liegt ein Rechtsgeschäft im Sinne des § 613a Abs. 1 S.1 BGB vor, so dass ein Betriebsübergang bei Erfüllung der weiteren Voraussetzungen Tatbestandsvoraussetzungen gegeben ist (BAG, NZM 2012, 384).

657 Da es sich bei **§ 613 a BGB** nach allgemeiner Auffassung (vgl. nur Palandt-Weidenkaff, § 613 a BGB, Rz. 3) um **zwingendes Recht** handelt, ist es nicht möglich, den Übergang der Arbeitsverträge durch mietvertragliche Regelungen auszuschließen. Ohne vertragliche Regelungen ist der scheidende Mieter wohl nicht verpflichtet, den Nachmieter von den Folgen eines Betriebsüberganges freizustellen. Eine solche Freistellung wird man aufgrund des zwingenden Charakters des § 613 a BGB auch bei entsprechender vertraglicher Regelung nur im Innenverhältnis zwischen scheidenden Mietern und dem Nachmieter – im Rahmen des Mietvertrags als Vertrag mit Schutzwirkung zugunsten Dritter bzw. als echter Vertrag zugunsten Dritter – ausgestalten können.

9. Herausgabeansprüche des Vermieters gegen Dritten

658 Entsprechend **§ 546 Abs. 2 BGB** schuldet ein **Dritter**, dem der Mieter die Mietsache überlassen hat, nach Beendigung des Mietverhältnisses dem Vermieter neben dem Mieter die Rückgabe als **Gesamtschuldner**. Dementsprechend ist das Vorliegen eines beendeten Mietvertrages Voraussetzung des Anspruches des § 546 Abs. 2 BGB. Umstritten ist, ob die **Durchsetzbarkeit des Räumungsanspruches** gegenüber dem **Hauptmieter,** eine weitere Anspruchsvoraussetzung darstellt. Dies soll wohl nach herrschender Meinung der Fall sein (vgl. OLG Hamm, WuM 1981, 14). Weiterhin muss der Hauptmieter dem Dritten den Gebrauch überlassen haben, so dass Fälle nicht erfasst werden, bei denen der Dritte gegenüber dem Mieter **keinen eigenständigen Besitz** ausübt (Filialleiter im Betrieb des Hauptmieters) oder der Besitz des Dritten auf **verbotene Eigenmacht** beruht (vgl. Bub/Treier-Scheuer, V, Rz. 31, 3. Aufl.). In diesem Zusammenhang soll der Rechtsverkehr die **Namensanbringung** auf einem zu Geschäftsraum gehörenden **Briefkasten** nach einem Beschluss des OLG Hamburg (OLG Hamburg, BeckRS 2012, 03346) nicht nur dahin verstehen, dass in den Briefkasten eingeworfene Post den Namensträger erreicht, sondern auch dahin, dass der Namensträger **(Mit-) Besitz** an der zu dem Briefkasten gehörenden Geschäftsraum hat.

659 Haben **mehrere Personen** mieterseits den **Hauptmietvertrag** abgeschlossen, reicht eine **Überlassung** durch einen der **Mitmieter** an den Dritten zur Anwendung des § 546 Abs. 2 BGB aus (vgl. Sternel, IV, Rz. 579). Schließlich setzt der Wortlaut des § 546 Abs. 2 BGB weiterhin die Zurückforderung des Hauptvermieters gegenüber dem Dritten voraus.

Zur Erfüllung des Rückgabeanspruchs reicht eine **bloße Besitzaufgabe** durch den Dritten **nicht aus**. Vielmehr muss er – ebenso wie der Hauptmieter – die Mietsache **aktiv zurückgeben**. 660

Der **Wegfall** des **Hauptmietverhältnisses** hat nach einer Entscheidung des KG (KG, BeckRS 2012, 09647) nicht zur Folge, dass der Untervermieter gegen den Untermieter keinen Herausgabeanspruch gemäß § 546 BGB habe. Die **Herausgabeansprüche** des **Hauptvermieters** gegen den Hauptmieter und des **Untervermieters** gegen den Untermieter bestünden **nebeneinander**, wobei der Untervermieter seinen Herausgabeanspruch auch auf Herausgabe an den Hauptvermieter richten kann. 661

Teilweise wird vertreten, dass der **Hauptvermieter/Eigentümer** im Falle der unterbleibenden Herausgabe durch den Dritten nach **Beendigung** des **Hauptmietverhältnisses** die **Zahlung** der **Untermiete** unmittelbar an sich verlangen kann. Da hierin mitunter der Abschluss eines **eigenständigen Mietvertrages** gesehen wird (vgl. OLG Hamm, WuM 1987, 346), ist hierbei höchste Vorsicht anzuraten. 662

Erlangt der Mieter nach **Rechtshängigkeit** des **Räumungsanspruchs** vom Untermieter Untermieten und eine **Zahlung** für die **vorzeitige Auflösung** des **Untermietvertrags**, sind diese Beträge gemäß §§ 546 Abs. 1, 292 Abs. 2, 987 Abs. 1 BGB an den Vermieter **auszukehren** (BGH, NZM 2009. 701).

10. Gewerbliche Zwischenvermietung

Besonderheiten sind gegeben, wenn eine gewerbliche Zwischenvermietung vorliegt. **Gewerblich** ist eine Zwischenvermietung nur dann, wenn sie mit **Gewinnerzielungsabsicht** erfolgt (Schmidt-Futterer/Blank, § 565 BGB, Rz. 8). Weiterhin muss die Zwischenvermietung zu dem Zweck erfolgen, dass im Wege der **Untermiete** die Mietsache an Dritte im Rahmen von **Wohnraummietverhältnissen** überlassen wird. Sind die vorgenannten Voraussetzungen gegeben, bestimmt § 565 BGB den **Eintritt** des **Hauptvermieters** in das Wohnraummietverhältnis, wenn das gewerbliche Hauptmietverhältnis endet. Wird sodann erneut an einen gewerblichen Zwischenvermieter vermietet, so tritt dieser kraft Gesetzes gem. § 565 BGB in den Mietvertrag mit den Endmietern ein. Die Bestimmungen zum Schutze der Wohnraummieter sind gem. § 565 Abs. 3 BGB **zwingendes Recht**. 663

664 Sofern eine Untervermietung zu Wohnzwecken unter **Verstoß** gegen die Verpflichtungen aus dem **Hauptmietvertrag** – also entgegen dem vereinbarten Mietzweck im Hauptmietvertrag – erfolgt, greift der **Schutz** des **§ 565 BGB nicht ein** (Schmidt- Futterer-Blank, § 565 BGB, Rz. 6).

665 Teilweise ist eine **analoge Anwendung** des **§ 565 BGB** aus Artikel 3 GG hergeleitet worden. Dies für Fälle in denen der **Zwischenvermieter nicht gewerblich** handelt, der Vermieter die typische Interessenlage eines mit Gewinnabsicht vermietenden Wohnungsvermieters aufweist und der Untermieter im Verhältnis zum Untervermieter den wohnraumtypischen Kündigungsschutz besitzt (Fritz, Rz. 493). Eine umfassende höchstrichterliche Entscheidung zu diesem Fragenbereich steht noch aus. Der BGH hat eine analoge Anwendung des § 565 BGB zumindest für diejenigen Fälle abgelehnt, bei denen ein **gemeinnütziger Untervermieter** seiner Satzung entsprechend die Flächen an bedürftige Dritte überlässt, die ansonsten nur schwer am freien Wohnungsmarkt eine Wohnung anmieten könnten (z. B. **Drogenabhängige, Obdachlose**, etc.) (BGH, NJW 1996, 2862). Entsprechend hat der BGH eine Vermietung an eine Selbsthilfegenossenschaft bewertet (BGH, NZM 2016, 256). Vermietet der Eigentümer Wohnungen an eine **gemeinnützigen GmbH** und vermietet diese die Wohnungen an Bewohner des von ihr betriebenen "betreuten Wohnens" weiter, so können sich die Nutzer gegenüber dem Räumungsverlangen des Eigentümers nach Beendigung des **Mietverhältnisses** mit der gemeinnützigen GmbH nach Auffassung des KG (KG, BeckRS 2012, 21997) nicht auf den Kündigungsschutz des sozialen Mietrechts berufen. **§ 565 BGB** finde weder unmittelbar noch entsprechend Anwendung. Im Übrigen wird eine entsprechende Anwendung des § 565 BGB weitgehend abgelehnt (Fritz, Rz. 495 bis 498).

11. Verbotene Eigenmacht des Vermieters, einstweilige Verfügung, Abstellen von Strom und sonstigen Leistungen nach Vertragsende

666 Erfolgt nach **Ende** der **Mietzeit** keine Rückgabe, so ist der Vermieter nach allgemeiner Meinung nicht berechtigt, sich **gegen** den **Willen** des Mieters in **Besitz der Mietsache** zu setzen. Setzt sich der Vermieter in Besitz der Mieträumlichkeiten, liegt eine **verbotene Eigenmacht** im Sinne der §§ 858, 861, 862 BGB vor. Anerkanntermaßen erhält der Mieter ohne Weiteres trotz seiner Verpflichtung zur Räumung der Mietsache eine **einstweilige Verfügung**, da der Gesetzgeber Selbstjustiz in jedem Fall vermeiden will (Wolf/Eckert/Ball, Rz. 1087); dies gilt selbst dann,

wenn bereits ein **gerichtlicher Räumungstitel** vorliegt, da auch dieser im Wege der gesetzlichen Zwangsvollstreckungsregeln durchgesetzt werden muss (OLG Celle, WuM 1995, 188). Abweichende Bestimmungen in **Formularverträgen** können nicht wirksam getroffen werden (Bub/Treier-Scheuer, V, Rz. 10, 3.Aufl.). Der BGH (BGH, NJW 1977, 1818) hat dahinstehen lassen, ob entsprechende **individualvertragliche Regelungen** wirksam sind. Wenn bei Eingriff in den Besitz der Wille des Besitzers, eine solche Maßnahme zu gestatten, nicht mehr vorhanden ist, liege trotz **vorheriger Duldungszusage** im Vertrag verbotene Eigenmacht vor.

Für die Dauer der Vorenthaltung aufgrund verbotener Eigenmacht des Vermieters entfällt die **Mietzahlungspflicht** (OLG Karlsruhe, NZM 2005, 542) bzw. die Verpflichtung zur Zahlung von **Nutzungsentschädigung**.

667

Räumt der Vermieter die Mietsache im Wege der verbotenen Eigenmacht **haftet** er gemäß **§ 231 BGB** nach einer Entscheidung des KG (KG, ZMR 2011, 859; vgl. a. OLG Naumburg, BeckRS 2012, 21466). Dies habe nicht nur zur Folge, dass die in der Mietsache bei der eigenmächtig vorgenommenen Räumung vorhandenen Gegenstände vollständig und in nicht verschlechtertem Zustand herauszugeben seien. Im Falle einer **Unmöglichkeit** der **Herausgabe** habe sich darüber hinaus der Vermieter zu **entlasten**, so dass er insoweit die Darlegungs- und Beweislast trifft. Die Umkehr der Darlegungs- und Beweislast zu Lasten des Vermieters erstrecke sich zugleich auf den Bestand, den Zustand und die wertbildenden Merkmale der Gegenstände, die sich in der durch verbotene Eigenmacht (§ 858 BGB) in Besitz genommen Mietsache befunden haben. Denn zu den Obhutspflichten bei Inbesitznahme der Garage und der darin befindlichen Gegenstände gehöre die Pflicht, die Interessen des an einer eigenen **Interessenwahrnehmung** verhinderten Mieters zu wahren. Es obliege daher dem Vermieter, ein **aussagekräftiges Verzeichnis** aller geräumten Gegenstände aufzustellen und deren **Wert schätzen** zu lassen, um dem Mieter eine Sicherung ihrer Ansprüche zu ermöglichen (KG, ZMR 2011, 859).

668

Der Vermieter kann nur im **Ausnahmefall** eine **einstweilige Verfügung** gegen den nicht räumenden Mieter erlangen. Ein solcher ist nicht durch den **drohenden Mietausfall begründet** (OLG Celle, NZM 2001, 194; OLG Düsseldorf, NZM 2005, 180 f.). Ob dies auch gilt, wenn dem Vermieter bei nicht erfolgender Herausgabe eine besondere **wirtschaftliche Notlage** droht, ist umstritten (vgl. OLG Düsseldorf, GuT 2009, 37 m.w.N.). Droht durch eine nicht durch den Mietvertrag gedeckte Nutzung

Schaden an der Sachsubstanz der **Mietsache**, kommt der Erlass einer einstweiligen Verfügung jedoch in Betracht (OLG Düsseldorf, NZM 2005, 118 f; OLG Brandenburg, Beschl. v. 6.2.08 - 3 W 3/08).

669 Umstritten und noch nicht in allen Einzelheiten höchstrichterlich geklärt ist die Frage, ob und unter welchen Voraussetzungen der **Vermieter** den Mieter nach Beendigung des Mietvertrages weiterhin mit **Strom** und **Wasser** zu beliefern hat. Anders als ein Teil der Oberlandesgerichte (vgl. OLG Köln, NZM 2000, 1026; 2005, 67; OLG Report 2005, 55; OLG Celle, ZMR 2005, 616; OLG Saarbrücken, GuT 2005, 218) geht der BGH (BGH, GuT 2009, 188 = NZM 2009, 482) davon aus, dass der Vermieter nach **Beendigung** des **Mietvertrags** zur **Versorgungsleistung** im Regelfall **nicht mehr verpflichtet** ist, wenn der Mietvertrag wegen **Zahlungsverzug** des Mieters beendet worden ist. **Ausnahmen** hat er für den Fall von **drohenden Gesundheitsgefahren** oder eines besonders **hohen Schaden** beim Mieter für möglich gehalten. Das KG hat darauf hingewiesen, dass bei einem noch **nicht beendeten Mietverhältnis** und bei **Mischmietverhältnissen** jeweils von einer verbotenen Eigenmacht in entsprechenden Fällen auszugehen sei (ZMR 2005, 951 f; vgl. zur Wohnraummiete: BGH, GuT 2009, 188).

Nach Auffassung des KG (KG, NZM 2010, 321) liegt verbotene Eigenmacht auch dann vor, wenn nicht der Vermieter, sondern ein **sonstiger Dritter** die Versorgung der Mieträume mit Trinkwasser unterbindet.

Bei der im einstweiligen Verfügungsverfahren gegen die Einstellung der Wasserversorgung für ein Friseurgeschäft soll nach Auffassung des KG (KG, NZM 2011, 778) das Interesse des Mieters am fortwährenden Gebrauch mit dem des Vermieters an der Einstellung der Versorgungsleistung und nicht mit dem an der Räumung abzuwägen sein. Diese führte im konkreten Fall zur Verpflichtung des Vermieters zu Wasserlieferung. Das KG (KG, BeckRS 2014, 22396) hält den Vermieter weiterhin **nicht berechtigt**, die **Belieferung** des Mieters mit **Strom einzustellen**, wenn die Beendigung des Mietverhältnisses streitig ist und der Mieter Miete/Nutzungsentschädigung sowie Stromkosten zahlt.

12. Ansprüche wegen verspäteter Rückgabe der Mietsache

a) Anspruch auf Nutzungsentschädigung gemäß § 546 a Abs. 1 BGB

670

Nach Maßgabe des § 546 Abs. 1 BGB kann der Vermieter im Falle der nicht rechtzeitigen Rückgabe grundsätzlich die vereinbarte Miete oder die Miete verlangen, die für vergleichbare Mietsachen ortsüblich ist. Es handelt sich hierbei nicht um einen Schadensersatzanspruch, sondern um einen **vertraglichen Anspruch eigener Art**, der im Rahmen des Abwicklungsverhältnisses an die Stelle des Anspruches auf Miete tritt (BGH, NZM 2003, 231). Dementsprechend findet insbesondere die Regelung des **§ 254 BGB keine Anwendung** (OLG Bremen, MDR 2009, 1268). Nach Auffassung des OLG Rostock (OLG Rostock, BeckRS 2010, 22057) schließt § 546a BGB die Anwendung der §§ 985 f BGB nicht aus.

Verlangt der Vermieter im Fall der Vorenthaltung die für vergleichbare Objekte ortsübliche Miete im Sinne des § 546a Abs. 1, 2. Alt. BGB, ist die Höhe der zu zahlenden Nutzungsentschädigung nach Auffassung des OLG Celle (OLG Celle BeckRS 2016, 05366) durch eine zweistufige Ermittlung zu bestimmen: In einem ersten Schritt seien Objekte zu suchen, die mit dem Mietobjekt vergleichbar sind, in einem zweiten Schritt sei die ortsübliche Miete anhand der für die Vergleichsobjekte zu zahlenden Miete zu bestimmen. Maßstab der zu zahlenden Nutzungsentschädigung sei insoweit der Marktmietzins, also diejenige Miete, zu der ein vergleichbares Objekt während der Zeit der Vorenthaltung hätte weitervermietet oder angemietet werden können. Der Begriff der Ortsüblichkeit bedeute in diesem Zusammenhang lediglich, dass bei den Vergleichsmieten nicht vereinzelte Spitzenwerte (nach unten oder oben) zu berücksichtigen sind, sondern ein gewisser Durchschnitt. Danach richte sich die Höhe der Nutzungsentschädigung nicht nach einer ortsüblichen Miete, sondern ausschließlich und allein nach der Miete, die für Vergleichsobjekte als Miete im Zeitpunkt der Vorenthaltung durchschnittlich vereinbart worden ist. Ob diese Miete objektiv betrachtet angemessen ist oder nicht, sei rechtlich ohne Belang.

Sind am Ort keine vergleichbaren Objekte vorhanden, soll der Vermieter lediglich die zuletzt nach dem Vertrag geschuldete Miete verlangen können (OLG Celle, BeckRS 2016, 05366).

671 War die Miete zum Zeitpunkt der Beendigung des Mietvertrages **gemindert**, wirkt diese Minderung sich auch auf die Höhe der Nutzungsentschädigung aus (BGH-Report 2001, 447; KG, BeckRS 2010, 21460; BeckRS 2012, 07246; OLG Düsseldorf, Beck RS 2012, 16345). **Während** der **Vorenthaltung auftretende Mängel** berechtigen den Mieter hingegen **nicht** mehr zur **Minderung**, da nach Beendigung des Mietvertrags zu Gunsten des Mieters kein Anspruch auf Gewährung des vertragsgemäßen Gebrauchs und seiner Wiederherstellung besteht (BGH, NJW-RR 1990, 884, 885; OLG Düsseldorf, ZMR 2001, 447; KG, BeckRS 2012, 09647).

672 Eine **formularvertragliche Regelung**, nach der der Mieter im Falle der Vorenthaltung der Mietsache nach Mietende eine Nutzungsentschädigung in Höhe von **150%** der zuletzt geschuldeten **Miete** zu zahlen hat, hat das OLG Frankfurt (OLG Frankfurt, BeckRS 2011, 14076) für unwirksam erachtet.

673 Nutzungsentschädigung besteht für die Dauer der **Vorenthaltung**. Diese endet mit der **Rückgabe** der Mietsache (KG, GE 2003, 253; OLG Düsseldorf, GuT 2008, 204) oder wenn der Vermieter sich in Besitz der Mieträume bringt (OLG Rostock, GuT 2007, 302; OLG Düsseldorf, ZMR 2011, 867).

674 Umstritten ist, ob bei einer **Rückgabe während eines laufenden Monats** die Nutzungsentschädigung bis zum Ablauf des Rückgabemonats geschuldet ist (dagegen: OLG München, DWW 1987, 124; OLG Düsseldorf, BeckRS 2010, 12219; OLG Dresden, NZM 2012, 84, 89 und für den Bereich der Wohnraummiete: BGH, ZMR 2006, 32; dafür: OLG Düsseldorf, GE 2002, 1428; KG, GE 2001, 989).

Eine **Vorenthaltung** liegt **nicht** vor, wenn der Mieter im **Einverständnis** mit dem Vermieter Teile der Einrichtung im Objekt belässt, um die Vermietbarkeit zu erhöhen (OLG Koblenz, NZM 2006, 181) oder der Mieter die Gegenstände wegen **Ausübung** des **Vermieterpfandrechts** nicht entfernen darf (OLG Rostock, GuT 2007, 302 = ZMR 2008, 54). Der Mieter soll aber nach wie vor verpflichtet sein, die Mietsache an den Vermieter herauszugeben. Wird diese Pflicht nicht erfüllt, ist ggf. Nutzungsentschädigung gemäß § 546a BGB geschuldet (KG, BeckRS 2013, 09081).

Von einer Vorenthaltung im Sinne des § 546a BGB soll auch dann auszugehen sein, wenn der Vermieter dem Mieter eine **Räumungsfrist** gewährt (KG, BeckRS 2010, 18919; OLG Celle, ZMR 2011, 848).

Gegenüber einem nicht rechtzeitig räumenden **Untermieter** hat der Hauptmieter bei **beendetem Hauptmietvertrag** keinen Nutzungsentschädigungsanspruch, da ihm selbst kein Nutzungsrecht mehr für die Räume zusteht (BGH, ZMR 1996, 15; KG, ZMR 2006, 283; BeckRS 2012, 09647; OLG Saarbrücken NZM 2006, 180). Ihm stehen jedoch **Schadensersatzansprüche** regelmäßig zu, wenn der Untermieter nicht nach Ende des Untermietvertrags rechtzeitig räumt. Der Schaden besteht in der dem Hauptvermieter zu zahlenden Nutzungsentschädigung bzw. weitergehenden Ansprüchen des Hauptvermieters. 675

Bei **Umsatzsteueroption** unterliegt auch die Nutzungsentschädigung der Umsatzsteuer (BGH, NJW-RR 1998, 803). 676

Ein vertragliches **Aufrechnungsverbot** gilt auch für die Nutzungsentschädigung (BGH, NJW-RR 2000, 530).

Nach Auffassung des BGH (BGH, NZM 2013, 614 Rn. 34) und des OLG Düsseldorf (OLG Düsseldorf, Urt. v. 22.3.2012 - I-13 U 5/12) kann Nutzungsentschädigung nicht im **Urkundenprozess** geltend gemacht werden, da der Rücknahmewille des Vermieters als innere Tatsache nicht durch Urkunden nachgewiesen werden kann.

Der Nutzungsentschädigungsanspruch soll nach Auffassung des OLG Hamburg (OLG Hamburg, BeckRS 2011, 22905) nach Kündigung gegenüber dem Insolvenzverwalter eine **Masseforderung** darstellen. 677

Der Tatbestand des § 546a BGB setzt ein beendetes Mietverhältnis voraus. Weiterhin muss die Mietsache **vorenthalten** sein. Dies setzt eine Rückgabemöglichkeit und den **Rücknahmewillen des Vermieters** voraus. Dementsprechend entfällt ein Anspruch nach § 546a BGB, wenn die **Mietsache untergegangen** ist (Schmidt-Futterer-Gather § 546a BGB Rz. 42) oder aufgrund polizeilicher Ermittlungen die Mietsache nicht geräumt werden darf (OLG Düsseldorf, GuT 2006, 29). Im Falle der bloßen **subjektiven Unmöglichkeit** (zum Beispiel ein Untermieter gibt die Mietsache nicht heraus) verbleibt es bei einem Nutzungsentschädigungsanspruch (BGH ZMR 1996, 131). 678

Eine Vorenthaltung liegt nicht vor, wenn der **Vermieter nicht rücknahmebereit** ist, weil er davon ausgeht, dass das Mietverhältnis nicht beendet ist (BGH, NZM 2004, 354; 2006, 104, 105; BeckRS 2013, 06635; OLG Düsseldorf, ZMR 2005, 705, 706; GuT 2009, 180; BeckRS 2011, 21693; BeckRS 2012, 16346; KG, BeckRS 2012, 06992). Entsprechendes gilt, wenn der **Mieter** nach erfolgter Rückgabe **Schlüssel** zu den

Räumlichkeiten **zurückerhält**, um dort noch geschuldete Arbeiten auszuführen (OLG Düsseldorf, NJW-RR 2004, 300; NJOZ 2010, 141), die Räumungsfrist zur Durchführung von Rückbauarbeiten verlängert wird (OLG Celle, NZM 2012, 275) oder der **Vermieter** die **Rücknahme ablehnt**, weil er der Meinung ist, der Mieter müsse noch Schönheitsreparaturen (OLG Düsseldorf, GuT 2006, 86, LS; GuT 2007, 210) oder Rückbauarbeiten (OLG Celle, ZMR 2011, 948) ausführen.

Wie der BGH (BGH, NZM 2008, 931) festgestellt hat, entfällt der Rücknahmewille des Vermieters und damit sein Anspruch auf Nutzungsentschädigung nicht schon dadurch, dass über Alternativen einer Räumung verhandelt wurde. Nutzungsentschädigungsansprüche sollen nach Auffassung des OLG Düsseldorf (OLG Düsseldorf, BeckRS 2011, 21693) auch dann bestehen, wenn sich die Parteien für den Fall der rechtskräftigen Abweisung der Räumungsklage auf die Fortsetzung des Mietvertrags zu geänderten Konditionen geeinigt haben.

Setzt der Vermieter einen **Räumungstitel** längere Zeit nicht durch, geht die Rechtsprechung teilweise von einem fehlenden Rücknahmewillen und daher von einem Entfallen eines Nutzungsentschädigungsanspruchs aus (OLG Düsseldorf, GuT 2006, 29; a. A. wohl OLG Rostock, ZMR 2007, 367). Die **Gewährung** einer **Räumungsfrist** steht jedoch der Annahme eines generellen Rückerlangungswillens und damit einem Nutzungsentschädigungsanspruch ebenso wenig entgegen (BGH, NZM 2006, 820, OLG Celle, ZMR 2011, 948) wie die isolierte **Abtretung** des vertraglichen **Herausgabeanspruchs** an einen Dritten (BGH, NJW 1983, 112).

679 Auch bei fehlendem Rücknahmewillen/fehlender Vorenthaltung bleiben konkurrierende **Schadensersatzansprüche** – etwa auf Grund einer vereitelten Nachvermietung – unberührt (OLG Celle, ZMR 2011, 948).

680 Ein Anspruch auf Nutzungsentschädigung kann ausnahmsweise nach Maßgabe des **§ 242 BGB** ausgeschlossen sein, wenn es sich dem Vermieter aufdrängen muss, dass der Mieter fälschlich von einer rechtzeitigen Rückgabe ausgegangen ist (OLG Bremen, MDR 2007, 515).

681 Er **verjährt** entsprechend einer Entscheidung des OLG Düsseldorf (OLG Düsseldorf, BeckRS 2012, 16345) innerhalb der **dreijährigen Regelverjährungsfrist** und unterliegt damit nicht der kurzen Verjährung des § 548 BGB.

682 Ist das Mietverhältnis bereits **vor Eröffnung** des **Insolvenzverfahrens** des Mieters beendet worden, so sind der Rückgabeanspruch gemäß § 546 BGB sowie alle Abwicklungsansprüche bereits vor Eröffnung entstanden und daher nach Auffassung des OLG Düsseldorf grundsätzlich **Insolvenzforderungen** gemäß § 38 InsO. Dies schließe den Anspruch des Vermieters auf Nutzungsentschädigung bei verspäteter Rückgabe ein; auf dessen Fälligkeit es insoweit nicht entscheidend ankomme. Dieser Grundsatz sei durchbrochen, wenn der Insolvenzverwalter die Miet- oder Pachtsache nach Verfahrenseröffnung (weiter) nutzt und den Vermieter oder Verpächter dabei gezielt vom Besitz ausschließt. Darlegungs- und beweisbelastet hierfür ist der Vermieter (OLG Düsseldorf, BeckRS 2011, 21943).

683 **Obhuts- und Sorgfaltspflichten** des **Mieters** bestehen während der Vorenthaltung uneingeschränkt weiter. Der Mieter ist dementsprechend weiterhin verpflichtet, dem Vermieter auftretende **Mängel anzuzeigen** (MüKo-Schilling, 4.Aufl., § 546 a BGB, Rz. 27) und die Mietsache vor Beschädigung zu schützen.

Eine **Betriebspflicht** trifft ihn jedoch nach Auszug aus den Räumlichkeiten **nicht mehr**, da der Vertrag insoweit beendet ist (OLG Düsseldorf, ZMR 2001, 181 f.).

b) Schadensersatzansprüche des Vermieters

684 Ein **Verzugsschaden** im Sinne von Mietausfall wird in Betracht kommen, wenn der Vermieter die Räume wegen der verspäteten Rückgabe nicht sofort weiter vermieten kann. An den diesbezüglichen Nachweis dürfen keine überhöhten Ansprüche gestellt werden. Als **Indiz** kann eine **schnelle Neuvermietung** nach Rückgabe oder eine nachgewiesene hohe **Nachfrage** für entsprechende Räume herangezogen werden (OLG Düsseldorf, NJOZ 2010, 141).

Entsprechendes gilt, wenn er bei rechtzeitiger Rückgabe zu einer höheren Miete hätte vermieten können (KG, NJW 1970, 951; OLG Düsseldorf, NJW-RR 2004, 300). Hierbei trägt der Vermieter die Darlegungs- und Beweislast für das Vorhandensein eines Mietinteressenten zu einer höheren Miete (OLG Düsseldorf, DWW 2002, 329). Gerät der Mieter mit der Räumungsverpflichtung in Verzug, schuldet er Ersatz der ausgefallenen Miete aus dem Nachfolgemietverhältnis, wenn der neue Mieter auf Grund der verspäteten Räumung das **Nachfolgemietverhältnis außerordentlich kündigt** (BGH, ZMR 2008, 867).

Der Mieter hat gegebenenfalls auch einen Schaden aus einem nicht stattgefundenen **Verkauf** aufgrund der verspäteten Rückgabe zu ersetzen (Staudinger-Rolfs, § 546 a BGB, Rz. 57).

Zu tragen hat der Mieter auch diejenigen Vermögensnachteile, die dem Vermieter dadurch entstanden sind, dass er einem **Nachmieter Schadensersatz** wegen Nichterfüllung oder eine **Vertragsstrafe** zahlen musste (vgl. OLG Düsseldorf, MDR 1990, 725; OLG Celle, NJW-RR 1993, 1228).

685 Mangels Verschulden ist Schadensersatz nicht zu leisten, wenn der Mieter hinsichtlich seiner Rückgabepflicht einem nicht verschuldeten **Rechtsirrtum** unterliegt. Hierbei ist jedoch zu beachten, dass insoweit leichte Fahrlässigkeit bereits zum Verschuldensvorwurf ausreicht. Hierbei muss er z.B. eine abweichende Entscheidung eines Rechtsmittelgerichts jederzeit einrechnen.

686 **Schadensersatz** ist auch dann geschuldet, wenn die Räumlichkeiten **nicht** in einem **ordnungsgemäßen Zustand** zurückgegeben wurden und der Vermieter deshalb nicht unmittelbar weitervermieten konnte. Dies setzt jedoch ebenfalls den Nachweis des Bereitstehens eines Nachmietinteressenten voraus. Derartige Ansprüche unterliegen nach Auffassung des OLG Düsseldorf (OLG Düsseldorf, NJOZ 2010, 141) der **kurzen** sechsmonatigen **Verjährungsfrist** des **§ 548 BGB**.

687 Liegt keine Vorenthaltung (beispielsweise wegen fehlenden Rücknahmewillens des Vermieters) und sind auch die Voraussetzungen für einen Schadensersatzanspruch nicht gegeben, ergeben sich **Ansprüche** bei **tatsächlicher Weiternutzung** gleichwohl nach Maßgabe der **§§ 812, 818 Abs. 1 BGB** zu Gunsten des Vermieters. Erwirbt der Mieter im Rahmen einer Untervermietung einen Mehrwert, ist auch dieser in der Regel herauszugeben (Wolf/Eckert/Ball, Rz. 1146). Ein inhaltsgleicher Anspruch ergibt sich im Falle des vermietenden Eigentümers auch gegebenenfalls aus den gesetzlichen Regelungen zum **Eigentümer-Besitzer-Verhältnis** (§§ 987 f. BGB).

688 Der BGH (BGH, NZM 2007, 329) hat darauf hingewiesen, dass die Pflichten des **Insolvenzverwalters** eines mietenden Unternehmens, auch die Pflicht umfassen, nicht **ohne Zustimmung** des **Vermieters unterzuvermieten**. Eine Verletzung der Pflicht führt dem Grunde nach zu Ansprüchen gegen den Verwalter persönlich (§ 60 InsO), der auf Ausgleich des negativen Interesses gerichtet ist.

13. Schadensersatzansprüche wegen vorzeitiger Beendigung des Mietvertrages

a) Ansprüche des Vermieters

Kündigt der Vermieter ein Mietverhältnis vorzeitig aus wichtigem Grund, steht ihm ein Schadensersatzanspruch zu. Anspruchsgrundlage sind die §§ 280, 314 Abs. 4 BGB (OLG Brandenburg, BeckRS 2010, 29957; OLG Celle, ZMR 2011, 948; OLG Düsseldorf, BeckRS 2013, 16681). Beide Anspruchsgrundlagen setzten ein **schuldhaftes Verhalten** des Mieters voraus. Dies gilt auch in dem Fall, dass der Kündigungstatbestand kein Verschuldenserfordernis enthält. Das OLG Düsseldorf (OLG Düsseldorf, BeckRS 2011, 25217) ist der Auffassung, es handele sich um einen Schadensersatzanspruch eigener Art. 689

Entsprechend den allgemeinen Grundsätzen ist der Vermieter im Rahmen des Schadensersatzes so zu stellen, wie er bei ordnungsgemäßem Verhalten des Mieters stünde. Dementsprechend hat der Mieter den Ausfall der Miete und der Nebenkosten beziehungsweise die **Mietdifferenz** auszugleichen, wenn die Mietsache nicht oder nur zu einem geringeren Mietpreis vermietet werden konnte. 690

War die Miete zuzüglich **Umsatzsteuer** vereinbart, ist lediglich die Miete ohne Umsatzsteuer zu ersetzen. Denn es handelt sich bei Schadensersatzzahlungen nicht um umsatzsteuerpflichtige Umsätze (OLG Rostock, NJOZ 2009, 4528; OLG Celle, ZMR 2011, 948).

Die **Fälligkeit** des Anspruches tritt jeweils zu den Zeitpunkten ein, an denen entsprechende Zahlungen nach dem Mietvertrag geschuldet gewesen wären (Emmerich/Sonnenschein-Emmerich, § 543 BGB, Rz. 65).

In diesem Zusammenhang ist zu beachten, dass Schadensersatz nur bis zu dem Zeitpunkt verlangt werden kann, zu dem der Mieter das Mietverhältnis **erstmalig** hätte **kündigen** können (OLG Düsseldorf, BeckRS 2013, 16681). Dies ist bei Vorhandensein von **Schriftformmängeln** nach Ablauf der gesetzlichen Kündigungsfrist nach § 580 a BGB der Fall (OLG Rostock, NJOZ 2009, 4528).

Der Schaden umfasst auch die **Kosten** für die **Suche** eines **Nachfolgemieters** und sämtliche weitere Schäden die sich adäquat-kausal aus der Kündigung ergeben, wie zum Bespiel Inserats- und Maklerkosten. Unter Umständen können auch die Kosten der Kündigung durch einen Rechts- 691 anwalt hierzu gehören, wenn der Vermieter nicht über eigenes hinreichend juristisch geschultes Personal verfügt (Schmidt-Futterer-Blank, § 542 BGB, Rz. 105).

Nicht ersatzfähig sind die Kosten für die Durchführung von **Besichtigungsterminen** und **Vertragsausfertigungen**. Denn diese Kosten sind übliche, zum allgemeinen Pflichtenkreis des Vermieters gehörende Aufwendungen (Blank, a.a.O., Rz. 113).

692 Nach Maßgabe des **§ 254 BGB** ist der Vermieter verpflichtet, den Kündigungsfolgeschaden so gering wie möglich zu halten (OLG Brandenburg, BeckRS 2010, 29957; OLG Celle, ZMR 2011, 048). Folglich hat er Vermietungsbemühungen zu unternehmen und sofern die ursprüngliche Miete nicht mehr erreichbar ist – was er zunächst sondieren kann (BGH, NZM 2005, 340; vgl. a. KG, ZMR 2007, 615, 617; 2010, 112; OLG Düsseldorf, ZMR 2013, 704) –, zu einer geringeren Miete zu vermieten. Der Vermieter hat jedoch auch das Recht, bei entsprechenden Marktbedingungen eine **höhere Miete** im Rahmen des Nachfolgermietvertrages zu verlangen (KG, ZMR 2010, 112). Sofern dem Vermieter eine Vermietung zu einer höheren Miete gelingt, ist dies nicht schadensmindernd anzurechnen (OLG Düsseldorf, NZM 1998, 916; KG GE 2002, 929).

Im Rahmen dieser Obliegenheit muss der Vermieter zur Wahrung seines Anspruches **nicht jeden Nachmietinteressenten** akzeptieren (BGH, NZM 2005, 340; KG, ZMR 2010, 112). Nicht hinreichend qualifizierte oder nicht hinreichend bonitätsstarke Nachmieter kann er ohne Beeinträchtigung seiner Schadensersatzansprüche ablehnen (OLG Düsseldorf, MDR 2002, 633; vgl. a. OLG Koblenz, GuT 2008, 208). Der Vermieter ist jedoch auch bei noch nicht abgeschlossenem selbständigen Beweisverfahren zum Rückgabezustand der Mietsache nach Durchführung des Ortstermins durch einen Sachverständigen verpflichtet, die Mietsache neu zu vermieten (OLG Düsseldorf, NJOZ 2007, 5425).

Kommt es im Rahmen der **Nachvermietung** zur **Insolvenz** des **neuen Mieters**, kann der Vermieter ausfallende Mieten ebenfalls beim gekündigten ehemaligen Mieter geltend machen (OLG Düsseldorf, ZMR 2001, 528, 529). Auch sonstige Zahlungen des Nachmieters muss der Vermieter sich nur anrechnen lassen, wenn sie tatsächlich geflossen sind. Hierbei ist streitig, ob der Vermieter seine Rechte erst gegen den Nachmieter durchzusetzen hat (vgl. KG GE 2002, 329) oder ob er gegen Abtretung der Ansprüche an den ursprünglichen Mieter von diesem Zahlung verlangen kann (so: OLG Naumburg, WuM 1998, 283).

693 Im **Prozess** bezüglich eines **Kündigungsfolgeschadens** ist es zunächst Sache des Vermieters seine **Nachvermietungsbemühungen** darzulegen (OLG Düsseldorf, ZMR 2013, 704). Nach Auffassung des OLG Brandenburg (OLG Brandenburg, BeckRS 2010, 29957) stellt die Beauftragung eines Maklers nebst Inserierung des Objekts in Zeitungen und im Internet ein ausreichendes Bemühen dar. Es soll alsdann Sache des **Mieters** sein, dies **qualifiziert** zu **bestreiten** (s.a. OLG Celle, ZMR 2011, 948; OLG Düsseldorf, ZMR 2013, 704; BeckRS 2013, 16681). Ein Bestreiten mit Nichtwissen soll nach Auffassung des OLG Koblenz (OLG Koblenz, ZMR 2009, 282), des OLG Celle (OLG Celle, ZMR 2011, 948) und des OLG Düsseldorf (OLG Düsseldorf, ZMR 2013, 704) unbeachtlich sein. Des Weiteren müsse dargetan werden, dass die Unzulänglichkeiten der Bemühungen des Vermieters zum Ausbleiben einer ansonsten möglichen Nachvermietung geführt haben.

694 Steht **beiden Vertragsparteien** ein **außerordentliches Kündigungsrecht** zu, bestehen keine wechselseitigen Schadensersatzansprüche.

695 In prozessualer Hinsicht trägt der **Vermieter** die **Beweislast** für das Bestehen des **außerordentlichen Kündigungsgrundes**. Der **Mieter** hat sich bezüglich eines **Verschuldens** gegebenenfalls zu **entlasten** (Schmidt-Futterer-Blank, § 542 BGB, Rz. 103).

Erkennt der Mieter den Anspruch auf Zahlung von Kündigungsfolgeschaden an, nachdem der Vermieter eine Frist zur Zahlung gesetzt und am letzten Tag dieser Frist bereits Klage eingereicht hat, trägt der Vermieter bei sofortigem Anerkenntnis des Mieters die Kosten des Rechtsstreits (KG, ZMR 2008, 447).

696 Den **Ausfall** an **Miete** hat der **Vermieter** darzulegen und zu **beweisen** (Blank, a.a.O., Rz. 106; vgl. a. OLG Koblenz, GuT 2008, 208). Eine Verletzung der **Schadensminimierungspflicht** ist vom Mieter zu beweisen (BGH, NZM 2005, 340; OLG Düsseldorf, ZMR 1987, 375; OLG Koblenz, GuT 2008, 208, OLG Rostock NJOZ 2009, 4528).

b) Ansprüche des Mieters

697 Seit der Schuldrechtsreform hat der **Mieter** im Falle einer von ihm ausgesprochenen außerordentlichen Kündigung ein **Wahlrecht** zwischen dem Ersatz seiner vergeblichen Aufwendungen Hinblick auf den Vertrag nach Maßgabe der §§ 284, 311 a Abs. 2 BGB und **Schadensersatz** im Sinne des so genannten positiven Interesses. Schadensersatz kann der Mieter nur verlangen, wenn schuldhaftes Handeln des Vermieters vor-

liegt oder die verschuldensunabhängige Garantiehaftung des § 536a BGB eingreift (OLG Düsseldorf, NZM 2002, 292 LS).

698 Wählt der Mieter **Schadensersatz**, sind die **Kosten** für die Beschaffung von **Ersatzraum** und eine eventuelle Mehrmiete für die Restlaufzeit des Vertrags zu übernehmen (vgl. OLG Düsseldorf, NZM 2004, 502). Die Kosten des **Umzuges** und eventuelle Zwischenlagerungskosten für Möbel etc. sind ebenfalls zu ersetzen (Emmerich/Sonnenschein-Emmerich, § 536a BGB, Rz. 12).

699 Wird ein **Aufwendungsersatzanspruch** geltend gemacht, ist zu beachten, dass dieser **anstatt** des **Schadensersatzanspruchs** verlangt werden kann, so dass sämtliche Voraussetzungen für einen Schadensersatz dem Grunde nach gegeben sein müssen (vgl. Palandt-Grüneberg, § 284 BGB, Rz. 4). In diesem Fall sind alle vergeblichen Aufwendungen zu ersetzen, die er billiger Weise tätigen konnte, es sei denn, der Zweck der Aufwendungen wäre auch bei unterbliebener Beendigung des Mietervertrages nicht erreicht worden (vgl. Lützenkirchen/Lützenkirchen I, Rz. 111).

700 Wird ein befristeter Pachtvertrag vorzeitig aufgrund **Kündigung** nach Maßgabe des **§ 57a ZVG** gekündigt, kann der Pächter vom Verpächter **vorausgezahlte Pacht** Gemäß §§ 326 Abs. IV, § 346 Abs. I BGB nach Auffassung des OLG Celle (NJOZ 2008, 145) zurückverlangen. Gelingt dem Vermieter nach einer Kündigung gemäß § 57 a ZVG auf Grund von vom scheidenden Mieter vorgenommenen Investitionen eine Vermietung zu einer höheren Miete als die bisher gezahlte, steht dem scheidenden Mieter ein Bereicherungsanspruch gegen den Ersteigerer zu (BGH, NZM 2009, 514; 783).

Kündigt der **Vermieter** einen **befristeten Mietvertrag unberechtigter Weise außerordentlich**, kann der der Kündigung Folge leistende Mieter **Schadensersatz** geltend machen (OLG Düsseldorf, BeckRS 2013, 21748 = ZMR 2013, 956). Eine Einschränkung dieses Anspruchs kommt nach Auffassung des OLG Düsseldorf nach Maßgabe des **§ 254 BGB nur in Ausnahmefällen** in Betracht. Etwa, wenn die Unwirksamkeit der Kündigung auf der Hand liegt oder wenn es aus anderen Gründen des konkreten Einzelfalls zumutbar ist, sich gegen die Kündigung zu wehren (OLG Düsseldorf, BeckRS 2013, 21748 = ZMR 2013, 956).

V. Veräußerung der Mietsache, Parteiwechsel

701 Der BGH (BGH, NZM 2012, 681) und das OLG Saarbrücken (OLG Saarbücken, BeckRS 2012, 20720) gehen nach wie vor davon aus, dass mit **Eintragung des Erwerbers** im Grundbuch unter den **Voraussetzungen** des **§ 566 Abs. 1 BGB** zwischen Erwerber und Mieter ein **neues, inhaltsgleiches Mietverhältnis** wie zwischen den ehemaligen Vertragsparteien zustande kommt. Dies betreffe jedoch nur als mietrechtlich zu qualifizierenden oder in einem untrennbaren Zusammenhang mit dem Mietvertrag stehenden Rechte und Pflichten. Die **Verpflichtung** zur Zahlung eines **Baukostenzuschusses** soll dementsprechend auf den Erwerber gemäß § 566 Abs. 1 BGB übergehen (OLG Saarbücken, BeckRS 2012, 20720).

702 Entsprechend einer Entscheidung des OLG Düsseldorf (OLG Düsseldorf, BeckRS 2012, 25365) soll § 566 Abs. 1 BGB auch gelten, wenn der Vermieter erst während des Mietverhältnisses das Eigentum an der Mietsache erworben hat. Nach Auffassung des BGH (BGH, NZM 2008, 484) findet **§ 566 BGB Anwendung**, wenn der Grundstückseigentümer zwar **nicht Vertragspartner** des Mietvertrags war, dieser jedoch den Abschluss des Vertrags auch in seinem Namen wollte und den Vertragsschließenden insoweit bevollmächtigt hat. Wird ein Mietvertrag nur von einem von zwei im Grundbuch eingetragenen Eigentümern abgeschlossen, soll nach OLG Düsseldorf (OLG Düsseldorf, ZMR 2008, 787) § 566 Abs. 1 BGB bei einer Veräußerung der Mietsache grundsätzlich keine Anwendung finden. Die Veräußerung der Mietsache seitens des Vermieters an einen Dritten unter gleichzeitiger Einräumung eines Nießbrauchs für den Vermieter führt zu keinem Vermieterwechsel nach Maßgabe des § 566 Abs. 1 BGB (OLG Düsseldorf, GuT 2009, 300).

703 Das OLG Brandenburg (OLG Brandenburg, BeckRS 2011, 00404) hat noch einmal darauf verwiesen, dass bei einer **Realteilung** eines vermieteten Grundstücks nebst Veräußerung eines Teils auf Vermieterseite eine **Bruchteilsgemeinschaft** entsteht.

704 Das OLG Düsseldorf (OLG Düsseldorf, BeckRS 2011, 01531) hat festgehalten, dass der Mieter sich bezüglich nach Eigentumsübergang der Mietsache bzw. nach Zuschlag im Zwangsversteigerungsverfahren fällig werdender Zahlungsanspruch nicht mit Erfolg auf eine **Leistung vor Fälligkeit** an den ehemaligen Vermieter berufen kann.

705 Von dem in einem **Grundstückskaufvertrag** vereinbarten **Übergang** von **Nutzen** und **Lasten** auf den Erwerber zu einem Stichtag vor Grundbucheintragung des Erwerbers ist lediglich das **Innenverhältnis** der Parteien des Kaufvertrages betroffen (BGH, GuT 2005, 21 f). Ein Übergang von Rechten gegen den Mieter des verkauften Objekts ist hiermit regelmäßig nicht verbunden.

706 Nach Auffassung des KG (KG, ZMR 2009, 199) trägt der ehemals unterzeichnende Einzelkaufmann als Mieter die **Beweislast** für die Übertragung des Mietverhältnisses auf eine später von ihm gegründete GmbH.

707 Die **Vermieterstellung** einer Prozesspartei soll **geständnisfähig** sein (OLG Brandenburg, BeckRS 2010, 08958).

W. Öffentliche Zustellung

708 Nach Auffassung des BGH (BGH, NJW 2012, 3582) genügen die **erfolglose Anfrage** beim **Einwohnermeldeamt** und dem letzten **Zustellungspostamt** des Zustellungsempfängers nicht, um den Voraussetzungen für eine öffentliche Zustellung zu genügen. Die begünstigte Partei sei vielmehr beispielsweise auch gehalten, durch **persönliche Nachfragen** beim ehemaligen Arbeitgeber, bei dem letzten Vermieter oder bei Hausgenossen und Verwandten des Zustellungsadressaten dessen Aufenthalt zu ermitteln. Die vorgenommenen Nachforschungen und deren Ergebnis sind dem Gericht darzulegen. Hat das Gericht Zweifel an der Darstellung, sei es bei einer Zustellung von Amts wegen auch zu eigenen Überprüfungen verpflichtet.

709 Eine unter Verstoß gegen § 185 ZPO angeordnete öffentliche Zustellung löse die Zustellungsfiktion des § 188 ZPO nicht aus und setzt daher keine Frist in Lauf. Das gelte jedenfalls dann, wenn die öffentliche Zustellung bei sorgfältiger Prüfung der Unterlagen nicht hätte angeordnet werden dürfen, deren Fehlerhaftigkeit für das Gericht also erkennbar war (BGH, NJW 2012, 3582).

X. Stichwortverzeichnis